KB152707

우리 모두 다 함께
큰 뜻을 가슴에 품고
세상을 이롭게 합시다.

_____ 님께

인성이 실력이다

인성이 실력 이다

성공하고 행복한 삶을 위한 조벽 교수의 제안

조벽 지음

해냄

대한민국 인성교육의 희망을 위하여

저는 드라마 〈허준〉과 〈대장금〉을 좋아합니다. 긴 드라마 시리즈를 대여섯 번이나 반복해서 봤지만 여전히 여러 장면에서 몸에 소름이 돋고 눈물 나고 가슴 벅차 합니다.

〈허준〉과 〈대장금〉에는 온갖 시련 앞에 무너지지 않고, 억압 앞에 굴복하지 않고, 탐욕 앞에 타락하지 않는 높은 인격과 인품의 대인들이 등장합니다. 반대로 권력에 비굴하고, 중상모략에 희열하고, 욕심에 타락하는 동물보다 못한 소인배들도 줄줄이 나옵니다.

'나도 대인의 품격을 갖추어야지, 나는 소인배가 되지 말아야지, 그러나 과연 내가 그리할 수 있을까……' 비장하게 뜻도 세워보고 처절히 반성도 해봅니다. 그러고는 겸손해집니다. 저는 그러한 인성을 갖추어 살아오지 못했다는 사실에 창피하기도 하고, 남은 생이라도 그리 살고 싶은 간절함이 솟구쳐 올라옵니다.

이러한 한국 드라마가 세계 곳곳에서 사랑받고 있습니다. 정의를 위해 칼을 빼들거나 사랑을 위해 목숨을 바치는 웅대한 이야기여서가 아닙니다. 인간의 도리와 덕목과 행실이 어떠해야 한다는 가치관을 잔잔하고 은은하게 그려내기 때문입니다.

우리는 〈대장금〉에서 그려진 인성을 한국적 가치라고 생각했습니다. 하지만 세계는 그것이 바로 인류 보편적인 가치관이라고 판단했습니다. 한국의 인성 내용이 가히 세계적이라는 증거입니다.

이에 저는 자랑스러움과 안도감과 희망을 느낍니다. 세계 최고의 인성 모델이 우리 역사와 문화에 있다는 사실이 자랑스럽습니다. 이런 삶과 인간관계에 대한 올바른 가치관과 행실을 지닌 민족은 결코 망하지 않을 것이라고 안심합니다. 이러한 보배를 다음 세대에 계속해서 물려준다면 우리에게 큰 가능성이 있을 것이라는 희망이 생깁니다.

우리는 이미 세계적인 인성 콘텐츠를 보유했습니다. 수천 년 동안 대를 이어 내려왔으니 그 가치를 전수하는 인성교육 방식 또한 대단한 것입니다. 우리는 우수한 인성교육의 방법과 장(場)도 지니고 있었습니다. 고구려의 경당이 있었고, 신라의 화랑이 있었고, 고려와 조선의 서당이 있었습니다.

아마 가장 중요한 장은 예로부터 가족이 모였던 대청마루와 아이들이 즐겨 찾던 부모님의 무릎 위가 아닌가 싶습니다. 그곳에서 아이들은 무엇이 옳고 그른지를 어른들에게 들었습니다. 인성교육은 어른과 아이 사이에 구전되어 내려온 것이지요. 그저 몇몇 한정된 곳에서 선택된 사람에게

만 전달되었더라면 인성교육의 맥을 수천 년이나 이어가기 어려웠을 것입니다.

그러나 최근에 무언가가 잘못되었습니다. 크게 잘못되었습니다. 대청마루가 사라졌습니다. 아이들이 어른 무릎 위에 앉을 기회도 사라졌습니다. 어른과 아이 사이에 소통이 사라지면서 가정교육이라는 단어가 자취를 감췄습니다. 학교는 또 어떤가요? 인성교육은 소리만 요란한 빈 깡통이고 학교 홈페이지를 장식하는 미사여구로 전락해 버렸습니다.

그러는 사이 아이들의 인성이 망가져가고 있습니다. 어린아이들이 친구를 죽음으로 몰고 갈 정도로 괴롭히고 있습니다. 그 정도로 잔인하고 몰인정한 행동을 하는 가해자가 아직은 소수라고 하지만 나머지 아이들은 그런 비인간적인 행동을 보고서도 못 본 척하는 방관자가 되었습니다.

그저 내가 당하지 않았으니, 내 일이 아니니, 나만 잘살면 된다는 속셈인가요? 결국 배에 구멍이 나서 침몰하고 있지만 나만 위층으로 올라가면 되고 다른 사람들이야 어찌 되든 나만 탈출하면 된다는 생각과 다를 바 없습니다. 이런 아이들이 대거 양성되어 사회로 진출할 것이 걱정됩니다.

새삼 놀랄 일도 아닙니다. 인성교육의 방법과 장이 사라지니 인성이 다음 세대로 전달되지 않는 것은 당연합니다. 갑자기 벌어진 일이 아닙니다. 꼭 누구의 잘못이라고 꼬집어 말할 수도 없습니다.

근대화는 민주주의라는 새 질서를 세우기 위해 계급사회의 질서와 가치관을 무너뜨렸습니다. 산업화라는 거대한 물결은 대가족을 해체시켰고 사람들의 대이동이 시작되었으며 결과적으로 마을 공동체가 증발해 버렸습니다. 그리고 지금 후기산업화 시대를 맞이하면서 핵가족마저 해체되고 있습니다. 사람과 사람 사이에 기계가 끼어들어 인간관계를 교란

시키고 있습니다.

이런 카오스에서는 기존 질서가 무너지고 대신 새로운 질서와 관계역학이 탄생할 것입니다. 동양이나 서양의 전통적 모습과 완전히 다른 새로운 사회 구조와 생활방식이 생겨나고 새로운 가족관계들이 나타날 것입니다.

여기서 저는 두 가지를 확신합니다. 그럼에도 불구하고 인성의 본질은 여전히 달라지지 않을 것이라는 점과 그렇기 때문에 인성의 필요성이 더욱더 간절하게 다가올 것이라는 확신입니다.

인간은 관계 속에서 태어나고 관계 속에서 살다가 관계가 다 소진될 때 죽습니다. 인성이 바로 그 관계를 성숙하게 만들고 지속하게 만들고 아름답게 만드는 것이지요. 돈과 명예도 분명 관계를 더 풍요롭게 만들어 줄 수 있는 위력을 지녔습니다. 하지만 너무 많은 사람들이 돈과 명예 때문에 관계를 빈곤하게 만든 채 결국 허무하게 죽습니다. 안타깝고 불쌍한 일이지요.

저는 지금 우리 대한민국이 안타깝고 불쌍합니다. 세계 최고의 인성 콘텐츠를 보유하고서도 우리 아이들의 인성 수준이 세계 최하위이니까요. 세계가 흠모할 정도로 훌륭한 인성 콘텐츠를 물려받고도 다음 세대에 물려주지 못하는 실수는 쉽게 용서되지 않을 것입니다.

지금이라도 늦지 않았으니 정신을 바짝 차리고 인성교육에 최선을 다해야 합니다. 다시 한 번 동방예의지국의 명예를 되살리기 위해서가 아닙니다. 이 새로운 글로벌 창조 시대에 성공하고 행복하게 살아가기 위해 모든 사람이 갖추어야 하는 최고의 실력이 바로 인성이기 때문입니다.

저는 인성교육을 가정과 학교 교육의 중심으로 회복시키기 위해서 이

책을 씁니다. 이 책 한 권으로 우리 사회가 달라지지 않겠지만 없는 것보다는 나으리라고 믿습니다. 인성교육 실천에 보탬이 되고자 합니다.

❦

이 책은 인성을 분석하고 논의하고 정의를 내리지 않습니다. 무엇이 인성인지는 이미 잘 정리되어 있습니다. 수천 년 동안 수많은 성직자와 철학자들이 인성의 핵심 역량과 덕목들을 각자의 영역에서 광범위하고 체계적으로 잘 정리해 놓았습니다. 그 내용이 책뿐만 아니라 다양한 스토리텔링을 통해 많은 사람들에게 전달되어 왔습니다.

드라마만이 아니라 현실에서도 인품과 인격을 지닌 사람들의 모습이 매일 언론에 소개됩니다. 무엇이 바람직하지 않은 행동인지도 나옵니다. 전통적으로 내려온 인성의 요소는 오늘날에도 여전히 유효합니다.

이 책에서는 인성이 아니라 인성교육 방법에 대해 논의하고자 합니다. 무엇을 어떻게 해야 인성을 얻을 수 있을지, 인성을 어떻게 전달할지에 초점을 맞추고자 합니다. 인성의 요소와 달리 인성교육 방법은 시대에 따라 다르고, 때와 장소에 따라 달라져야 합니다.

제가 제시하는 인성교육 방법에는 크게 세 가지 특징이 있습니다. 첫 번째 특징은 과학적인 접근입니다. 먼저 인성을 객관적으로 관찰하고, 측정하고, 수정해 줄 수 있는 구체적인 행동으로 정리합니다.

이러한 정리는 교육학자와 심리학자들이 하는 시도와 크게 다르지 않습니다. 인성의 본질은 같기 때문에 어떻게 구분하든 일맥상통하게 되어 있습니다. 그러나 어떻게 구분하는지에 따라서 피부에 쉽게 와 닿아 좀 더 실천 가능하게 되기도 하고, 이론상으로는 훌륭하지만 현실이 반영되지 않아 외면당하게 되기도 합니다.

　두 번째 특징은 바람직한 행동을 감정의 시각에서 고려하는 점입니다. 단순히 겉으로 드러나는 행동에 머물지 않고 그 저변에서 작동하는 감정과 생각 사이의 역학을 과학적인 차원에서 풀어나갑니다.

　제가 이전에 쓴 책에서는 교수법과 인재경영법 등 매우 이성적이고 논리적인 내용을 감성적으로 이야기하듯 풀어냈다면, 반대로 이 책은 인성이라는 매우 감성적이고 인문학적인 내용을 이성적으로 논문을 쓰듯 설명합니다. 심리학·뇌과학·생물학 등 다양한 학문과 이론, 연구 결과를 인용하면서 논리적으로 전개해 나갑니다.

　다소 딱딱하게 들릴 것이 염려됩니다. 그래서 좀더 부드럽게 다가가고자 예전에 신문 칼럼에 게재했던 저의 경험을 본문에 양념처럼 첨가했습니다.

　세 번째 특징은 인성을 실력으로 해석하는 점입니다. '실력이 없으면 인성이라도 좋아야 하는데……'라는, 흔히 사용하는 잘못된 표현에 정면으로 맞서고자 합니다. 인성을 두고, 마치 스스로 당당한 실력이 없을 때에 실력자에게 기대어 살기 위한 처세술인 양 비하하는 것은 무지한 발상입니다.

　저는 인성이 단순한 자기관리와 대인관계 능력을 뛰어넘어 창의적 리더십과 통합 또는 융합의 핵심 역량임을 밝혀냅니다. 인성은 생각과 감정을 통합해서 올바르고 아름다운 행동으로 이어지게 만드는 감성지능이며 인생 성공을 위한 최고 역량입니다. 감정이 생각과 조화를 이루어 바람직한 행동으로 표출되게 하는 인성은 타고나는 자질이 아니라 노력해서 배울 수 있는 자질입니다. 그래서 실력이라고 하는 것입니다. 그래야 비로소 '인성교육'이라는 단어에 의미가 부여됩니다.

이 책은 4부로 이루어져 있습니다. 1부(1~6장)는 인성교육의 시대적·문화적·학문적 배경을 설명하면서, 인성을 '삼율' 즉 자기조율, 관계조율, 공익조율의 실력으로 요약합니다. 2부(7~15장)는 삼율을 학문적 이론과 과학적 연구 결과로 설명합니다. 3부(16~22장)는 이러한 실력과 연결되어 실천되어야 하는 6가지 행동을 제시하고 각 행동에 대해서 구체적으로 설명합니다. 마지막 4부(23~26장)는 이러한 행동이 나올 수 있도록 어른들이 아이들에게 먼저 실천해야 하는 구체적인 방안들을 소개합니다.

인성교육 방법들은 수없이 많고, 아이의 나이와 환경 등에 따라서도 달라야 하기 때문에 그 방법을 소개하는 데는 한계가 있습니다. 그래서 이 책에서는 기존 인성교육의 유효성을 스스로 검토해 볼 수 있는 틀을 소개합니다. 충분한 이론적 배경이 설명되기 때문에 인성교육 방법들을 스스로 보완하거나 수정해서 사용할 수 있을 것입니다. 필요에 따라 새로운 방법들도 스스로 디자인할 수 있을 것입니다.

도움이 되기를 진심으로 바랍니다.

2015년 12월

조벽

차례

'인성이 진정한 실력이다.' 제가 십수 년 전부터 기회 있을 때마다 강조해 온 말입니다. 인성은 성격이 아니라 실력입니다. 타고나는 것이 아니라 학습으로 익히는 것입니다. 일시적인 행위가 아니라 지속되는 습관입니다. 인성은 공부하고 일할 수 있도록 해주는 실력이며, 미래에는 더더욱 인성이 리더십에 필수적인 요인이 될 것입니다. 우리는 인성에 투자해야 하고, 인성을 실력의 범주에 두어야 합니다.

1부

글로벌 창조 시대,
인성이 진짜 실력이다

1장

왜
인성교육이
화두인가

예부터 한국에는 세계 최초의 것이 많았습니다. 고려 시대에는 금속활자가 있었고 조선 시대에는 철갑선이 있었습니다. 그리고 현재 대한민국에는 세계 최초로 인성교육진흥법이 생겼습니다.

인성교육진흥법은 '건전하고 올바른 인성(人性)을 갖춘 국민을 육성하여 국가 사회의 발전에 이바지함을 목적'으로 하는 법입니다. 이 법에 따르면 인성교육이란 '자신의 내면을 바르고 건전하게 가꾸고 타인, 공동체, 자연과 더불어 살아가는 데 필요한 인간다운 성품과 역량을 기르는 것을 목적으로 하는 교육'입니다.

세계적으로 유례없는 법까지 만들어질 만큼 요즘 우리 사회에서 인성교육은 중요한 화두입니다. 그만큼 인성교육의 부재로 인한 폐해가 심각하다는 반증이겠지요.

몇 년 전 학생들이 따돌림과 폭력에 시달리다가 자살하는 사건들이 연이어 발생하자 사회적으로 큰 이슈가 된 적이 있었습니다. 친구를 따돌리고 폭력을 휘두르며 상대방이 죽고 싶은 마음이 들 정도로 괴롭힌 가해 청소년들에 대해 모두 충격을 받았습니다. 우리 아이들이 어쩌다 이 지경에 이르렀는지 우려의 목소리가 높았습니다. 대학을 가기 위한 공부만 중요시했지 인성교육은 소홀히 했다는 자성의 목소리가 나오며 인성교육의 필요성이 대두되었습니다.

그런데 이런 인식이 법률 제정으로까지 이어진 데는 또 하나의 계기가 있었습니다. 바로 세월호 참사였습니다. 선원들은 자신이 지켜야 할 승객들을 내버린 채 제일 먼저 탈출했고 해운회사와 관계 당국 또한 무책임했습니다. 비리와 부정부패도 존재했습니다. 우리 사회에서 윤리와 도덕은 무너진 것 같았습니다. 인간성을 회복해야 했습니다. 이것이 인성교육진흥법이 탄생하게 된 배경입니다.

인성, 신뢰하는 사회의 필수 덕목

이 법에 대한 의견은 분분합니다. 인성교육진흥법의 필요성을 주장하는 쪽에서는 이 법으로 학생들에게 인성을 갖추게 할 수 있고 그럼으로써 학교 폭력도 해결될 것이라고 이야기합니다.

나아가 글로벌 시대에 걸맞게 세계인으로서 시민의식을 갖게 될 것이라고 기대하기도 합니다. 또 '동방예의지국'이라는 과거의 명예를 되찾자는 목소리도 있습니다.

반면 불필요한 법이라는 여론도 만만치 않습니다. 선생님들 잡무만 늘어나는 것은 아닌지, 인성을 가르치는 새로운 사교육이 등장하는 것은 아닌지 우려하는 목소리도 있습니다. '인성교육'이라는 이름으로 그저 어른 말 잘 듣는 착한 아이를 양산해 내려는 것은 아닌지, 그렇다면 학생의 인권은 후퇴하는 것이 아닌지 하는 의구심을 품기도 합니다.

찬성하는 쪽과 반대하는 쪽 의견을 하나하나 들어볼수록 다 일리가 있습니다. 어느 하나 틀린 말이 없습니다. 사실 모든 일에는 일장일단이 있습니다. 세상에 완벽한 제도는 없지요. 찬성하는 쪽도 있게 마련이고 반대하는 쪽도 있게 마련입니다. 뒷짐 지고 '어떻게 되나 두고 보자' 하는 쪽도 있게 마련입니다.

기왕에 정해진 법인 바에야 적극적으로 받아들이면 좋을 텐데 마지못해서, 소극적인 태도를 취합니다. 물론 적극적인 사람들도 있습니다. 그런데 대개 이 법에 반대하는 쪽입니다.

가장 좋은 것은 이 법과 상관없이 적극적으로 인성교육을 실천하는 것입니다. 인성교육은 학교 폭력을 줄이는 방법으로 단기적인 효과는 없을지언정 장기적으로는 거의 유일한 대책입니다.

국가 학교폭력대책위원회 공동위원장을 지내는 동안, 학교 폭력 방지를 위한 수많은 방법이 제시되는 것을 보았습니다. 하지만 그 가운데 상당수는 단기적인 대책에 불과했습니다. 시급한 문제인 만큼 당장 눈에 보이는 효과를 내는 것도 필요하겠지만 장기적으로는 인성교육보다 좋은 대안이 없습니다.

또한 우리는 선진 사회로 발돋움해야 합니다. 신뢰하는 사회, 배려하는 사회로 발전하는 데도 인성은 절대적으로 필요한 덕목입니다.

이제는 교육의 근본 목표인 인성 함양에 집중할 때

인성교육의 중요성은 인터넷만 들여다보아도 알 수 있습니다. 어린이집이나 유치원, 초·중·고등학교 홈페이지에는 예외 없이 교육 목표가 명시되어 있습니다. 예를 들면 초등학교는 '바르게 행동하는 어린이' '더불어 함께하는 어린이' '상대방을 배려할 줄 아는 어린이'……. 대개가 인성 함양을 교육 목표로 하고 있습니다.

중학교와 심지어 고등학교도 다르지 않습니다. '따뜻한 인간성을 지닌 창의력 있는 인재' 등 기본적으로 인성을 가장 중요시합니다.

즉 교육이란 아는 것이 많은 사람을 길러내는 것이 아니라 인간성을 갖춘 사람으로 키워내는 것이라는 점에 누구나 동의하고, 학교는 무엇보다 인성교육에 힘써야 한다는 점을 모두 인식하고 있다는 뜻입니다.

그렇지만 안타깝게도 현실은 전혀 다릅니다. 중요하게 취급되는 것은 인성이 아니라 국·영·수·사·과입니다. 인성교육은 뒷전입니다. 물론 학교 탓만 할 수는 없습니다. '가정교육'이라는 단어도 한국 사회에서 사라져가고 있기 때문입니다. 가정교육이 바로 인성교육의 시작인데도 불구하고 매우 빠르게 사라지고 있습니다.

그 결과 국·영·수·사·과는 세계 최고 수준을 달성했습니다. 다수의 국제 학력 평가에서 한국 학생들은 수년간 상위권을 차지하고 있습니다. 그러나 인성과 관련된 지표, 즉 사회성이나 협력 능력 등은 36개 국가 중

35위 아니면 36위입니다. 뿌린 대로 거두는 법입니다. 국·영·수·사·과에는 엄청나게 투자한 반면 인성교육은 도외시했기 때문에 나타난 결과입니다.

우리가 인성교육에 소극적인 정도가 아니라 아예 '반인성교육'을 하고 있지는 않은가 걱정됩니다. 우리 사회는 아이들을 '공부벌레'같이 키우라고 선동합니다. 유치원부터 시작해서 초·중·고까지 13~15년을 공부벌레로 살아온 아이들이 결국 '버러지 같은 인간'이 되는 것은 아닌가 하는 생각을 떨칠 수 없습니다.

뉴스, 신문에서 우리는 그런 예를 종종 찾아볼 수 있습니다. 부모의 강요로 공부벌레처럼 살다가 임계점에 이르러 인간성을 저버린 행동을 하는 청소년의 이야기는 더 이상 낯설지 않습니다.

'개처럼 벌어 정승처럼 쓴다'는 말이 요즘은 '개처럼 공부해야 정승 된다'는 말로 바뀌었다고 하지요. 아무리 우스갯소리라지만 사람이 개처럼 행동해서야 되겠습니까. 저는 조금 다르게 말하고 싶습니다. '개처럼 공부하면 정승이 아니라 짐승 된다.'

학교 홈페이지에 게재된 교육 목표는 학교가 학생들과 학부모들, 우리 사회와 한 약속입니다. 학교는 우리 교육의 목표가 인성 함양이라고 이미 선언했습니다. 그 약속을 지켜야 합니다. 약속을 지킬 의지도 없고 지킬 능력도 없다면 그 문구는 홈페이지에서 삭제해야 합니다. 만약 기업체였다면 허위 광고로 고소당할 일입니다. 이제 그 약속을 지킬 때입니다.

시대의 흐름에 따라 인성교육 방법도 달라져야 한다

물론 학교는 이미 인성교육을 하고 있습니다. 학생들은 도덕 수업을 듣고, 공부를 하고, 시험도 치릅니다. 그럼에도 불구하고 인성의 실종으로 인한 여러 문제가 만연해 있다는 것은 그 방법에 오류가 있다는 뜻입니다. 다른 방법을 찾아야 합니다. 책으로 공부하는 것 외에 무언가 실질적인 변화를 이끌어낼 수 있는 인성교육이 필요합니다.

그 방법을 찾으려면 인성교육에 대한 전통적인 개념과 함께 서양의 개념도 알아보고, 인성을 말살하는 사회적 조건과 인성교육의 필요성이 대두되는 사회적 맥락도 살펴봐야 합니다. 새로운 대안을 찾으려면 이같은 탐색이 필요합니다.

그렇게 해서 도달하는 결론은, 인성의 개념은 예나 지금이나 또 앞으로도 다르지 않을 것이라는 사실입니다. 하지만 인성을 교육하는 방법은 시대의 흐름에 따라 달라져야 한다는 것입니다.

인성과 인성교육은 채소와 달구지에 비유할 수 있습니다. 예전에는 마을 사람들에게 싱싱한 채소를 전달하는 데 달구지가 제격이었습니다. 그러나 마을이 아니라 서울까지 날라야 할 경우 달구지에 실린 채소는 배달되는 동안 상하게 될 것입니다. 채소가 잘못이 아니라 전달하는 방식이 부적절한 것이지요. 거리와 시간이 달라지면 배달하는 방법도 달라져야 합니다.

일단 요즘 아이들의 생활 반경이 넓습니다. 예전 아이들은 집과 학교가 전부였고 한정된 사람들하고만 교류했습니다. 지금 아이들 또한 여전히 집과 학교를 오가지만 스마트폰, 인터넷, 컴퓨터로 인해 접하는 사람의 종류와 상황이 그야말로 무한정입니다.

그러나 사람들과 만나는 시간은 되레 짧아졌습니다. 이는 현재 한국인이 하루에 평균적으로 접하는 미디어의 종류와 시간을 보면 알 수 있습니다. 신문 읽기 30분, 책 읽기 23분, 라디오 청취 1시간 1분, 태블릿PC 사용 1시간 28분, 노트북 사용 1시간 50분, 스마트폰 사용 1시간 57분, TV 시청은 3시간 9분이라고 합니다. 이처럼 우리는 매일 총 10시간 18분 동안 엄청난 미디어 메시지의 공격을 받습니다.

다양한 미디어를 통해 문자만이 아니라 그림, 소리, 움직임 등 오감을 자극하는 다차원적인 메시지가 사람을 현혹합니다. 사람이 생각할 틈을 주지 않고 말초신경만 자극하는 메시지가 끊임없이 이어집니다.

우리는 밀려드는 메시지를 처리하기 바쁜 나머지 깊은 분석과 현명한 판단을 하지 못합니다. 누가 메시지를 만들었고, 누가 보냈는지, 어떻게 나의 주의력을 끌었는지, 다른 관점이 존재하거나 다른 사람은 어떻게 인식하는지, 메시지에 어떤 가치관이 내포되었는지, 왜 메시지를 보냈는지…… 이러한 근본적인 질문을 할 여지가 전혀 없습니다. 그저 자극적인 메시지가 동물적인 반응만 촉발합니다. 정서를 느끼거나 사색할 시간이 없습니다.

'세 사람이 말하면 없던 호랑이도 만든다'는 말이 있듯이, 악성 루머라도 미디어로 퍼 나르고 확산시키면 신빙성을 쉽게 확보할 수 있습니다. 그 결과 무엇이 진실인지 괴담인지 알기 어려운 세상이 되었습니다. 결국 우리는 남의 조정을 받는 꼭두각시가 되고, 사회는 신뢰와 정의, 질서가 무너졌습니다.

이렇듯 활동 반경은 넓어져 다양한 사람들과 상호작용하지만 무엇이 옳고 그른지 생각할 시간이 짧아졌습니다. 그렇다고 해서 인간관계의 본질이 달라진 게 아니기 때문에 새로운 종류의 인성을 계발할 필요는 없습니다. 대신 인성을 교육하는 방식이 달라져야 합니다.

이런 맥락에서 이 책의 논제에 대해 미리 말씀드리고 싶은 점이 두 가지 있습니다. 첫째, 저는 인성을 논하기보다는 인성교육 방법을 논하고자 합니다. 물론 방법을 논하면서 인성 그 자체에 대해서도 많은 이야기를 나누어야겠지요.

둘째, 과학적인 접근에 충실하고자 합니다. 많은 종단 연구 결과를 참고해 방법을 찾아나가고자 합니다. 과학적인 접근이 없다면 결국 종전의 철학적이고 종교적인 접근 방식밖에 남지 않게 되기 때문입니다.

철학적이고 종교적인 접근이 잘못됐다는 뜻이 아닙니다. 그 접근은 예로부터 존재했고 앞으로도 왕성하게 존재할 것입니다. 많은 개인과 단체에서 계속해서 철학적·종교적 차원에서 인성교육을 강조하고 그들 고유의 인성교육 방식을 널리 실천해 나가기를 진심으로 바랍니다.

단, 제가 인성교육에 새롭게 기여할 바가 과학적 접근이라는 것입니다. 『직지심체요절』과 거북선은 세계 최초만이 아니었습니다. 그 당시 과학적으로 세계 최고이기도 했습니다. 그렇듯이 세계 최초의 인성교육진흥법마저 최고의 과학적 접근으로 이루어진다면 얼마나 멋지겠습니까.

'갑질' 대한민국, 성숙한 어른이 되기 위한 교육이 시급하다

저는 인성교육진흥법이 있든 없든 인성교육을 적극적으로 실시해야 할 이유를 하나 더 추가합니다. 학교 폭력과 사회의 각종 부정부패보다 더 근본적인 이유입니다.

요즘 한국에는 '갑질'이라는 신조어가 유행입니다. 더 많이 가진 사람, 더 나은 위치에 있는 사람들이 탐욕과 횡포를 부리며 상대방의 인권을 무시하는 일들이 흔히 벌어지고 있기 때문이겠지요. 이같은 갑질이 더욱 잦아진다면 우리는 성숙한 사회를 기대할 수 없습니다.

좀더 어른스러운 사람들, 어린 사람들의 모델이 되고 규범이 될 수 있는 성숙한 어른들이 필요합니다. 나이를 먹는다고 해서 모두 어른이 되는 것은 아니라는 사실을 우리는 잘 알고 있습니다. 육체적으로나 사회적으로는 엄연한 성인이되 어린아이처럼 미성숙한 어른들이 지금 우리 사회에는 너무나 많습니다.

인성교육은 성숙한 어른을 길러내기 위한 교육입니다. 따라서 인성교육은 당연히 해야 할 일이고 누군가는 해야 할 일입니다. 더 정확하게는 누군가가 아니라 우리 모두가 해야 할 일입니다. 학교만이 아니라 가정에서도 인성교육을 해야 합니다. 교사도 부모도 주변 어른도 다 해야 합니다.

우리 모두 나서야 합니다. 홀로 인성교육을 실시해 봤자 사회는 달라지지 않습니다. 그렇다고 해서 각자 손을 놓는다면 성숙한 사회를 기대할 수 없습니다. 비록 우리가 각자 할 수 있는 일이 미미하고 부족하더라도 할 수 있는 일은 해야 합니다.

우리가 할 수 있는 일은 청소년들에게 소중한 존재가 되는 것입니다. 어른스러운 모습을 보여주고 어린 사람들의 모범이 되는 일이지요. 그것이 바로 하루라도 먼저 살아온 '선생'인 것입니다. 부모나 교사나 이웃이나 우리 모두는 아이들에게 선생님입니다.

2장

살아 있는
인성교육은
시대의 흐름을 따른다

영국에 로빈 후드가 있다면 우리에게는 홍길동이 있습니다. 저는 어릴 적에 우리나라 최초의 장편만화영화 〈홍길동〉을 보면서 정의롭고 용감한, 힘없고 가진 것 없는 자의 수호자가 되는 꿈을 꾸었습니다. 바로 홍길동이 저의 역할모델이자 인성교육 선생이었던 셈입니다.

서얼로 태어난 설움과 불합리한 제도적 한계에 무너지고 주저앉지 않고 오히려 부패와 횡포를 일삼는 탐관오리들을 혼내주는 홍길동의 의로운 행동이 통쾌했습니다. 백성들로부터 약탈한 금품을 빼앗아 되돌려주는 의적활동은 멋있었고 따라 하고 싶었습니다. 영화를 보고 나서는 동네 친구들과 함께 홍길동 놀이를 하기도 했습니다.

하지만 오늘날 홍길동을 아이들에게 어떻게 소개해야 할까요? 과연 홍길동은 의적인가요, 도적인가요? 그 당시 사회적·시대적 맥락을 설명하지 않고서는 테러와 무법천지를 옹호하고 선동한다는 오해를 불러일으킬 수 있습니다. 비인간적 차별이 극심한 신분제도, 소수만을 위한 법, 민주적 절차가 없고 기본 인권이 무시됐던 시대임을 감안할 때 비로소 홍길동의 행위가 정당해집니다. 물론 그럼에도 불구하고 폭력은 무조건 부적절하다고 볼 수도 있습니다.

정의로움은 분명히 바람직한 인성의 요소이지만 어떻게 정의로움을 행동으로 옮기도록 가르치느냐는 인성교육의 쟁점입니다. 그래서 인성교육은 사회적·시대적 맥락을 고려해야 총체적인 그림을 볼 수 있습니다.

앞서 말한 것처럼 인성교육진흥법이 제정된 배경에는 학교 폭력에 따른 학생 자살 사건과 사회적 비리와 부정부패를 상징하는 세월호 참사가 있습니다. 그러나 이런 사건들은 아무 이유 없이 발생하지 않습니다. 사회적·시대적 맥락 속에서 일어나는 일이지요. 또한 폭력을 휘두르는 인성이 덜 갖추어진 아이들과, 남들은 어찌 되든 혼자만 살겠다는 인성이 망가진 어른들의 모습은 서로 연결되어 있습니다.

3W·3S·3A 교육

지난 수년간 저는 정말 행복한 시간을 종종 가졌습니다. 외국에서 한국의 교육에 대해 자랑하는 기쁨을 누리는 기회였지요. 2014년에는 아프리카교육장관협회에 초청받아 튀니지에 가서 한국의 교육에 대해 기조강연을 했습니다. 파리에서는 유네스코 본부에 모인 유럽의 교육부 고위

정책자들 앞에서 다시 한 번 한국의 교육에 대해 이야기할 수 있었습니다. 이듬해에는 또다시 초청을 받아 아프리카의 대학 총장들 앞에서 한국 교육의 성공 사례를 발표했습니다. 그 사이 몇몇 나라의 교육부에 초청받아 자문하기도 했습니다.

강연에서 저는 현재 청계천의 모습을 담은 사진을 보여주며 서울에 올 기회가 있다면 청계천을 꼭 한 번 방문해 보라고 권했습니다. 그러고는 제가 어릴 때 등하교하면서 매일 지나다녔던, 판잣집이 늘어선 과거의 청계천 사진을 보여주었습니다. 청중들은 탄성을 터뜨렸습니다.

대한민국은 한국전쟁을 치른 후 불과 한 세대 만에 어마어마한 발전을 이루어낸 나라입니다. 그야말로 기적 같은 일입니다. 그 기적의 밑바탕에는 다음 세대의 교육에 힘써야 한다는 국민들의 합의와 자녀교육에 대한 부모의 헌신이 있었습니다. 우리에게는 교육을 통해 더 나은 미래를 만들 수 있다는 믿음이 있었습니다.

그래서 하늘에서 폭탄이 떨어지는 상황에서도 교육만은 놓지 않았습니다. 교실이 없으면 천막을 치고 피난을 다니면서도 자녀들을 가르쳤습니다. 가르칠 수 있는 장소와 시기에 올 수 있는 사람에게 실시하는 3W(Whenever·Wherever·Whoever)식 교육이었지요.

전쟁이 끝나고는 전국에 엄청나게 많은 학교를 짓고 3S(Same Time·Same Place·Same Age)식 교육을 시작했습니다. 같은 장소에서 같은 시간에 같은 나이대의 사람들에게 이루어지는 교육입니다.

1960년대만 하더라도 한 반에 학생이 90명씩이나 있던 그야말로 콩나물 교실이었지만 지금은 교사 1명에 학생 수가 20명 미만이 되었습니다. 해방 직후에 하나도 없던 4년제 대학이 지금은 거의 200개나 됩니다. 우리는 교육 인프라에 엄청난 투자를 했던 것입니다.

더 나아가 지금은 세계에서 가장 앞서가는 3A(Anytime·Anywhere·Anyone)식 교육을 하는 나라가 되었습니다. 즉 정보통신기술의 발전으로 시간과 장소에 구애받지 않고 아무 때에 아무 장소에서 아무나 교육을 받을 수 있는 환경을 구축했습니다.

이러한 교육에 대한 투자로 인해 한국 학생들의 학업 성취도는 현재 세계 최고 수준입니다. 읽기·수학·과학은 매년 세계 최상위권이라는 사실을 모두가 잘 압니다. 그러나 잘 알려져 있지 않은, OECD의 국제성인역량조사(PIAAC) 결과 중 하나가 제게는 가장 희망적입니다.

바로 '기술적 환경에서 문제 해결 능력' 부분입니다. 이 부분에서 한국 학생(16~24세)은 단연 세계 최고입니다. 반면 같은 항목에서 55~65세 한국인의 역량은 놀랍게도 세계 꼴찌입니다. 기술적 환경에서 일할 수 있는 능력이 없는 세대가 자녀 세대를 세계 최고가 되도록 키워냈다는 사실을 어떻게 설명해야 할까요? 또 하나의 기적 같은 이야기입니다. 지난 70년의 한국 교육은 세계에 유례없는 성공 사례이며 우리 모두가 자랑스러워할 업적입니다.

인성교육진흥법의 탄생 배경에는 굶주린 마음이 있다

3W식 교육의 시대에 한국은 몹시 가난한 나라였습니다. 말 그대로 배를 곯는, 물질적으로 빈곤한 시대에 어떻게 하면 자녀들을 더 잘 먹일 수 있을지는 우리의 큰 과제였습니다. 잘 먹어 통통한 아기는 선망의 대상이

어서 수십 년간 우량아 선발대회가 열릴 정도였지요.

또한 신체적 배고픔뿐만 아니라 지적 배고픔도 컸습니다. 우리에게는 학습에 대한 목마름이 있었습니다. 그래서 부모들은 논 팔고 소 팔아 자식 공부시켰고 아이들도 학교에 다닐 수 있다는 사실을 고맙게 여기며 열심히 공부했습니다. 요즘도 종종 만학의 꿈을 이룬 노인들의 이야기가 신문에 실리고는 합니다. 학교에 다니며 공부하는 것이 평생소원이던 할머니가 졸업장을 들고 환하게 웃는 모습이 우리에게는 낯설지 않습니다.

학습에 대한 목마름, 부모는 가난해도 자식 공부만은 반드시 시켜야 한다는 높은 교육열이 한국을 발전으로 이끈 원동력임에는 틀림없습니다. 그런데 지금은 어떻습니까?

요즘에도 굶는 학생이 있긴 하지만 다이어트 한다고 일부러 굶는 경우가 대다수입니다. 그만큼 신체적 배고픔에서는 벗어났습니다. 그런데 심각한 스트레스와 심리적 위기에 놓여 죽음을 선택하는 학생이 급증하고 있습니다. 아이들이 불행합니다. 아이들뿐 아니라 한국인의 행복감은 수년간 세계 꼴찌 수준입니다.

국제교육성취도평가협회(IAEEA)의 국제 시민의식 교육 연구에 의하면, 사회성·협력성 등 인성과 관련된 부분에서 한국 학생들은 세계 최하위입니다. 그뿐만이 아닙니다. 게임 중독, 포르노 중독, 학교 폭력, 학업 중단, 가출 문제 등이 동시에 터져나오고 있습니다.

우리 어른들이 물질적 빈곤 시대에 살았다면 우리 학생들은 정신적 빈곤 시대를 살고 있습니다. 구시대에는 굶주린 배를 채우는 것이 중요했다면, 새 시대에는 굶주린 마음을 채우는 것이 중요합니다.

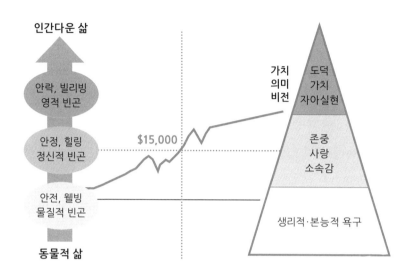

매슬로의 욕구 피라미드와 닮은 시대 흐름

물질적 빈곤 시대에서 정신적 빈곤 시대로, 그다음은 바로 영적 빈곤 시대입니다. 이런 흐름을 수직으로 표현하면 매슬로의 욕구 피라미드와 같아집니다.

매슬로의 욕구 피라미드를 보면 생리적·본능적 욕구가 가장 아랫부분을 차지하고, 그 위의 단계가 존중, 사랑, 소속감의 욕구입니다. 이같은 욕구들이 충족된 후에야 비로소 자신의 꿈을 추구하는 자아실현 단계로 발전해 나갈 수 있다는 뜻입니다.

요즘 사회 문제가 되고 있는 왕따를 예로 들어보겠습니다. 어른들은 "왕따? 큰일 아니야. 신경 쓰지 말고 공부나 열심히 해" 하고 달랩니다. 맞습니다. 예전에도 왕따가 있었지만 큰 문제가 아니었지요. 배고픔을 해결하는 것이 최우선 관심사였으니까요. 생리적·본능적 욕구를 충족하는 일이 가장 중요했습니다.

그러나 요즘의 배부른 아이들에게 왕따 문제는 죽고 싶을 만큼 불행감을 느끼게 하는 일입니다. 생리적·본능적 욕구는 충족된 아이들이기에 그다음 단계인 존중, 사랑, 소속감의 욕구를 충족하는 일이 중요한데, 왕따란 소속에서 제외되는 것이고 존중받지 못하고 사랑받지 못하는 것이기 때문입니다.

"신경 쓰지 마"라는 조언을 듣게 되면 아이는 "아, 절망적이야. 엄마는 내 맘 몰라!" 또는 "아, 짜증나. 선생님은 날 이해 못해" 하고 마음을 닫아버리게 됩니다. 소통이 단절되고 관계도 단절됩니다. 그리고 아이가 자살하고 나면 어른들은 한결같이 "그런 줄 몰랐다"고 합니다. 몹시 비참한 일입니다.

물질적 빈곤을 채우는 웰빙, 즉 안전한 의식주를 확보하고 난 다음에는 힐링이 중요해집니다. 한국에서는 힐링이라는 단어가 아직 생소하던 2008년에 저는 웰빙 다음에 올 키워드는 힐링이라고 정확하게 예측했습니다. 그렇다면 힐링 다음에는 무엇이 중요해질까요? 안전 다음에는 안정, 그리고 안정 다음에는 안락이 아닐까요?

안락이란 결국 행복입니다. 지금도 '행복한 학교' '행복 시대' 등 행복을 강조하는 구호가 많습니다. 매슬로의 욕구 피라미드에 의하면, 가장 꼭대기에 자아실현이 있습니다. 그러나 훗날 매슬로는 자아실현을 피라미드의 정점에 둔 자신의 이론을 스스로 비판하면서 자아실현 다음에는 자기초월(transcendence)과 도덕(morality)이 있다고 했습니다. 즉 욕구 피라미드 맨 꼭대기에 인성이 존재하는 것입니다. 그리고 인성이 궁극적으로 행복과 직결되어 있음을 나타내고 있습니다. 그 행복은 혼자 이룰 수 없고 자신을 초월해야만 얻을 수 있음을 강조하고 있습니다.

자아실현이란 곧 미래에 대한 비전을 가지고 꿈을 이루어나가는 것입니다. 그 자아실현의 의미가 나 혼자 잘 먹고 잘살겠다는 것이 아니라 보다 크고 높은 것을 지향하는 것이 자기초월입니다. 자기초월은 삶의 가치를 발견하고 그 가치를 추구하는 것입니다.

의미, 가치, 비전은 '나는 왜 사는가, 무엇을 위해 사는가, 왜 내가 아픔과 고통을 견뎌내고 계속 살아야 하는가' 등 각자 마음속 깊이 지녀야 하는 믿음입니다. 그래서 저는 웰빙과 힐링에 이어 지금은 빌리빙이 중요한 시대라고 생각합니다.

인성교육진흥법의 탄생 배경에는 이러한 자기초월과 도덕의 빈곤, 즉 정신적·영적 빈곤이 자리하고 있습니다. 그래서 인성교육이 살아 있는 교육이 되기 위해서는 이러한 시대적 요구에 부합해야 합니다.

즉 인성교육은 아이들에게 국·영·수·사·과 위에 인성이라는 지식을 추가해서 높게 쌓아주는 식이 아니어야 합니다. 인성을 정신적 빈곤과 영적 빈곤을 채워주는 양식으로 인식해야 합니다.

쌓아주는 것과 채워주는 것은 근본적으로 다릅니다. 이미 넘쳐흐르는 지식에 더 쌓아본들 흘러내리고 무너질 수 있습니다. 채워주는 것은 주는 만큼 담기고 남습니다. 이 점이 만족되지 않는다면 현장에서 인성교육을 추진해 나가는 선생님마저 정신적 빈곤과 영적 빈곤에 놓이게 됩니다. 또 하나의 잡무만 늘어나는 셈밖에 되지 않는 것이지요.

성공과 행복의 기준이
다른 시대를 살고 있는 부모와 자녀

그런데 이들 욕구의 흐름에는 정확한 시점이 존재합니다. 세계적인 미래학자 롤프 옌센은 그의 저서 『드림 소사이어티』에서 앨빈 토플러의 시대적 변화 이론을 한 단계 더 발전시켜 나갔습니다.

농경 사회에서 산업화 사회와 정보 사회를 거쳐 '꿈 사회'로 나아가면서 주요 경제 기반도 변해갑니다. 농경 사회는 생필품, 산업 사회는 생산품, 정보 사회는 지식과 정보를 이용하는 서비스, 그리고 꿈 사회에는 감정과 경험이 핵심적 경제 가치라고 합니다.

또한 하위 욕구에서 상위 욕구로 나아가는 시점이 1인당 국내총생산이 1만 5천 불을 넘어서는 때라고 합니다. 즉 소득이 1만 5천 불 미만일 때는 돈을 많이 벌면 벌수록 더 행복감을 느끼지만, 그 이상이 되면 돈을 더 번다고 더 행복해지지는 않는다고 합니다.

소득이 1만 5천 불 미만일 때는 돈을 많이 벌수록 의식주가 더 확실하게 해결되고 그만큼 더 많은 안전감과 안정감을 느낄 수 있습니다. 그러나 그 이상이 되면, 돈을 많이 벌어 더 좋은 음식을 먹고 더 고급 차를 굴린다고 해서 더 큰 안전감과 안정감을 느낄 수 있는 것은 아닙니다. 그 이유는 충분히 짐작할 수 있습니다.

의식주가 안정되면 그다음부터는 다른 무언가가 있어야만 행복감을 느낄 수 있습니다. 돈으로 배를 채울 수는 있지만 마음을 채울 수는 없기 때문이지요.

그 기준이 1만 5천 불입니다. 한국이 1인당 국내총생산 1만 5천 불에 도달한 때가 2004년입니다. 이를 전후해 태어난 아이들이 요즘 초등학생과 중학생들입니다. 여기에 상당한 의미가 담겨 있습니다. 어른들은 인격 형성기 전부를 1만 5천 불 이하에서 보냈기 때문에 구시대적 사고방식에 젖어 있습니다. 하지만 학생들은 태어날 때부터 이미 1만 5천 불 이상에서 살아왔습니다. 그래서 서로 성공과 행복의 기준이 다를 수밖에 없지요.

그런데도 우리는 아직도 아이들의 배고픔을 달래줄수록 또 학습의 목마름을 채워줄수록 아이들이 행복하리라고 생각하고 있습니다. 기성세대는 자신의 경험을 벗어나지 못하고 있습니다. 자녀에게 온종일 공부를 시키면서 여전히 "먹고는 살아야지"라고 말합니다. 예전에 먹지 못하고 굶어 죽어가던 사람을 본 트라우마에서 아직 벗어나지 못했나 봅니다.

꿈에 도전하기보다는 안정적인 직업을 택하기를 강요하면서 "꿈 깨. 현실을 직시해"라고 야단칩니다. 어른들은 아직도 좋으나 궂으나 은퇴할 때까지 찍소리 말고 붙어 있어야 했던 평생직장 시대라고 착각하고 있나 봅니다. 대졸 신입사원 10명 가운데 3명이나 1년 이내에 스스로 퇴사하는 현상이 이미 오늘날의 현실인 줄 모르고 있나 봅니다.

이제는 먹고살기 위해서 하기 싫은 일을 해야 하는 시대가 아니라 하고 싶은 일을 해야 살 수 있는 시대입니다.

부모는 틈만 나면 자녀에게 "의대 가라, 법대 가라" 노래를 부릅니다. 그러나 이제는 현재 존재하는 직업의 80퍼센트가 10년 내에 사라지고 그 대신 상상조차 하기 어려운 수만 개의 새로운 직종들이 쏟아져 나오는 변화무쌍하고 예측불허한 시대입니다.

이미 로봇이 사람의 일을 대체하는 현실에서 가장 위험한 직업이 의사와 교사라고 하는데도 불구하고 어른들은 의사, 교사, 변호사 등 10개 안

꽈의 직업에 자녀의 미래를 걸고 있습니다. 부모 시대에는 성공과 행복을 보장했던 최고의 직업이었지만 변호사 몸값이 뚝뚝 떨어져서 7급 공무원으로 뽑힌다는 소식에 법대생들이 분노하는 현실을 모르는 모양입니다. 여러 직종 가운데 의사들의 자살률이 가장 높고 암 발생률은 3배나 높다는 현실도 모르는 모양입니다.

어른들이 경험한 현실이 사라지는 게 오늘의 현실입니다. 비록 물질적 빈곤의 경험이 뼈에 사무쳐 있어서 과거의 고통이 오늘날에도 여전히 느껴지더라도 이를 마치 현실인 양 착각하면 안 됩니다. 다가오는 현실을 외면하고 사라지는 현실에 아이들을 끼워맞추면 아이들은 결국 망가지고 맙니다. 많은 아이들이 구겨지고 눌려지면서 인간성 자체가 망가져 가고 있습니다.

즉 어른의 가치관과 학생들의 가치관은 달라도 너무 다릅니다. 같은 나라에 살고 있지만 기본 욕구에 관한 한 마치 소말리아 사람과 영국 사람만큼이나 차이가 큽니다. 그런데 만약 소말리아 사람이 영국 사람한테 "꿈과 사랑은 사치니까 잔말 말고 해적질을 해서라도 끼니를 때우는 게 상책이다"라고 한다면 얼마나 우스꽝스러울까요. 하지만 그런 일이 실제로 벌어지고 있습니다.

어른과 학생 사이에 사고방식의 괴리가 있어 소통이 잘 안 되고 갈등이 있다면 변해야 하는 쪽은 어른입니다. 아이에게 어른의 기억이 강요되어서는 안 됩니다. 우리의 과거가 아이들의 미래를 지배해서는 안 됩니다. 그러면 모두가 불행해집니다.

어른이 아이들에게 물려주어야 하는 유산은 어른이 터득한 생존 방식이 아닙니다. 생존 방식은 상황에 따라, 여건에 따라 달라져야 효력이 있는 것이니까요.

우리는 우리 부모로부터 농사짓는 법을 물려받지 않았습니다. 그 대신 우리는 진실되게 사는 법을 물려받았습니다. 우리는 최고층 석탑을 올리는 법이 아니라 매사에 최선을 다하는 법을 물려받았습니다. 우리는 삼베옷을 짜기 위한 베틀 다루는 법이 아니라 공동체를 위한 베풀며 사는 법을 물려받았습니다.

물려줄 것과 아닌 것을 구분하는 게 지혜입니다. 이제 우리는 우리 아이들에게 진실되게, 최선을 다해서, 서로 베풀며 사는 법을 물려주어야 합니다. 그게 바로 인성교육의 출발입니다. 우리 모두의 행복을 위해서.

'삼율', 인간답게 살기 위한 세 가지 능력

대한민국은 마치 인간처럼 매슬로의 욕구 피라미드 단계를 거치면서 성장하고 있다고 볼 수 있습니다. 욕구 피라미드 틀에서 살펴보면 우리가 인성교육을 뒷전으로 하게 된 이유를 어느 정도 이해할 수 있습니다. 그렇다면 인간답게 살기 위해서 지금 이 시점에 어떠한 인성교육이 필요한지도 알 수 있습니다.

첫 단계에 해당하는 생리적·본능적 욕구는 개인 차원의 욕구입니다. 당장 내 배가 고프고, 내가 살아야 합니다. 그 생존의 본능은 개인적인 욕구입니다. 아늑하고 안전한 보금자리에서 맘껏 뛰놀다 배고프면 먹고 피곤하면 잘 수 있다면 그것이 바로 천국입니다.

문제는 한국이 온갖 불량식품의 천국이 되었다는 점입니다. 필요 이상으로 먹으면서 아동 비만도 심각해졌습니다. 또한 PC방, 게임방, 공부방이 아이들의 보금자리처럼 되어버린 지 오래입니다. 아이들은 폭력적인 게임에서 무한한 권력욕을 만끽하고 '야동'에서 한없는 성욕을 충족시키며 동물적 욕구를 절제할 줄 모릅니다. 최소한 인간도 동물처럼 필요한 만큼만 취하는 자기조율을 할 수 있는 능력을 갖추어야 합니다.

생리적·본능적 욕구의 다음 단계는 존중받는 느낌, 사랑받는 것, 소속감이지요. 이는 인간관계 속에서만 충족될 수 있는 욕구입니다. 개인적인 욕구가 아니라 사회적인 욕구입니다. 부부가 서로 사랑하고, 가정이 화목하고, 이웃과 잘 지낼 수 있어야만 채울 수 있는 욕구입니다.

그러나 잘 지내고 싶어도 잘 지내기 쉽지 않다는 사실이 문제입니다. 모든 인간관계에는 갈등이 존재하기 때문이지요. 그래서 이 단계의 욕구를 충족시키기 위해서는 관계조율을 할 수 있는 능력을 갖추어야 합니다.

그다음 단계는 나 자신을 넘는 보다 큰 가치와 의미에 대한 욕구입니다. 오로지 나 혼자 잘 먹고 잘살자고 아등바등하는 사람을 소인배라고 하지요. 그러나 우리에게는 좀더 성숙한 사람들이 필요합니다. 저는 이 단계의 욕구를 충족시키는 데 필요한 능력을 공익조율이라고 말합니다. 왜 공익조율인지에 대해서는 차차 설명하겠습니다.

인성교육은 개인 차원에서는 자기를 조율해 나가는 법, 관계 속에서 다른 사람들과 조율해 나가는 법, 마지막으로 공익을 위해 조율해 나가는 법을 가르치고 배우는 것입니다. 인간이 동물적 삶에서 벗어나서 인간답게 살기 위해서는 이 세 가지 능력을 모두 갖추어야 합니다.

동물들은 자기조율도 잘하고 자기 집단에서 관계조율도 잘합니다. 그러나 타집단과는 전혀 조율하지 않고 공격적 또는 도피적 행동을 취합니다. 인간이 동물 단계를 넘어서기 위해서는 최소한 타집단과도 잘 조율해 나가는 능력을 갖추어야 합니다. 이후 장에서 그 연관성을 상세하게 설명하겠습니다.

인성교육진흥법에 명시된 인성교육의 목적을 다시 한 번 상기해 보면, '내면을 바르고 건전하게 가꾸고 타인, 공동체, 자연과 더불어 살아가는 데 필요한 인간다운 성품과 역량을 기르는 것'입니다.

자신의 '내면을 바르고 건전하게 가꾸'는 것은 자기조율입니다. '타인과 더불어 살아가는' 것은 관계조율입니다. '공동체와 자연과 더불어 살아가는' 것은 공익조율입니다. 따라서 인성교육의 목적은 이 세 가지 조율을 제대로 할 수 있는 사람을 길러내는 것이라고 할 수 있습니다.

인성교육의 삼율은 철학적으로도 종교적으로도 충분히 공감대를 형성할 수 있는 인성교육의 핵심 요소입니다. 무엇보다 여러 학자들이 제시한 시대적 흐름과 인간발달학에 따라 수립된 체계적, 구체적, 실용적인 인성교육의 기본 틀입니다.

특히 인본주의 심리학의 창설을 주도한 매슬로의 인간 욕구에 대한 패러다임에서 많은 영향을 받았습니다. 매슬로의 마지막 저서가 『최상의 인간 본성(*The Farther Reaches of Human Nature*)』일 만큼 그의 철학은 인간성에 대해 새로운 지평을 열었고, 현재 대세인 긍정심리학의 시발점이 되었습니다.

매슬로가 '긍정심리학'이란 단어를 처음 사용하였습니다. 따라서 인성교육의 삼율은 자연스럽게 인본주의와 긍정심리학과 맥을 함께합니다.

3장

인성은
성공의 핵심

'인성이 진정한 실력이다.' 제가 십수 년 전부터 기회 있을 때마다 강조해 온 말입니다. 인성은 성격이 아니라 실력입니다. 타고나는 것이 아니라 학습으로 익히는 것입니다. 일시적인 행위가 아니라 지속되는 습관입니다. 인성은 공부하고 일할 수 있도록 해주는 실력이며, 미래에는 더더욱 인성이 리더십에 필수적인 요인이 될 것입니다. 우리는 인성에 투자해야 하고, 인성을 실력의 범주에 두어야 합니다.

다행히 조금씩 변화의 조짐이 보이지만, 여전히 혹자는 인성을 어떻게 실력이라고 할 수 있느냐, 인성마저 꼭 실용성을 염두에 두어 상품화해야 하느냐, 인성이 실력이라면 인성 학원도 우후죽순 생겨나지 않겠느냐고 말합니다. 충분히 나올 수 있는 의견입니다.

물론 좋은 인성은 그 자체로 충분히 존재 가치가 있습니다. 그러나 인성을 구태여 실력이라는 단어를 사용해서 강조하는 이유가 따로 있습니다. 인성을 실력이라고 강조하지 않으면 인성이냐 국·영·수냐로 선택지가 양분될 것입니다. 그 양자택일에서 대부분은 사회에 나갔을 때 성공으로 이어지는 실력이라고 간주되는 국·영·수를 선택하리라는 걱정 때문입니다.

그러나 인성은 양자택일 사항이 아닙니다. 공부나 인성이나 둘 다 실력이기 때문에 어느 하나 포기할 수 없습니다. '인성이 진정한 실력이다'라는 구호는 이런 이유에서 만들어졌습니다.

실제로 인성과 실력을 이분법으로 나누는 사고방식이 학교뿐만 아니라 우리 사회 전반에 만연해 있습니다. 언론을 보면 '실력과 인성을 모두 갖춘 직원' '실력과 인성을 겸비한 선수'라는 말도 자주 사용하고, 심지어 '인성과 실력은 반비례한다'라는 법칙도 있습니다.

인성과 실력을 따로 구분하는 것도 유감스러운데 마치 서로 상반되고 충돌하는 것처럼 못 박다니요. 시중에 떠도는 실력과 인성 둘 다 있는 사람, 둘 다 없는 사람, 하나는 있고 다른 하나가 없는 사람에 대한 구분법과 분석은 재미있습니다. 하지만 인성을 실력의 범주 밖에 놓고 있는 오류는 문제입니다.

가장 충격적인 발언은 '실력이 없으면 인성이라도 좋아야 하는데……'라는 말입니다. 사회에서 성공하기 위해서 실력이 가장 중요하고, 그것이 없으면 인성이라도 있어야 살아갈 수 있다는 뜻인가요?

그렇다면 '인성이 좋다'는 건 그저 자존심 굽히고 남의 비위나 맞추면서 온갖 어려움을 참고 견디는 모습을 뜻하는 말인가요? 좋은 것 싫은 것 내색하지 않고, 정의나 양심을 다 버리고, 숨죽이고 감정을 숨기고 사는 사람을 뜻하는 건가요?

겨우 인성이 실력자 옆에서 빌어먹기 위해서, 마치 윗사람에게 예쁨을 받기 위해서 필요한 처세술로 인식되고 있다는 것이 안타깝습니다. 인성이 이토록 하찮은 것으로 인식되기 때문에 인성교육이 그동안 무시되었나 봅니다.

그러나 인성은 '인생 성공'이라는 두 글자의 앞 글자를 딴 약자로 보아도 될 정도로 성공의 핵심입니다. 이 책의 반 이상은 왜 인성이 성공적인 인생을 사는 데 중요한지를 증명하는 부분에 초점을 맞추었습니다. 나머지는 어떻게 인성이라는 실력을 갖출 수 있게 하는지, 즉 방법을 소개하고 있습니다.

마치 영어를 잘하기 위해서 알파벳을 외우고, 단어를 외우고, 문법을 배우는 순서에 따라 노력해야 하듯이 인성도 주요 요소를 순차적으로 배우고 연마해야 얻을 수 있는 실력임을 강조합니다. 구체적으로는 인성교육에 자기조율, 관계조율, 공익조율이라는 요소와 순서가 있다는 것입니다.

한 명의 천재가 아닌 집단지성의 힘이 중요하다

다행스럽게도 우리 사회에 지금 인성을 중시하는 분위기가 생겨나고 있습니다. 대기업 인재 채용 때도 스펙보다는 인성을 보기 시작했고, 대학 입학사정관 전형에서도 인성 평가를 추가할 계획이라고 합니다.

십수 년 전 '한 명의 천재가 만 명을 먹여 살린다'는 말이 회자되던 때가 있었습니다. 삼성에서 했던 말로, S급 인재를 유치하기 위해 전 세계를 다니면서 우리의 미래는 그 소수의 천재에게 달려 있다는 이야기를 했지요. A급도 아니고 S급이라는 표현을 사용하면서 삼성은 그렇게 인재 전략을 펼쳤습니다.

지금은 더 이상 이 말이 들리지 않습니다. 이제 천재 경영은 끝났다고 2014년도에 공식적으로 선언했습니다. 그 대신 '집단지성'이라는 새로운 화두를 꺼내들었습니다. 최근에는 인재를 채용할 때 집단지성의 측면에서 인재를 평가하고 선발합니다.

물론 집단지성이라는 말은 삼성에서만 쓰는 것은 아닙니다. 오래전부터 집단지성은 학문적 화두였습니다. 『그룹 지니어스』『창조적 협업 (Creative Collaboration)』 등은 모두 집단지성에 관한 서적의 세목입니다.

왜 한 명의 천재성이 아니라 집단지성일까요? 이제 천재 한 명으로 해결할 수 있는 일은 없습니다. 지금은 다양한 실력과 능력과 재능이 있는 사람들이 집단을 이루어 함께 어울리며 시너지 효과를 내야만, 즉 집단지성을 발휘해야만 문제를 해결할 수 있습니다. 협업과 합심과 융합이 중요한 시대가 왔습니다.

한국은 집단을 매우 잘 이루고 있는 나라입니다. 팀워크 문화가 잘 발달해 있기 때문에 그 짧은 시간에 여기까지 올 수 있었습니다. 한국은 아무것도 없는 최빈국에서 세계가 부러워할 만한 나라로 성장했습니다.

문제는, 그것이 전부라는 사실입니다. 집단을 잘 이루어 힘을 합해 여기까지 왔는데 더 이상 나아가지 못하고 있습니다. 팀워크를 하고 난 다음에 노래방, 술집, 단란주점 등에 가서 집단지성이 아니라 '집단실성'을 하는 바람에 말입니다.

한국의 집단은 '삼연'으로 이어져 있습니다. 바로 학연, 지연, 혈연입니다. 거기에 관피아, 공피아, 은피아 등 각종 마피아 같은 이익집단들이 존재합니다. 즉 끼리끼리는 그 안에서 신뢰하고 협력하고 충성하지만 그 이상을 넘어서지 못합니다.

더 큰 공동체는 안중에 없기 때문에 자기 집단을 위해서라면 공동체에 해를 끼치는 일도 마다하지 않습니다. 참으로 '실성'하는 것입니다. 이것이 우리를 더 이상 앞으로 나아가지 못하게 하는 우리의 한계입니다. 현재 우리 한국의 가장 큰 문제는 바로 삼연으로 얽힌 비리와 집단이기주의로 인한 폐해이며, 그 기득권에서 파생되는 '갑질'입니다.

한국의 집단 팀워크가 잘못됐다는 뜻이 아닙니다. 다만 사이즈가 너무 작다는 의미입니다. 우리 사이즈가 작을 때는 우리 몸에 맞았지만 더 이상은 우리 몸에 맞지 않습니다. 인성을 나와 이해관계가 확실한 사람들과 교류할 때, 특히 나에게 이득이 될 때 발휘해야 하는 처세술로 인식해서는 안 된다는 뜻입니다. 좀더 큰 집단을 위해서, 좀더 넓은 세상을 품을 수 있어야 합니다.

더 크게 성장하기 위해서는 우리한테 걸맞은 옷을 입어야 합니다. 집단지성을 발휘하여 우리 사회만이 아니라 세상을 이롭게 할 수 있는 인재를 길러내야 합니다.

스펙이 아니라 스토리

이렇듯 집단지성의 중요성이 부각되면서 스펙이 아니라 자기소개서와 면접을 중시하는 등 기업의 HRD(인적 자원 개발) 제도도 달라지고 있습니다. 삼성을 포함한 많은 대기업들이 앞으로는 인재를 채용할 때 출신 학교나 어학 실력, 심지어 사진도 보지 않겠다고 밝혔습니다. 지원서에 스펙을 기재하는 난을 없애고 대신 자기소개서만으로 사람을 뽑겠다는 것은 기존과는 다른 부분을 보겠다는 뜻입니다.

스펙이란 말은 제가 학생일 때도 존재했습니다. 그때는 '스펙 3종 세트'라고, 바로 학벌, 학점, 영어 점수였지요. 그다음은 이 세 가지에 자격증과 어학연수 경험이 더해졌고, 다시 이 다섯 가지에 공모전 입상과 인턴 경험이 필요해졌습니다. 그후에 등장한 스펙 9종 세트에는 봉사활동과 성형수술이 포함됩니다. 봉사활동은 이해할 수 있지만 성형수술이라니요.

그런데 새로운 요건이 이미 2012년 말부터 뉴스 헤드라인에 등장했습니다. '대기업들, 인재 채용 때 인성 중시' '입학사정관 전형 인성 평가 강화' '대기업 채용, 스펙보다는 인성' 등.

실제로 10개 기업 가운데 9곳이 지원자의 학력, 자격증 등 스펙에 의존하기보다는 책임감, 대인관계, 실천력, 참신함 등 인성과 관련된 요인들을 살핀다고 합니다. 학생 입장에서는 이러한 요인들이 추가된 스펙 항목처럼 다가옵니다. 그래서 학생들은 더욱더 힘겨워 합니다.

하지만 학생들은 알아야 합니다. 이런 요건들은 스펙이라는 기존 틀에 또다른 항목이 추가되는 것이 아니라 드디어 새로운 틀이 짜여지고 있다는 사실을 말입니다. 사람은 새로운 정보를 맞이할 때 기존 사고방식의 틀 안에 그 정보를 끼워맞출 것인지, 아니면 자신의 사고방식의 틀을 바꿀 것인지를 선택한다고 합니다.

학생들은 후자를 선택해야 합니다. '스펙'이라는 단어에 새로운 내용들을 더 이상 담아낼 수 없기 때문에 스펙이라는 단어를 버리고 새로운 단

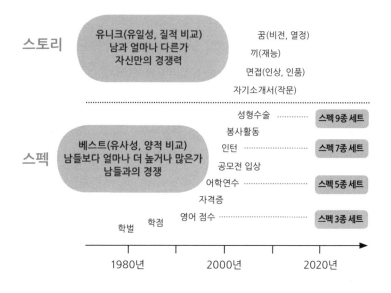

스토리

유니크(유일성, 질적 비교)
남과 얼마나 다른가
자신만의 경쟁력

꿈(비전, 열정)

끼(재능)

면접(인상, 인품)

자기소개서(작문)

스펙

베스트(유사성, 양적 비교)
남들보다 얼마나 더 높거나 많은가
남들과의 경쟁

성형수술 ············· 스펙 9종 세트

봉사활동

인턴 ············· 스펙 7종 세트

공모전 입상

어학연수 ············· 스펙 5종 세트

자격증

영어 점수 ············· 스펙 3종 세트

학벌 학점

1980년   2000년   2020년

베스트의 스펙, 유니크의 스토리

어를 사용할 때가 왔습니다.

기업 채용 방식의 변화를 보면 그 새로운 단어가 무엇인지 알 수 있습니다. 블라인드 면접, 오디션 면접, 회식 면접, 5분 자기 PR 등을 통해 취업생은 스펙과 상관없이 자신의 꿈과 끼와 창의력을 면접관에게 어필해야 합니다.

나는 어떤 잠재력과 독창성이 있는 사람인지, 어떤 비전과 열정을 품고 살아왔는지, 어떤 의미와 가치를 추구하는지…… 자신이 살아온 이야기와 앞으로 살고자 하는 이야기를 풀어내야 합니다. 즉 스토리텔링을 해야 합니다. 이제는 스펙이 아니라 스토리가 중요한 시대입니다.

스펙은 파편적으로 구성할 수 있습니다. 영어 실력과 사회봉사 이력과 컴퓨터 자격증 같은 스펙은 서로 불연속적이며 분절된 개체로 이루어져 있습니다. 일정한 순서 없이 이것저것 닥치는 대로, 또는 특별한 의미 없이 남들이 다 하기 때문에 나도 해야 한다는 식으로 취득해 나갈 수 있습니다.

그러나 스토리는 전후 맥락이 있어야 하고, 기승전결의 전개가 있어야 하며, 의미와 가치가 담겨 있어야 하고, 감동과 주인공이 있어야 합니다.

스펙은 모두가 다 갖추고자 하는 비슷한 요인들이기에 유사성 사이에서 돋보이기 위해서는 남들보다 많이 쌓아야 합니다. 남들보다 얼만큼 더 높거나 많은가 하는 양적 비교에서 베스트가 되기 위해 남들과 끝없는 경쟁을 치러야 합니다. 그 과정에서 정작 개인은 소멸되고 맙니다. 즉 자신의 인생 스토리에서 주인공이 다른 출연자와 별다를 바 없어집니다.

하지만 스토리는 나만의 이야기이기에 베스트가 아니라 유니크 (unique)해야 합니다. 유사성이 아니라 유일성이 핵심이고, 남들과 얼마나 다른지가 중요한 질적 비교이며, 자신만의 경쟁력입니다. 또한 자신의 인생 스토리의 주인공으로서 다른 출연자와 확연히 차별되는 인물로 등장해야 합니다.

지금은 베스트가 아니라 유니크를 추구해야 하는 세상입니다. 다행히 아이들은 모두 유니크하게 태어납니다. 다만 자라는 동안 똑같은 학교에서 똑같은 교과 과정을 거치고 똑같은 학원에 가서 똑같은 내용을 공부하는 동안 유일함은 사라지고 비슷비슷한 도토리가 되어버립니다. 그러나 유일함에서 자기 자신을 찾을 수 있고 유일함에서 최고의 경쟁력을 갖출 수 있습니다.

좋은 스펙을 위해서는 많은 노력과 재력이 필요합니다. 그런데 그 많은 노력과 돈을 쓰는 이유가 단지 남한테 인정받기 위해서입니다. 앞으로의 인생에서 두고두고 사용하기 위해 시간과 돈을 투자해 배우는 것이 아닙니다.

그러나 스토리는 돈으로 얻어지는 것이 아닙니다. 매력에 관한 것이기 때문입니다. 돈을 들여 성형수술로 급조할 수 있는 매력이 아닙니다. 성형수술을 하고 나면 전보다 예뻐 보이는 것은 사실이지만 그 사람의 매력이 바뀌는 것은 아닙니다. 매력은 겉모습이 아니라 내면의 모습입니다.

남에게 감동을 주는 스토리는 자기 인생을 진정으로 살아본 사람만이 지닐 수 있습니다. 인생을 제대로 살았을 때 나오는 것이 매력이고, 그것이 바로 인성인 것이지요. 사람의 매력과 품격은 인성에서 나옵니다.

스펙이 남에게 인정받고자 하는 노력의 결과를 보여준다면, 스토리는 살아온 모습과 살아가는 방식과 인품과 인격을 보여줍니다. 인성은 벼락치기 공부로 이루어지지 않으며 시험날의 컨디션에 좌우되지 않습니다. 인성은 오랜 기간에 걸친 학습으로 닦여지는 실력입니다.

협력의 시대, 삼율이 중요한 이유

스펙은 경쟁하는 것이고, 스토리는 경쟁력을 갖추는 것입니다. 그런데 경쟁과 경쟁력은 단어는 비슷해도 다른 개념입니다. 경쟁은 과정이고 경쟁력은 결과입니다. 그리고 경쟁력을 얻기 위한 방법은 경쟁이 아니라 협력입니다.

구체적으로 항공업을 예로 들어보겠습니다. 팬암은 보잉747을 처음 운

항한 세계 최대의 항공사였지만 자금난에 시달리다가 1991년 문을 닫았습니다. 팬암뿐만 아닙니다. 태평양 횡단의 최대 항공사였기에 한국인에게 친숙했던 노스웨스트 항공을 비롯해 그동안 사라진 미국 항공사가 무려 384곳이나 됩니다. 그만큼 경쟁이 치열해서 생존하기 어려운 분야입니다.

그러나 현재 최고의 경쟁력을 자랑하며 번창하는 항공사들은 스카이팀, 스타얼라이언스 등 10~20개 항공사가 똘똘 뭉친 협력체를 만들어 운영하고 있습니다. 비행기 한 대를 띄울 때 자회사 고객뿐 아니라 협력체 고객도 태우기 때문에 만석으로 운영하여 이윤을 극대화할 수 있는 것이지요. 이런 협력 방식을 두고 '코드 셰어링(code sharing)'이라는 신조어도 탄생했습니다. 자신들의 항공사 암호마저 공유한다는 뜻이지요.

경쟁력은 이런 협력에서 나옵니다. 우리가 아이들에게 가르쳐야 할 것은 윈-루즈가 나오는 경쟁이 아니라 윈-윈하여 모두가 경쟁력을 얻는 방법, 즉 협력입니다.

협력은 두 가지 유형으로 나눌 수 있습니다. 첫째는 구성원들끼리 일심동체가 되어 목표를 향해 나아가는 것입니다. 이때 집단에 필요한 것은 인내심, 충성, 끈기, 열정, 추진력 등이고 이런 덕목을 발휘하는 것은 궁극적으로는 벌을 피하거나 보상을 받기 위해서입니다. 상과 벌은 인간의 동물적 반응을 유발하는 방법입니다. 이는 이후 장에서 설명하겠습니다.

그런데 경영자의 입장에서 보상을 하지 않아도 인내, 충성, 끈기, 열정을 얻어낼 수 있는 방법이 있습니다. 바로 일터에 로봇을 배치하는 방법입니다. 이미 산업계에는 많은 로봇들이 종사하고 있습니다.

일본에는 직원 전원이 로봇인 호텔까지 생겼습니다. 사용하는 입장에

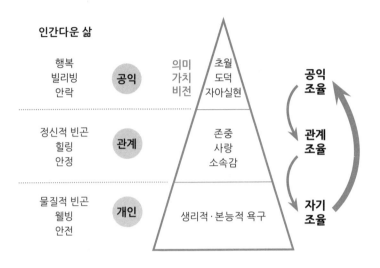

인간다운 삶

행복 빌리빙 안락	**공익**	의미 가치 비전
정신적 빈곤 힐링 안정	**관계**	
물질적 빈곤 웰빙 안전	**개인**	

초월
도덕
자아실현

존중
사랑
소속감

생리적·본능적 욕구

**공익
조율**

**관계
조율**

**자기
조율**

서로 맞물려 있는 자기조율·관계조율·공익조율

서는 처우 개선이나 연봉 인상을 요구하지도, 육아 휴직을 쓰지도, 병가를 내지도 않는 로봇이 훨씬 매력적일 수 있습니다. 그러니 사람이 로봇같이 일을 한다면 언젠가는 로봇으로 대체될 수밖에 없는 운명에 놓이게 됩니다.

웬만한 일들은 로봇이 할 수 있는 세상에서 사람이 로봇보다 월등한 점은 무엇일까요? 생각과 판단? 생각도 여러 종류가 있습니다. 평상시에는 예측가능한 일들이 벌어지기 때문에 발생할 수 있는 각 상황에 대한 대처법을 미리 준비해서 기억해 놓을 수 있습니다. 따라서 평상시에는 이 부분에서도 로봇이 유리합니다.

물론 아직까지는 로봇이 인간보다 생각을 훨씬 못하지만, 매우 빠른 속도로 인간을 따라잡고 있습니다. 컴퓨터가 사람처럼 생각하고 학습하는 인공지능 기술이 발달하면서, 미국의 경우 로봇이 10년 이내에 직업의 3분의 1일을 빼앗고 전문 일자리까지 잠식할 것이라는 예측도 있습니다.

그러나 로봇이 대처하지 못하는 상황이 하나 있습니다. 변화무쌍하고 예측불허한 위기 상황입니다. 창조의 시대에는 매 순간 새로워지는 위기의 연속입니다. 구성원들이 각자 독자적이고 독창적인 생각을 할 수 있을 때만 생존하고 번창할 수 있습니다. 평상시에 획일적인 사고와 여태까지 해오던 방식에서 벗어나지 못하기에 위기에도 서로 쳐다만 보다가 그대로 쓰러집니다.

변화에 대처하고 위기를 극복하는 방안은 다양한 생각과 가치관 속에서 나옵니다. 또한 창의적인 사고는 그렇게 살아왔을 때만 가질 수 있는 능력입니다. 이런 점에서 집단지성은 일심동체 집단의 협력과는 다른 유형의 협력입니다. 삼연으로 이루어진 구시대적 협력체는 다양한 기질과 습관과 가치관을 지닌 구성원들을 일심동체로 만들어내기 위해서 밥도 같이 먹고, 술을 마십니다.

그러나 집단지성은 다른 생각 패턴을 가진 사람들이 함께 어울려 일을 할 때 기대할 수 있습니다. 아쉽게도 집단은 사람들의 집단이며 사람 사이의 관계로 이루어졌으며, 모든 인간관계에 갈등이 존재합니다. 그래서 집단지성을 발휘하려면 관계를 조율해 나가는 능력이 중요합니다. 남과 더불어 일을 할 수 있는 능력에는 인성이 개입됩니다. 이것이 삼연으로 이루어진 집단과 삼율을 발휘하는 집단의 차이입니다.

관계조율에 필요한 요인은 목적의식, 갈등 관리, 소통, 신뢰, 배려, 감사, 존중, 용서 등입니다. 사람에게 실시하는 인성교육도 어려운데 기계에게 인성교육을 실시한다는 게 가능한 일일까요. 이런 능력은 아무리 로봇이 발전한다 해도 실현되기 어렵겠지요.

우리가 더불어 살아가려면 동물적인 본능인 이기심과 공격성, 성적 충동 등을 억제할 수 있는 능력이 필요합니다. 인간은 원초적으로 불안한 존재이기에 그 불안감, 공포감을 스스로 통제할 수 있는 감정 조절력도 발휘해야 합니다. 각종 욕구와 욕정을 잠시나마 미룰 수 있어야 합니다. 즉 자기조율을 할 수 있어야 합니다. 그러니 성공하는 사람의 핵심 능력이라는 관계조율의 전제 조건은 자기조율 능력이기도 합니다.

하지만 동물적인 본능에 맞서서 마음을 다스리는 자기조율은 어려운 일입니다. 왜 그리 어려운 일을 해내야 하는지가 분명할 때 비로소 자기조율이 가능해집니다. 자신을 뛰어넘고 삶의 의미를 보다 큰 것에서 찾는 것, 그것을 저는 공익조율이라고 합니다.

오로지 나만을 위해 꿈을 추구하고 끼를 부리며 경쟁을 일삼으면 결국 모두가 불행해집니다. 반면 남을 위해서 자신을 희생하는 것 역시 윈-루즈 이분법에서 벗어나지 못한 발상입니다.

공익조율은 좀더 멀리 그리고 넓게 보는 글로벌한 비전을 갖추는 것이며, 모두 다 함께 잘살 수 있는 윈-윈의 결과를 내다보는 긍정적이고 창의적인 비전을 지니는 것입니다.

따라서 자기조율, 관계조율, 공익조율 이 세 가지는 결국 서로 맞물려 있습니다. 그리고 이 삼율을 이루는 것이 인성교육의 구체적인 목표입니다.

다행스럽게 이 세 가지 조율에 대해서는 스마트(SMART)한 교육 목표를 세워서 추진할 수 있습니다. SMART는 'specific, measurable, action oriented, realistic, time bound'의 약자입니다. 즉 목표는 구체적이며, 측정가능하며, 활동중심적이며, 현실적이며, 한시적이어야 한다는 뜻입니다.

자기조율의 정도는 이미 첨단 바이오텍 기술로 실시간으로 자가진단할 수 있습니다. 요즘 대세인 온갖 피트니스용 웨어러블 디바이스가 바로 바이오피드백를 사용해서 신체의 각성 상태나 감정과 관련된 과학적 수치를 의미 있게 통계 처리하여 두 눈으로 직접 확인할 수 있도록 해줍니다.

관계조율 능력은 조직, 관계 내 구성원들 사이에 오가는 긍정성과 부정성의 비율로 평가하고 판단할 수 있습니다. 이 또한 실시간으로 모니터링할 수 있는 ICT 기술이 이미 상용화되고 있습니다. 앞으로는 스마트 교실에 필수 기자재로 포함될 것입니다.

공익조율 능력은 베풀기(give)와 취하기(take)의 빈도로 따질 수 있습니다. 무엇을 베풀고 무엇을 취하는지에 대한 기준은 사람의 나이와 환경에 따라 달리 정할 수 있으며 비교적 쉽게 판단할 수 있습니다.

참고로 저와 제 아내가 운영하는 연구소에서 부여하는 자격증을 받으려면 먼저 바이오피드백 도구에 의한 자기조율 능력 측정에 합격해야 합니다. 또한, 긍정성 쌓기를 일정 기간 실천해서 관계조율의 기본 능력을 평가 받아야 합니다. 자격증을 받은 후에는 '행복씨앗심기'라는 사회봉사 활동에 참여해서 공익조율 능력을 보여야 연구소와 계속 인연을 맺어 갈 수 있습니다.

그러니 인성교육의 삼율은 추상적이고 이론상에서만 논의되는 개념들이 아닙니다. 구체적이고 측정가능하기 때문에 쉽게 실행할 수 있습니다.

인성교육의 '삼율'
자기조율, 관계조율, 공익조율

이제 인성교육의 삼율을 좀더 구체적으로 살펴보겠습니다. 앞서 자기조율은 동물적 본능과 식욕, 성욕, 탐욕 등 각종 욕구를 조절하고 원초적 불안감과 두려움을 다스리는 능력이라고 표현했습니다. 그런데 자기조율이란 단지 감정을 추스르고 욕구를 다스려서 절제된 행동이 나오도록 하는 게 아닙니다. 자기조율에는 감성과 이성 사이의 조율도 포함됩니다.

저는 바람직한 행동은 감성과 이성의 조화에서 나오며, 이 둘의 합이 융합이고, 융합은 창조의 가장 큰 원동력이라고 여깁니다. 매일 같은 날이 반복되는 동물적 삶이 아니라 자신의 새로운 미래를 창조하며 자유로운 인간으로 살아갈 수 있는 시작점이라고 생각합니다.

그래서 자기조율에 대한 설명을 창의력에서 시작하겠습니다. 창의력은 이미 수많은 연구에 의해 개념이 확립되어 있는데, 창의력에 필요한 요소는 크게 여섯 가지로 나눌 수 있습니다.

첫째, 기초 지식입니다. 창의력은 기초 지식의 토대 위에서 자라납니다. 창의력을 위해서 이것저것 많이 할 필요는 없지만 기초는 튼튼해야 합니다. 추구하는 영역에서의 기초는 확실히 잡혀 있어야 합니다.

둘째, 사고력입니다. 특히 퍼지 사고력이 필요합니다.

셋째, 호기심입니다.

넷째, 모험심입니다.

다섯째, 긍정심입니다.

여섯 번째 핵심 요소는 빔 혹은 여유입니다. 무(無), 공(空), 허(虛)라고 할 수 있지만 저는 '허심(虛心)'이라는 단어를 선호합니다. 이는 매우 중요한 개념으로, 허심이란 새로움을 수용하고 포용할 수 있는 능력이며 소

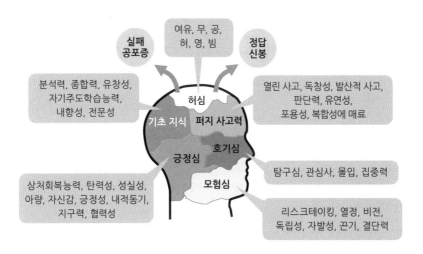

창의력의 핵심 요소

통과 공감이 가능해지는 공간이기도 합니다.

반면 창의력에 걸림돌이 되는 요소는 실패에 대한 두려움 그리고 모든 문제에는 하나의 정답이 있다고 믿는 닫힌 마음입니다. 이 두 가지는 창의력의 걸림돌이기 때문에 제거해 주어야 합니다.

또한 자기 생각에만 빠져 있는 사람들, "내가 지금 너무 바빠서"라는 말을 입에 달고 다니는 사람들은 남의 말을 듣지 않습니다. 그들에게서 나오는 생각은 독선에 가깝습니다. 호기심도 모험심도 긍정심도 없는 상황에서는 잔꾀만 나올 뿐입니다. 이런 상황에서는 암기력을 발휘할 수는 있어도 창의력을 기대할 수는 없습니다.

암기력이 〈도전 골든벨〉의 최종 우승자에게 요구되는 능력이라면, 창의력은 최종 우승한 이 학생이 읽은 『해리 포터』 시리즈의 저자가 가진 능력입니다. 암기력은 이미 책에 쓰인 헌 것, 남의 것을 내 돈을 주고 소비하는 행위라면, 창의력이란 새것, 나만의 것을 만들어내는 생산적인 행위입니다. 『해리 포터』의 저자 조앤 롤링의 머릿속에 들어 있는 창의력의 가치는 무려 15조 원에 달하지요. 이것이 창의력과 암기력의 결정적인 차이입니다.

감정이 행동을 움직인다

그런데 이처럼 특별한 가치를 지닌 창의력의 여섯 가지 핵심 요소 가운데 두 가지만 인지 영역에 포함됩니다. 바로 기초 지식과 사고력입니다. 나머지 호기심, 모험심, 긍정심, 허심은 모두 심적 영역입니다. 교육학 용어로는 '정의적 영역'이라고 합니다. 이렇듯 창의력은 인지적 요소와 심적 요소가 합쳐질 때 발휘됩니다.

인지적 영역이란 이성과 논리의 세계이며, 머리를 쓰는 세계입니다. 반면 심적 영역이란 이성이 아니라 감성, 논리가 아니라 심리로서 마음을 쓰는 세계입니다. 이 두 가지가 조화를 이룬 사람이 합리적인 사람입니다. 영어 단어 'rational'이 '합리'로 번역되는 바람에 합리는 감정과 기분을 배제한, 오로지 사실과 이성적 사고에 의한 것이라는 뜻이 되었습니다.

하지만 저는 '합리'를 말 그대로 '이치가 합해졌다'는 뜻으로 이해합니다. 머리의 이치와 가슴의 이치가 합해진 것이지요. 이성과 감성이 조율되고 조화를 이루는 상태입니다.

누군가 아무리 정교하고 정연한 논리를 앞세워 반박할 여지가 전혀 없는 결론을 주장하더라도 영 내키지 않고 마음이 불편해서 받아들이고 싶지 않을 때가 있습니다. 실은 매우 흔한 상황입니다. 바로 결론이 합리적이지 않아서입니다.

본래 논리는 인간이 만들어낸 사고방식이어서 평소에 유용하게 사용하고 있지만 결국은 인간 사고력의 한계를 보여줄 뿐입니다. 예를 하나 들겠습니다.

미국 유학 시절, 어느날 느닷없이 어머니가 전화를 하셨습니다. 통화료가 비싸서 정말 급하거나 중요한 일이 있을 때만, 초시계를 보며 국제전화를 하던 시대였습니다.

어머니는 다짜고짜 말씀하셨지요.

"별일 없니? 네가 다리를 다친 꿈을 꿨는데 꿈이 너무 선명해서 걱정이 되어 전화한다."

참으로 귀신이 곡할 노릇입니다. 다리가 골절되어 병원 가서 깁스를 하

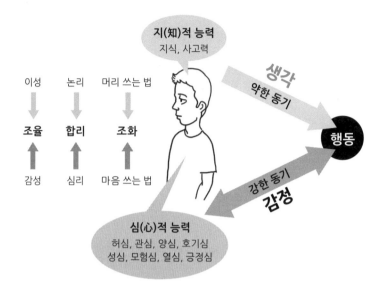

합리는 최고의 자기조율 상태

고 막 집에 돌아온 참이었습니다. 결코 이성적으로 이해하거나 논리로 설명할 수 있는 일이 아닙니다. 그러니 그냥 없는 일로 취급해야 하나요? 직감이든 직관이든 혹은 텔레파시이든, 이성과 논리로 설명이 안 되는 무언가가 있다는 점은 비록 머리로 받아들이지 못하더라도 가슴으로는 받아들여집니다.

실제로 인간의 행동은 머리가 아니라 가슴이 지배합니다. 예를 들어 담배가 나쁘다는 사실을 머리로는 잘 알지만 피우고 싶은 마음이 더 강하기 때문에 끊기가 쉽지 않습니다.

감정은 영어로 '이모션(emotion)'이라고 하지요. 'e-motion'이라는 복합 단어입니다. e는 바깥을 의미하고 motion은 움직임을 뜻하지요. 즉 밖으로 움직이게 만드는 것이 'emotion(감정)'이라는 말입니다.

감정은 이성보다 훨씬 더 위력적입니다. 우리의 행동을 지배하는 것은 심적 영역의 원동력인 감정입니다. 그래서 심리학에서는 동기와 감정을 동시에 다룹니다.

이번에는 한자를 살펴볼까요? 노(怒), 공(恐), 비(悲), 우(憂) 등 감정(感情)을 나타내는 글자 안에는 마음 심(心) 자가 들어가 있습니다. 애(愛), 충(忠), 인(忍), 덕(德), 배려(配慮), 은혜(恩惠) 등 인성과 관련된 글자도 마찬가지입니다. 즉 인성은 마음 쓰는 법과 강하게 연관되어 있습니다.

EQ는 정서지능을 말하지요. 곧 마음을 쓰는 능력입니다. IQ가 지능의 전부라고 생각하던 시절을 지나 이제 IQ는 인간의 지능 가운데 빙산의 일각일 뿐이라는 견해가 지배적입니다.

많은 연구 결과 학자들은 정서지능과 인성이 소통과 융합, 집단지성의 핵심 요인이며 성공적인 삶의 유일한 지표라고 말합니다. 이 엄청난 일들을 이룰 수 있도록 도와주는 것이 바로 인성입니다.

융합은 최고의 집단지성을 발휘하는 것

최근 융복합이라는 말이 자주 들려옵니다. 이과와 문과, 기술과 인문학의 통합이 이루어지고 있습니다. 그런데 한국에서는 융복합이라고 하면 인문학에서 조금, 기술에서 조금 하는 식으로 여러 학문을 뒤섞어 조금씩 공부하는 것으로 생각하는 경향이 있습니다.

아마 융합을 사회적 화두로 끌어올린 장본인이 스티븐 잡스가 아닐까

기술과 인문학의 융합을 강조하는 스티브 잡스

생각합니다. 융합에 대한 설명을 들을 때 한 번쯤은 봤을 만한 유명한 사진이 있지요. '기술(technology)'과 '인문학(liberal arts)'이라고 쓰인 도로명 표지판이 세워진 교차로에서 기술과 인문학의 융합을 강조하는 스티브 잡스의 강연 사진 말입니다. 그래서 기술과 인문학을 두루 겸한 '합학적(interdisciplinary)' 인재상이 상당한 설득력을 얻게 되었습니다.

그러나 그게 어디 쉬운 일일까요? IT를 비롯한 모든 첨단 기술 분야는 한 평생을 다 바쳐도 한 가지 학문만 섭렵하기에 모자랄 판인데 그 위에 인문학 지식과 정보까지 갖추어야 한다? 스티브 잡스가 다소 엉뚱하다지만 설마 그런 엉터리 말을 했을 리가 만무합니다. 자신도 하지 못한 것을 남에게 권했을까요? 아닙니다.

스티브 잡스는 기술과 인문학의 교차로에서 미래를 발견했습니다. '기술·인문학'이라는 새로운 거리를 걷는 게 아니라 '기술'이라는 거리를 걷는 자와 '인문학'이라는 거리를 걷는 자가 만나는 교차로를 강조했습니다.

그가 IT 분야의 영재 스티브 워즈니악을 만났던 것처럼, 마이크로소프트의 빌 게이츠와 폴 앨런, 야후의 제리 양과 데이비드 필로, 구글의 래리 페이지와 세르게이 브린도 경영력, 기술력, 통찰력 부분에서 서로 다른 능력의 소유자를 만나 합쳤기에 크게 성공했습니다.

그래서 융합이란 '학문의 합(합학, 合學)'인 동시에 협력과 동업을 가능케 하는 '마음의 합(합심, 合心)'입니다. 즉 최고의 집단지성을 발휘하는 것입니다.

많은 사람이 기술과 인문학의 교차로를 건너면서 잠재적 동업자와 협력자를 만나지만, 대부분은 무심히 지나치고 맙니다. 아마 너무 자기 생각에만 빠져 있어서 허심(여유)이 없었기 때문이겠지요. 또는 합리적이지 않아서일 수도 있습니다. 이성과 감성의 중요성을 깨닫고 이 두 이치의 조화를 최대의 가치관으로 삼는 사람이 추구할 수 있는 것이 융합입니다.

그런데 한국에서는 융복합 인재를 양성하겠다고 문과·이과를 통합한다고 합니다. "한국에서는 이미 문과·이과가 통합되어 있는데 새삼스럽게 뭘 더 통합하려고 합니까?" 국가교육과정정책자문위원회 회의에 참여하면서 저는 그렇게 말한 적이 있습니다. 문과나 이과나 다 분석적이고 논리적이고 이론적으로 가르치고 있는 현실을 꼬집은 말이었습니다.

통합적이고 감성적으로, 체험적 학습과 조화를 이루지 않고 그저 학문적 내용만 함께 섞어서 공부한다고 융합적 능력이 나오리라고 기대할 수 없습니다. 또한 협업하고 집단지성을 이루지 못하면서 학과 명칭만 가져다 붙이는 것은 그저 하드웨어적 통합이지 소프트웨어적 융합이 아닙니다.

아마 스티브 잡스나 빌 게이츠가 다른 사람과 함께 창업하고 협동하지 않았다면, 즉 집단지성을 추구하지 않고 혼자 나아갔다면 지금까지 이룬 업적과 번 돈의 1억 분의 1도 이루지 못했을 것입니다.

이들은 친구와 함께 차고에서 사업을 시작했습니다. 그리고 갑자기 엄청난 부자가 되었지요. 이럴 때는 형제지간, 부자지간에도 싸우고 고소하는 일이 흔히 벌어집니다. 그러나 이들은 처음의 그 파트너십을 30, 40년 동안 유지했습니다. 보통 인성의 소유자들이 아닙니다.

빌 게이츠와 스티븐 잡스뿐만 아니라 세계적으로 가장 앞서가는 선구적인 창업가들을 보면 대개 팀워크와 파트너십, 집단지성을 바탕으로 일하고 있습니다. 이때 관계조율이 핵심 능력입니다.

공익조율은 갈등을 관리하는 최고의 기술

사람이 모여 있는 곳에 갈등이 없을 리 만무합니다. 모든 인간관계에는 갈등이 있고, 이 갈등은 주로 각자 자신의 시각과 입장과 이익을 주장하기 때문에 발생합니다. 자신의 욕구와 요구를 만족시키려고 하는 행위를 사익 추구라고 하지요.

돈, 물건, 시간, 장소 등 한정된 자원에 관한 한 사익 추구는 나에게 이득이면 타인에게 손해가 되는 제로섬 게임입니다. 그래서 갈등은 윈-루즈라는 이분법 양상으로 발전하고, 서로 첨예하게 대립하게 됩니다. 남과 더불어 살기 위해서는 갈등을 해결하는 능력이 반드시 필요한 이유입니다.

갈등을 해결하는 방법에는 여러 가지가 있습니다. 그 가운데 하나는 한국 전래동화『금을 버린 형과 아우』에 나오는 방법입니다. 우애가 깊은 형제가 길을 가다가 금을 주워 사이좋게 반씩 나눠 가졌습니다. 그러나 금을 먼저 발견한 동생은 자신이 다 가져야 한다는 욕심이 생겼고, 형은 형이기 때문에 동생보다 조금 더 가졌어야 한다는 욕심이 생겼지요.

형제는 어떻게 했을까요? 냇가에 금을 내다버렸습니다. 갈등의 소지를 아예 없애고 우애를 지켰습니다. 극적이고 이상적인 갈등 해결 방식으로 볼 수도 있겠지만, 이는 루즈-루즈의 상황입니다. 현대 사회에서는 좋은 인성의 모델로 이 형제를 제시하면 설득력을 얻기 어려울 것 같습니다.

두 번째 방법은 타협입니다. 서로 상대방을 배려하고 조금씩 양보해서 입장 차이를 줄이는 방식입니다. 가장 흔하게 사용되는 방법이기는 하지만 타협 역시 윈-루즈 상황에서 벗어나기 힘듭니다. 타협을 한 후에도 무언가 좀 께름칙합니다. 손해를 본 것 같은 기분이 들기 때문입니다. 양보를 얻어낸 부분보다 양보해 준 부분이 자꾸 아쉽게 느껴집니다.

한쪽이 다 양보하는 것도 한 방법입니다. 상대방을 위해서 자신은 희생하는 것으로, 대표적으로 엄마가 아기를 돌볼 때입니다. 분명 윈-루즈 상황이지만 엄마는 기쁘게 희생을 감수합니다. 그러나 엄마라는 존재 이외에 이러한 일방적인 희생을 누가 할 수 있겠습니까. 아마 성인군자에게서 기대할 수 있는 행동입니다. 하지만 성인군자가 어디 흔한 존재이든가요?

이처럼 일방적인 희생은 이상적인 기준으로 삼을 수는 있어도 모든 사람들에게 기대하기는 어렵습니다.

그래서 저는 공익조율이라는 방법을 제시합니다. 갈등 관계자들이 각자 국지적, 단기적 안목으로 사익을 추구하기보다는 자신보다 더 큰 공동체의 이익을 고려하고, 공동체에 소속된 자로서 공동체의 이익이 결국 자신의 이익이 된다는 사실을 깨닫고, '통 큰' 계산을 하게 하는 방법입니다. 공익과 사익 사이에서 갈등하는 게 아니라 둘을 하나로 인식하는 능력이지요. 글로벌하고 장기적인 안목으로 사익을 추구하는 셈입니다.

나 혼자만 혹은 너 혼자만이 아니라 나도 너도 함께 이익을 보는 것이 바로 공익입니다. 공익을 추구할 수 있는 능력이 있기 때문에 관계조율이 가능하고 나아가 집단지성을 발휘할 수 있습니다.

성공하고 행복한 이들의 공통점

얼마 전에 세 명의 세계적 창업자가 잇달아 청와대를 방문했습니다. 창조경제에 대한 조언을 듣기 위해 초빙했나 봅니다. 앞서가는 기술을 빠르게 따라잡는 능력을 지닌 패스트 팔로어(fast follower)가 아니라 스스로 새로운 생각을 해서 누구보다 먼저 움직일 수 있는 퍼스트 무버(first mover)들이 필요한 현시점에 그들의 의견은 소중하겠지요.

"온 세계의 사람과 기업이 자신들의 잠재력을 실현할 수 있도록 돕는 것이 우리의 목적입니다."

마이크로소프트를 창립한 빌 게이츠의 비전입니다.

"세상의 정보가 모두에게 유익하게 활용될 수 있도록 정리·정돈하기 위해서입니다."

구글 창업자 래리 페이지의 공식 비전입니다.

"돈이 문제가 아닙니다. 좀더 열린 세상을 만드는 것이 제게 가장 중요합니다."

페이스북 창업자 마크 주커버그의 비전입니다.

만일 애플의 스티브 잡스가 살아 있었다면 이들에 앞서 초빙되었을 테고, 아마 이렇게 말했겠지요.

"창업할 당시 돈을 벌겠다는 생각은 하지 않았습니다. 단지 세상을 변화시킬 꿈만 갖고 있었습니다."

패스트 팔로어는 앞서가는 자를 따라 하고 고작 따라잡는 데 목표를 둡니다. 그들은 비전이 없기 때문에 새로운 버전만 내놓을 뿐입니다. 이전 것보다 조금 더 빠르고, 작고, 가볍고, 많은 기능을 지닌 제품을 만들어냅니다. 그러나 퍼스트 무버들은 자신의 목적을 자신보다 더 큰 곳에 둡니다. 즉 자신의 이익을 앞세우기보다 사회에 기여하는 것에 목적을 둡니다.

우리는 이들의 조언을 귀담아들을 필요가 있습니다. 이들은 다른 사람을 현혹하기 위해서 '사회 봉사, 인류 평화'라는 그럴듯한 구호를 내세운 게 아닙니다. 또한 회사 마케팅 전략으로 사회 기여와 재능기부를 언급하고 있지 않습니다.

그들은 자신들이 한 말에 책임을 집니다. 전 재산을 사회에 환원한 빌 게이츠에 이어 마크 주커버그도 재산 기부를 공약했습니다. 그들이 죽음을 앞두고 인생의 허무함을 뼈저리게 느껴서가 아니라, 죽을 때 빈손으로 가야 한다는 공수래공수거의 참뜻을 깨달아서도 아닙니다.

빌 게이츠는 마흔다섯 살 때, 마크 주커버그는 겨우 서른 초반일 때입니다. 한창 일하면서 돈 버는 재미를 느낄 때입니다. 무엇을 잘못했기 때문에 면책용으로, 특별사면을 받고 면피용으로, 사회 분위기를 눈치 보며 선심용으로 얼마 기부하는 게 아닙니다.

빌 게이츠는 전 재산을, 마크 주커버그는 재산의 99퍼센트인 자그마치 52조 원을 사회에 환원하겠다는 것입니다. 그들은 언행일치하고 표리일체합니다.

창의력의 대가인 시카고 대학의 미하이 칙센트미하이 교수, 긍정심리학의 창시자인 스탠퍼드 대학의 윌리엄 데이먼 교수, 다중지능의 선구자인 하버드 대학의 하워드 가드너 교수의 합동연구인 '굿 워크 프로젝트'는 유능한 동시에 행복한 인재들의 공통점을 발견했습니다.

그들은 '자신이 하고 있는 일에 의미가 있음을 확신한다'고 합니다. 즉 자신의 재능과 실력과 능력을 혼자 잘 먹고 잘사는 데 투자하고 노력하는 게 아니라 자신보다 더 큰 곳에 목적을 두었습니다.

생각해 보니 한국에서 수없이 들어본 말입니다. 빌 게이츠, 마크 주커버그, 래리 페이지, 스티브 잡스의 원조가 바로 우리 한국인입니다. 그 원조는 바로 세종대왕이지요.

세종대왕이 한글을 창조한 까닭은 양반의 기득권을 유지하고 강화하기 위해서가 아니라 세상 사람 모두를 이롭게 하기 위해서였습니다. 새로운 글을 만드는 것 자체가 목적이 아니라 사회를 새롭게 하기 위한 하나의 방법이었습니다. 그렇게 탄생한 한글이기에 『대영백과사전』은 한글이 단지 훌륭한 문자가 아니라 "인류 역사상 가장 훌륭한 지적 업적 가운데 하나다"라고 탄복을 하는 게지요.

또 한 명의 원조는 이순신 장군입니다. 충무공은 새로운 배를 만들기 위해서가 아니라 나라를 구하기 위해 거북선을 건조했습니다. 자기 자신보다 큰 곳에 목적을 두었기에 열악한 환경과 온갖 고통을 이겨내고 세계 해전사상 둘도 없는 23전 23승의 기록을 남기게 되었습니다.

그러니 청와대가 구태여 서방의 현자들을 알현하지 않아도 되었을 법합니다. 행복한 미래를 창조하기 위한 공익조율의 지혜는 우리의 문화와 전통과 가치관에서 충분히 얻을 수 있습니다. 공익조율이란 다음 세대에 우리가 반드시 물려주어야 하는 지적 유산입니다.

그러나 현재 우리 사회는 어떻습니까? 공익이 아니라 사익만 추구하고 있지는 않습니까? 우리 사회의 집단들은 집단이되 개인화된 집단입니다. 우리가 아직, 배고프던 시절에는 집단의 이익 추구가 필요했습니다. 성실하게 집단의 이익을 추구하는 가정이라는 공동체, 알뜰하게 키워야 했던 회사라는 공동체가 있었기에 우리가 이만큼 잘살게 되었지요.

이제 더 큰 의미를 찾아야만 하는 세상입니다. 지금은 담 사이에 넉넉한 뜰을 두고 살던 시골 마을의 시대가 아니라 위아래 옆으로 얇은 벽과 마루를 두고 다닥다닥 붙어 살아야 하는 아파트 단지 시대입니다. 동네 사람들하고만 흥정하던 구멍가게의 시대가 아니라 전 세계인과 거래하는 글로벌 FTA 시대입니다.

내 마음대로 해서는, 우리 식구와 우리 나라만 생각해서는 다른 사람과 충돌하고 갈등할 수밖에 없습니다. 다른 사람들과 더불어 잘사는 것이 관계조율이고, 그 시작점은 자기조율입니다. 그리고 공익조율은 자신의 이익과 전체 공동체의 이익을 조율해 나가는 능력입니다. 이러한 자기조율과 관계조율, 공익조율을 할 수 있는 실력이 바로 인성입니다.

5장

신체적 안전과
심리적 안정이
먼저다

도미니크 스트로스 칸 전 IMF 총재, 브라이언 윌리엄스 전 NBC 뉴스 앵커, 빌 코스비 전 최고 연예인……. 이들의 공통점은 무엇일까요? 모두 머리가 좋고 공부를 많이 한 엘리트이지만, 시쳇말로 한 방에 훅 가버렸다는 점입니다. 한국에서도 이와 같은 유명인들이 심심찮게 언론에 보도됩니다. 이들이 한 방에 훅 간 데는 그 이유가 있습니다.

인재는 머리 씀과 마음 씀이 조율되고 합리되는 사람입니다. 그리고 행동은 머리가 아니라 마음에서 나옵니다. 그런데 큰 스트레스 상황에 놓이면 그 순간 자기조율이 어려워집니다.

평상시에는 자기조율을 잘하며 지내다가도 스트레스에 맞닥뜨리면 조율 능력이 사라지면서 문제 행동이 나오게 되지요. 결국 인성의 문제입니다.

절망적인 상황을 성장의 발판으로 삼은 이들

반면 전혀 다른 부류의 사람들이 있습니다. 바로 빅터 프랭클, 황금자, 판티 킴 푹, 오프라 윈프리 같은 이들입니다.

빅터 프랭클은 제2차 세계대전 당시 나치에 의해 포로수용소로 끌려가 죽음보다 고통스러운 경험을 한 유대인입니다. 수용소에 감금되어 있는 동안 그는 동료 의사들뿐 아니라 부모, 형제, 아내, 자녀의 죽음까지 겪으면서 상상조차 못할 스트레스를 경험합니다. 그러나 그 비참하고 절망적인 상황에서도 그는 끝까지 살아남았습니다. 살아서 수용소를 나왔을 뿐만 아니라 심리치료 역사에 큰 획을 그은 세계적인 학자로 여생을 마쳤습니다.

황금자 씨는 사회복지가로, 위안부 할머니입니다. 평생 힘든 기억을 지닌 채 살아오면서도 전 재산을 사회에 기부하는 등 공익 추구의 삶을 실천했습니다. 끔찍한 기억을 딛고 과거로부터 도약해 새로운 차원으로 성장한 인생 스토리의 주인공입니다.

판티 킴 푹은 이름보다는 한 장의 사진으로 더 널리 알려진 여성입니다. 베트남 전쟁 때 마을이 폭격을 받자 울부짖으며 도망치는 여자아이의 사진은 전 세계에 베트남 전쟁의 참상을 알리는 계기가 되었지요. 그 사진 속의 벌거벗은 여자아이가 바로 판티 킴 푹입니다.

판티 킴 푹 역시 전쟁이라는 무시무시한 트라우마를 겪었지만 지난날의 기억에 얽매여 두려워하고 원망하고 보복 심리에 휩싸이지 않았습니다. 그 대신 그는 더 많은 사람들에게 전쟁의 비극을 알리고 전쟁이 일어나서는 안 되는 이유를 말하고, 세계적인 사회운동가로 도약했습니다.

오프라 윈프리의 불행했던 과거도 잘 알려져 있지요. 미성년 미혼모의 딸로 태어나 빈민촌의 외할머니 밑에서 자랐고, 보릿자루로 만든 옷을 입는 바람에 동네 아이들의 웃음거리가 되곤 했습니다. 아홉 살 때는 성폭행을 당했습니다. 열네 살에 가출, 열다섯 살에 임신, 조산한 아기는 태어나자마자 죽었습니다.

이처럼 엄청난 스트레스 속에서 어린 시절을 보냈지만, 지금 오프라 윈프리는 세계에서 가장 영향력이 크고 부유한 여성 가운데 한 명입니다.

창의력의 상징인 스티브 잡스도 마찬가지입니다. 시리아인 아버지와 미국인 어머니 사이에서 태어났지만 부모는 그를 키우는 대신 다른 가정으로 입양 보냈습니다. 초·중·고 시절 내내 그는 학교에서 왕따를 당해 은둔형 외톨이처럼 지냈습니다.

부모에게서 버려진 아이들, 부모가 없는 고아들은 보통 사람으로서는 상상하기 어려울 만큼 아픈 상처를 지니고 살아갑니다. 저는 저희 가정에 위탁되었던 다섯 명의 아이들과 함께 살아봤기 때문에 다른 사람들보다 조금 더 압니다. 그 아픔 때문에 어릴 때뿐 아니라 어른이 되어서도 매우 힘든 인생을 살아가는 이들이 얼마나 많은지도 조금 압니다.

스티브 잡스도 바로 그렇게 깊은 상처가 있었던 사람입니다. 그가 젊은이들의 우상이며 많은 이들로부터 존경받는 까닭은 단지 그가 창의력의 아이콘이기 때문이 아닙니다. 세상을 바꾸겠다는 꿈을 이루고자 열심히 살아온 사람이기 때문이고, 어린 시절의 아픔을 딛고 눈부시게 성장한 스토리를 가지고 있는 사람이기 때문입니다.

어린아이 같은 어른이 있다면 어른스러운 아이도 있는 법입니다. 알렉스 벤구라는 아프리카 시에라리온 소년으로, 유엔 평화상 수상자입니다. 내전이 끊이지 않는 시에라리온에서 소년들은 강제로 끌려가 총을 들고 싸워야 했습니다.

그곳 아이들이 교수대의 목을 매다는 줄에 다리를 걸고 노는 사진을 보고 충격을 받은 적이 있습니다. 소년들 옆에는 방금 처형당한 듯한 두 사내가 매달려 있었고, 몸에 탄띠를 두른 소년들은 즐거운 듯 활짝 웃고 있었습니다.

이처럼 인간성이 상실된 곳에서 자라왔음에도 불구하고, 알렉스는 자신이 할 수 있는 일이 무엇일까 생각했고 어린 나이에도 평화를 위해 활동하기 시작했습니다.

아무리 승승장구해서 사회적 성공을 이룬 사람도 큰 스트레스가 닥치면 한번에 무너질 수도 있고, 반대로 엄청난 스트레스 속에 살아왔음에도 불구하고 이를 극복하고 더 큰 어른으로 성장할 수도 있습니다. 전자가 스트레스 사건 후에 무너진 사람들이라면, 후자는 그로 인해서 더 높은 차원으로 성장해 나간 사람들입니다.

전자가 PTSD(Post Traumatic Stress Disorder, 외상후스트레스장애)라면, 후자는 PTSG(Post Traumatic Stress Growth, 외상후스트레스성장)입니다.

스트레스는 사람을 망가뜨릴 수도 있지만, 동시에 성장의 자극제가 될 수도 있습니다. 스트레스가 어떻게 작용할지, 어떤 사람들이 PTSD를 앓고 어떤 사람들이 PTSG를 경험할지, 바로 이 갈림길에 인성이 자리하고 있습니다.

스트레스는 심한 자극입니다. 감내하기 힘든 수준의 자극이 갑자기 들이닥치면 쇼크라고 하고, 그 후유증을 트라우마라고 하지요. 그러나 자극에 대한 반응은 사람마다 다릅니다. 깃털로 몸을 간질일 때 온몸을 뒤틀고 어쩔 줄 몰라하며 민감하게 반응하는 사람이 있는가 하면 돌부처

같이 꿈쩍도 하지 않는 둔감한 사람도 있듯이 말입니다.

촉감에 대한 신체적인 반응이 다 다르듯이 심리적인 반응도 사람마다 다릅니다. 누가 째려봤다고 욱하고 신경질을 부리는 사람이 있는가 하면 씩 웃고 그냥 돌아서는 사람이 있습니다. 이는 자기조율과 관계조율, 나아가 공익조율이 작동하는 인성이 있느냐 없느냐의 차이입니다.

극심한 스트레스에 시달리는 '영재'와 '문제아'

흔히 문제아는 나중에 문제 어른이 되어 주위에 폐를 끼치게 되고, 영재는 큰 성취를 이루어가며 사회에 기여하는 어른으로 성장할 것으로 생각합니다. 과연 그럴까요? 저는 단호하게 아니라고 말할 수 있습니다.

저는 아동 상담 기관 WEE센터의 첫 민간위탁센터장과 전국의 WEE센터를 지원하는 거점센터의 초대 센터장을 맡는 동안, 문제 행동이 심각한 아이들을 여럿 만났습니다. 대한민국인재상 심사위원장과 삼성전자의 미래인재 심사위원장을 맡으면서, 또 올림피아드 대회에서 수상한 모든 한국 학생들을 만나는 자리에서 많은 영재들을 보았습니다.

그런데 양쪽 모두에게는 한 가지 공통점이 있었습니다. 바로 극심한 스트레스에 시달리고 있다는 사실입니다. 문제 행동을 보이는 아이들뿐만 아니라 내로라하는 영재들도 마찬가지였습니다.

문제아나 영재나 모두 심한 스트레스를 받고 있습니다. 그 스트레스에 무너지느냐 아니면 그로 인해 더 크게 성장하느냐의 갈림길에 놓여 있는 것은 양쪽 다 마찬가지입니다.

평상시에는 알 수가 없습니다. 위기에 처했을 때만 그 사람이 어떤 길로 나아갈지가 나타납니다. 이를테면 평소에는 젠틀맨인데 운전할 때는 난폭해지는 사람이 있습니다. 스트레스 상황이 닥치면 돌변하는 사람들, 우리 주변에서 흔하게 볼 수 있지요.

인간은 심리적으로 또는 신체적으로 감당하기 어려운 상황에 처하면 위협을 느끼고 불안감과 공포감에 휩싸입니다. 그것이 스트레스이고, 이를 유발하는 것이 스트레스 요인입니다. 즉 안전감과 안정감을 확보하지 못했을 때 우리는 스트레스를 느낍니다.

이 안전감과 안정감이 없을 때 과연 사람이 도덕적인 생각을 할 수 있을까요? 아니오, 무너지게 돼 있습니다. 나보다 더 큰 의미, 나보다 더 큰 가치를 추구할 수 있을까요? 천만의 말씀입니다.

앞서 언급했듯이 생리적이고 본능적인 욕구가 충족되어야만 존중, 사랑, 소속감 등의 심리적 욕구를 갖게 되고, 이 욕구가 충족되어야만 자아실현과 초월, 도덕을 추구하는 단계로 나아갈 수 있습니다. 모든 것은 순서가 있습니다.

스트레스를 극복하고 성장한 PTSG들의 인생 이야기를 보면, 그들에게는 안전과 안정을 넘어 사랑을 준 누군가가 있었습니다. 그렇기에 꿈을 꾸고 노력하고 결국 성공할 수 있습니다.

따라서 인성교육이 효과를 얻기 위해서는 우리 아이들이 먼저 신체적인 안전함을 느껴야 합니다. 그리고 심리적으로 안정돼야 합니다. 이런 안전감과 안정감이 없는 상태에서 '이렇게 해라, 저렇게 해라' 이야기해 봤자 소용없습니다. 그 순간에는 듣는 체할지 모릅니다. 벌 받을까 봐 혹은 상 받을 수 있을까 해서 말입니다. 그러나 근본적인 변화는 이끌어낼 수 없습니다.

6장

인성교육을
가로막는
근본적인 걸림돌

  인성교육이 효과가 있으려면 학생들에게 안전감과 안정감부터 확
보해 주어야 합니다만, 우리의 현실은 전혀 그렇지 못합니다. 여러 항목
의 통계에서 한국은 세계 최고 아니면 최하위입니다.

  출산율은 세계 최하위 수준이고 이혼율은 세계 최고 수준이며 초혼
연령도 점점 높아지고 있습니다. 자녀 낳기를 포기하고, 결혼을 포기하
고, 가정을 포기하는 이들이 늘고 있다는 뜻입니다. 자살률마저 세계 최
고 수준이니 삶을 포기하는 이들 또한 많다는 뜻이지요.

  만약 이런 추세가 계속된다면 2750년도에는 한국인이 사라질 것이라
는 브루킹스연구소의 예측도 있습니다. 서기 2750년은 마지막 한국인이
숨을 거두는 해, 한국인종이 폐기되는 해입니다. 대한민국이라는 국가는

그보다 훨씬 전에 사라질지 모릅니다.

이렇듯 위험한 지표들이 이미 여럿 나와 있습니다. 이 하나하나가 모두 사람에 대한 이야기이고, 인간성이 꽃피우기에 척박한 환경임을 말해 주는 수치들입니다.

왜 이러한 통계 수치들이 나오는 것일까요? 그 원인을 알아야 해결책도 구상할 수 있습니다. 그리고 그 원인은 거시적으로 시대의 흐름에서 찾아봐야 합니다. 어떤 시각으로 현상을 보느냐에 따라 해결책은 달라지기 때문입니다. 아무리 구체적이고 실용적인 인성교육 방법이 시급해도 이같은 상황을 초래한 시대적 배경과 환경적 요인부터 먼저 살펴봐야 합니다.

높아지는 스트레스와 가정 붕괴

최근 한국에 회자되는 '창조경제'라는 말은 30년 전 미국의 레이건 대통령이 처음 시작한 이야기입니다. 영화배우라는 출신 때문인지 우리는 레이건을 과소평가하는 경향이 있지만, 미국에서는 역대 대통령 가운데 가장 위대한 대통령 중 두 번째로 꼽히는 인물입니다.

첫 번째로 꼽히는 대통령은 링컨입니다. 그가 위대한 대통령인 것은 노예해방을 이루었기 때문만은 아닙니다.

링컨 대통령은 미국을 농경화 사회에서 산업화 사회로 발전시킨 장본인입니다. 그리고 레이건 대통령은 산업화 사회에서 후기산업화 사회, 즉 창조경제로 방향을 튼 장본인입니다. 몇몇 훌륭한 일을 했기 때문이 아니라 미국이라는 거대한 나라의 방향을 바꾸었기 때문에 그들은 위대한 대통령으로 추앙받고 있습니다.

30년 전 레이건 대통령이 창조경제를 역설할 때 미국의 화두가 무엇이었는지를 살펴보면 오늘날 한국을 이해하는 데 도움이 될 것입니다. 30년 전 미국에서는 텔레비전만 켜면 스트레스로 인해 사람들이 병들고 있다는 소식이 톱뉴스로 나왔습니다.

스트레스란 나의 안전과 안정이 위협받을 때 느끼는 감정이라고 했습니다. 스트레스는 상황이 변화무쌍해서 예측불허인 때에도 나타납니다. 그 앞에서 무기력감을 느끼고 절망감을 느낄 때 우리는 심각한 스트레스

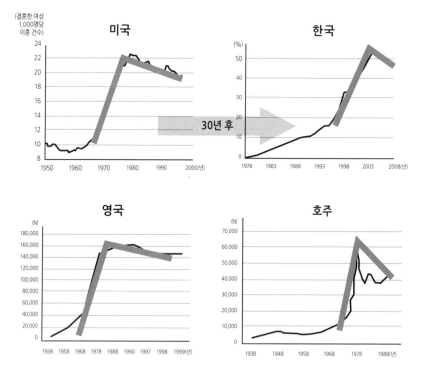

미국·영국·호주의 30년 전과 닮은 오늘날의 한국 이혼율

를 받습니다. 그런데 매 순간 새로워지고, 매 순간 변화무쌍한 것이 창조입니다. 이런 시대에서는 더더욱 스트레스를 피해갈 도리가 없습니다.

스트레스로 인한 사회적 비용이 한국은 연간 11조 원에 달한다고 합니다. 최근에는 40조 원으로 이야기하기도 합니다.

그런데 스트레스는 그저 억누른다고 해결되지 않습니다. 쌓이고 쌓이다 보면 폭발하게 마련입니다. 술, 담배, 인터넷, 온라인 게임 등에 몰두해 스트레스 상황에서 일시적이나마 도망치기도 하고 자살함으로써 영원히 스트레스를 회피하기도 합니다. 스트레스는 욕설, 폭언, 폭행 등 상대방에 대한 공격으로도 나타납니다.

스트레스가 누적된 사회에서는 피해자가 생기게 되어 있습니다. 일터에서 스트레스를 받은 사람은 집에 와서 가족들에게 화를 내고, 집에서 스트레스 받은 사람은 일터에 가서 애꿎은 부하직원들에게 폭언을 퍼붓습니다. 일터와 가정은 이렇게 스트레스로 연결되어 있습니다.

스트레스가 모든 것을 파괴하고 있습니다. 높은 이혼율이 보여주듯이, 특히 가정이 무너지고 있습니다. 정확히 30년 전 미국이 지금의 우리와 같았습니다. 스트레스로 사람들이 병들어가고 있던 그때 미국의 이혼율은 세계 최고였습니다.

미국뿐만 아니라 OECD 국가 가운데 한국보다 경제적으로 발전한 나라들도 비슷한 추이를 보입니다. 어느 시점에 이혼율이 급상승하고, 이후 높은 수위를 유지합니다. 최근 이혼율이 급상승한 한국 역시 특별한 조치를 취하지 않는 한 높은 이혼율이 유지되겠지요.

이혼이라는 가정 파괴가 이제 막 시작된 한국에서는 앞으로 어떤 악영향과 폐해가 뒤따를지 아직은 알 수 없습니다. 그러나 한국보다 30년이나 앞서서 가정 파괴가 진행된 미국을 보면 우리의 미래를 점칠 수 있습니다.

30년 전에 저는 막 결혼해서 가정을 꾸린 상태였습니다. 당시 〈우스꽝스런 노래(Silly Song)〉라는 타이틀의 어린이용 오디오 CD가 있었지요. 디즈니사가 제작한 애니메이션들에 나오는 노래가 20곡쯤 수록되어 있었는데 수록곡들은 모두 즐겁고 재미있었습니다.

그 당시 CD의 세 번째 노래 〈나는 나의 할배야(I'm My Own Grandpaw)〉는 CD 타이틀처럼 그저 우스꽝스러운 노래라고만 생각했습니다. 그런데 이제 와서 다시 들으니 가사의 의미가 새롭게 그리고 충격적으로 다가옵니다. 한국의 막장 드라마도 울고 갈 노래입니다.

옛날 옛적 내가 스물세 살 때
나는 세상에서 제일 예쁜 과부와 결혼했다네
과부한테는 붉은 머리칼의 큰딸이 있었는데
우리 아버지가 그녀와 사랑에 빠졌고
얼마 지나지 않아 그들도 결혼했다네
내 아버지는 졸지에 내 사위가 되었고 내 인생은 바뀌었어
내 의붓딸은 내 아버지의 아내로서 내 어머니뻘이 돼버렸으니까

기쁜 일이긴 하지만 일은 더욱 꼬여서
나는 건강한 사내아이의 아버지가 되었지
내 아기는 내 아버지의 처남이니
슬프지만 나한테는 삼촌뻘이야
나의 새엄마가 돼버린 내 아내의 딸과는 남매지간이 되고

내 아버지의 아내도 아이를 낳았어

아이는 내 딸의 아이니까 내 손녀지만

우울하게도 내 아내는 내 새엄마의 엄마니까

나한테는 할머니인 셈

내 아내가 내 할머니니까 난 내 아내의 손자이기도 하지

이 일을 생각할 때마다 난 미쳐버리지

당신에게는 매우 해괴한 일이겠지만

(나한테도 해괴한걸)

내 할머니의 남편이니까 난 나의 할아버지거든

나는 나의 할배야

나는 나의 할배야

나도 이게 우습다는 건 알지만

사실이라고

맙소사 나는 나의 할배야

이혼하고, 재혼하고, 그 사이에 또 자녀가 생기고, 미국은 그렇게 3세대가 지났습니다. 한국은 이제 막 1세대입니다. 앞으로 한국도 이 노래와 같은 상황에 놓이게 될 가능성이 다분합니다.

제 예측이 틀렸습니다. 가능성이 있는 게 아니라 이미 진행 중입니다. 이 책을 쓰는 중에 〈어머님은 내 며느리〉라는 드라마가 등장했습니다. 운명의 소용돌이 속에서 뒤바뀐 고부 사이를 그린 아침 드라마입니다.

〈어머님은 내 며느리〉 역시 그래미상 수상자 레이 스티븐이 〈나는 나의 할배야〉를 녹음한 1987년으로부터 거의 30년 후에 등장했습니다. 역시 30년 전 미국의 시대적 흐름을 따르고 있습니다. 이로 인한 혼란스러움은 어른들의 입장에서는 별 것 아닐 수 있습니다. 문제는 아이들입니다.

사회 스트레스의 최대 피해자는 아이들

사회의 스트레스는 결국 가장 약한 존재인 아이들한테 그대로 전달됩니다. 그 결과, 많은 아이들이 학교를 떠나고 가정을 떠나고 있습니다. 아직 정확한 통계조차 없지만 중도에 학업을 그만두는 청소년들이 28만~34만 명으로 추정되고 있습니다. 학교 부적응 학생들 또는 잠재적 부적응 학생의 수는 178만 명에 달합니다.

사회적 현상에 어떤 이름을 붙이는가에 따라 그 현상을 보는 시각이 달라지고, 시각이 달라지면 문제 해결책이 달라집니다. 우리가 현상에 붙이는 그 이름에 우리의 사고방식이 고스란히 묻어납니다. 그래서 이 아이들을 '가출 청소년' '학업 중단 청소년'이 아니라 '탈가정 난민' '탈학교 난민'이라고 불러야 합니다.

'학업 중단 청소년'이라는 말에는 마땅히 해야 할 학업을 중단한 학생을 탓하는 발상이 깔려 있습니다. 반면 '탈학교 난민'이라 함은 마땅히 희망을 베풀어야 하는 교육을 제공해 주지 못하는 학교와 교육 행정에 책임이 있다는 발상입니다. 같은 맥락으로 '가출 청소년'이란 말은 집을 뛰쳐나온 아이에 초점을 맞추지만, '탈가정 난민'이라 칭하면 안전하고 안정적인 보금자리를 만들어주지 못한 어른들에게 우선 책임이 있다는 뜻입니다.

가정과 학교가 좋은 곳이었다면 그들이 떠났겠습니까? 우리 어른에게 참으로 부담스러운 말이지만, 아이에게 책임을 추궁하는 게 아니라 어른이 책임지겠다는 성숙한 자세를 보일 때 해결책이 나옵니다.

학교와 가정에 적응하지 못하는 아이들이 사회에 나가서는 잘 적응할 수 있을까요? 군대에서 문제를 일으키는 청년들, '관심 병사'라는 이름이 붙은 그들의 학창 시절은 어땠을까요? 또 그들이 결혼해서 자녀를 낳는다면 그 아이는 어떤 가정환경에서 살아가게 될까요? 스트레스 후유증은 대물림됩니다.

미국이 30년 전에 경험한 일을 지금 한국이 그대로 겪고 있습니다. 온 국민이 스트레스에 시달리며 세계 최고의 이혼율을 기록하던 그때, 미국은 청소년 폭력 문제가 심각해지자 1985년에 청소년 통행금지령까지 시행했습니다. 의회는 청소년들의 탈선을 부모가 책임지도록 하는 '부모책임법(Parental Responsibility Act)'을 통과시켜 아이가 10차례 무단결석을 하면 부모를 징역 1년 또는 2,500달러 이하의 벌금을 물게 했습니다. 1981년에는 영유아보호법 등이 발의되어 '헤드스타트(Head Start)'라는 아동복지 프로그램이 실시되었습니다.

정확히 30년의 시간차를 두고 한국에서도 같은 일이 벌어지고 있습니다. 2010년에 한국보육진흥원이 문을 열고, 2015년에 인성교육진흥법이 시행된 것은 우연의 일치가 아니라, 사회·경제 발전과 이에 따른 문제는 세계적으로 같은 패턴과 페이스로 진행되기 때문입니다.

그렇다면 현재 미국의 모습이 한국의 미래가 될 수 있습니다. 지금 미국 사회는 몹시 아픕니다. 심하게 병들었습니다. 유럽이나 미국이 한국보다 훨씬 잘사는 이유는 지난 3백 년 동안 전 세계에서 강탈하거나 벌어들인 돈을 가지고 살아가고 있기 때문인데, 오래 못 갑니다. 그런데도 한국은 그 사회를 벤치마킹하기 바쁩니다. 한국은 지난 3백 년 동안 축적해 놓은 돈도 없는데 말입니다. 매우 위험한 발상입니다.

서양을 모방하는 한 30년 후 한국은 심하게 병든 사회가 될 가능성이 높습니다. 그들을 뛰어넘어야 합니다. 한국은 빠르게 변화하는 사회이기 때문에 30년이 아니라 10년 후에 미국처럼 병든 나라가 될 수도 있습니다. 앞으로 10년이 '골든타임'입니다. 10년 안에 저출산, 이혼, 자살 등 인간성이 위협받는 지금의 문제를 해결해야만 합니다.

세상에는 남의 실수에서 배우는 사람과 남이 했던 실수를 반복하는 사람이 있습니다. 우리는 남이 했던 실수에서 배워 다시는 그 실수를 하지 말아야 합니다.

교과 외 활동이 아닌 교과의 중심 활동

지금 우리가 안고 있는 사회적 문제들은 모두 사람에 관한 일, 즉 인간성과 관련된 문제입니다. 그런데도 교육 현장에서는 인성교육을 할 시간이 없다는 목소리가 들려옵니다. 인성교육이 너무 많은 시간을 빼앗아가 교과 수업을 할 시간이 부족하다고 합니다.

바로 이런 생각을 바꿔야만 인성교육이 제대로 실시될 수 있습니다. 인성교육은 교과 외 활동이 아니라 교과의 중심이 되어야 할 활동입니다. 인성교육 때문에 시간을 빼앗긴다고 생각하는 한 어떻게 하면 인성교육에 최소한의 시간을 할애할 것인지에 초점이 맞춰지게 되고, 결국 인성이 교과 활동 가운데 제일 먼저 밀려나게 되어 있습니다. 인성교육이 다른 과목을 공부할 시간을 빼앗는 것을 걱정할 게 아니라 국·영·수 공부를 위해 인성교육 시간을 빼앗는 것을 걱정해야 합니다.

인성교육에 대한 개념, 인식의 전환이 필요합니다. 인성은 가장 중요한 실력이라고 분명히 인식할 때 인성교육에 필요한 시간을 확보할 수 있습니다. 물론 선생님들이 무한한 시간을 가지고 있는 것도 아니고 자원이 많은 것도 아닙니다. 아무리 인성이 중요하다 해도 모든 시간과 자원을 인성교육에만 쏟을 수는 없습니다.

따라서 시간과 자원을 효율적으로 사용할 수 있도록 디자인하는 일이 필요합니다. 인성교육과 다른 교과를 대립적인 관계로 보지 않고 서로 잘 스며들도록 하는 일이 그 출발점입니다. 한정된 시간을 어떻게 효율적으로 사용해 국·영·수도 얻고 인성도 얻을 것인지를 고민해야 합니다. 그것이 최고의 융복합 교육입니다.

한편으로는 스트레스로 인해 무너지는 학생들의 인성을 논하기 전에 인성교육의 주체인 선생님들이 겪는 스트레스를 걱정하게 됩니다. 인성이 무너진 학생을 변화시키려 하는 과정에서 갈등이 생겨 학생과 선생님이 서로에게 스트레스를 안겨주는 존재가 되고 있는 것은 아닌지 걱정입니다.

인성교육 실시에 앞서 근본적인 교육 시스템의 혁신이 필요하다는 의견도 적지 않습니다. 학교와 집에서 인성교육을 뒷전으로 한 결과, 이미 악순환의 고리에 들어갔다는 뜻이겠지요. 이 악순환에서 벗어나기 위해 무엇보다 중요한 것은, 인성교육은 부차적인 것이 아니라 교육의 핵심이라는 인식의 전환입니다.

인성의 요소를 정확하게 분석하고 나열하고 가르친다고 인성을 갖춘 사람이 나오지 않습니다. 마치 집짓기에 필요한 모든 재료를 최고급으로 갖춘다고 집이 저절로 지어지지 않듯이, 마치 요리에 필요한 재료를 최상품으로 준비하더라도 맛있는 음식이 되지 않듯이 말입니다.

집짓는 방법과 요리하는 방법에 순서와 원리가 있듯이 인성교육에도 따라야 하는 순서가 있고 지켜져야 하는 과학적 원리가 있습니다.

2부

과학적 원리로
살펴보는 인성교육의
올바른 방향

7장

미국
인성교육의
학문적 배경

얼마 전 한국에서 세계교육포럼이 열렸습니다. 전 세계의 교육부 장관과 교육 정책 담당자, 교육 전문가들이 모인 큰 행사였습니다. 세계교육포럼의 부대 행사로 열린 인성교육국제포럼에는 인성교육 분야에서 가장 앞서가는 세계의 전문가들이 모였습니다. 저도 기조강연자로 참여한 행사였습니다.

이 포럼에서 주로 논의된 내용은 '세계시민(global citizenship)'과 '인격교육(character education)'이었습니다. 이렇듯 인성교육은 전 세계적인 화두입니다.

한국의 교실은 이미 붕괴되었다고 하지만 여전히 학교 종이 땡땡땡 울리는 반면, 미국에서는 학교 총이 탕탕탕 울립니다. 미국 대도시 공립학교에서 학생들은 마치 공항에서 출국 수속을 하듯이 금속탐지기를 통과해야 교실로 들어갈 수 있습니다. 권총이나 칼을 소지한 학생들을 걸러내기 위한 장치이지요.

교사가 학생들을 인솔해 인근 공원으로 축구 연습을 하려 나가려면 경찰의 호위를 받아야 합니다. 학교 상담사는 왕따나 게임중독이 아니라 임신과 마약중독에 대해 상담합니다. 교실에서는 잠에 취한 학생이 아니라 술에 취한 학생 때문에 교사가 골머리를 앓습니다.

미국에서 지금 일어나고 있는 일이 30년 후가 아니라 10년 후 한국에서 일어나지 말라는 보장은 없습니다. 최근 한 중학생이 교실에서 부탄가스를 폭발시킨 사건이 있었습니다. 한국에서도 이미 시작되었다고 봐야합니다.

미국 인성교육의 배경

남의 실수에서 배우는 자가 현명한 사람이라고 했습니다. 그래서 미국의 사례를 조금 알면 좋겠습니다. 따라 하기 위해서가 아니라 따라 하지 않기 위해서입니다. 미국은 어쩌다가 지금과 같은 상황에 이르렀을까요?

미국 인성교육의 역사를 알기 위해서는 그 이론적 배경과 흐름을 아는 일이 필요합니다. 우선 프로이트부터 시작하면 좋을 것 같습니다. 프로이트에 의하면 인간의 성격은 이드, 자아, 초자아로 이루어져 있습니다.

초자아는 부모나 선생님 같은 큰 존재가 가르쳐준 도덕과 규범을 내면화하는 과정에서 생겨납니다. 그런데 외부의 가치관이 내면화되는 과정은 물 흐르듯 자연스럽고 유연하게 일어나지 않습니다. 이드, 자아, 초자아는 팽팽한 텐션(tension, 긴장) 상태를 이루기 때문입니다.

본래 텐션과 스트레스는 공학적 개념입니다. 프로이트가 살던 시대는 산업화가 꽃피던 절정기였기에 심리학을 비롯한 여러 학문에 공학의 개념들이 도입되었지요. 마치 컴퓨터가 우리 사회에 전반적으로 활용되자 뇌과학에서 초기에 CPU, 메모리, 인풋, 아웃풋, 소프트웨어, 하드웨어 등 컴퓨터에 사용되어 친숙해진 용어들을 응용했듯이 말입니다.

텐션은 승부가 나지 않는 줄다리기처럼 여러 힘들이 균형을 이루며 팽팽히 당겨진 상태라고 할 수 있습니다. 그리고 이때 존재하는 것이 스트레스입니다. 균형을 이룬 긴장된 상태는 오래 유지할 수 있지만, 균형이 깨지는 순간 내재되었던 긴장 에너지가 한꺼번에 발산되어 큰 힘을 발휘합니다.

팽팽하게 당겨진 고무줄이 끊길 때 그 고무줄에 맞아본 적이 있나요? 그 따끔함을 맛본 기억이 있으면 팽팽하게 당겨진 고무줄 앞에서는 조마조마하고 마음이 떨립니다. 그 불안감과 공포감이 바로 트라우마입니다.

프로이트는 외부의 규범이 내면화된 것이 초자아라 했지만, 행동주의 심리학자 스키너는 도덕성이란 내면화되는 것이 아니라 상과 벌에 의해 학습되는 것으로 보았습니다. 스키너 이후에는 콜버그가 도덕성 발달 이론을 제시했습니다. 콜버그는 피아제의 인지 발달 이론에 큰 영향을 받은 심리학자입니다.

피아제는 아동의 발달은 '감각운동기(0~2세), 전조작기(2~7세), 구체적 조작기(7~11세), 형식적 조작기(11~15세)'처럼 단계적으로 이루어진다고 했습니다. 콜버그 역시 도덕성이 단계적으로 발달해 나간다고 주장했습니다.

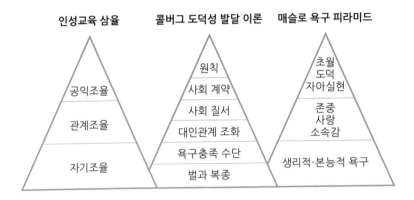

| 인성교육 삼율 | 콜버그 도덕성 발달 이론 | 매슬로 욕구 피라미드 |

인성교육 삼율
- 공익조율
- 관계조율
- 자기조율

콜버그 도덕성 발달 이론
- 원칙
- 사회 계약
- 사회 질서
- 대인관계 조화
- 욕구충족 수단
- 벌과 복종

매슬로 욕구 피라미드
- 초월 도덕 자아실현
- 존중 사랑 소속감
- 생리적·본능적 욕구

미국 인성교육의 배경이 된 콜버그의 도덕성 발달 이론

콜버그의 도덕성 발달 이론을 피라미드로 표현하면, 맨 아래에 단순히 벌을 피하기 위한 도덕적 행동이 있습니다. 어른 말에 복종하는, 말 잘 듣는 아이이지요. 그다음 단계는 상을 받기 위한 바른 행동입니다. 이 두 단계는 모두 상과 벌이라는 외적 요인들에 의해 통제되는 도덕성입니다.

그다음 단계는 다른 사람들의 시선을 고려하고 남들이 자신을 좋아하도록 하기 위해, 사랑받고 집단에 소속되는 안정감을 추구하는 도덕적인 행동입니다. 이 단계를 지나면 법과 질서를 지키는 단계와 사회적 책임을 질 수 있는 구성원으로서 도덕성을 갖는 단계에 접어듭니다. 피라미드의 제일 꼭대기는 자신의 도덕적 원칙에 따라 행동하는 도덕 발달의 가장 마지막 단계입니다.

저는 콜버그의 도덕성 발달 이론 6단계를 둘씩 짝지어 3단계로 구분합니다. 1단계 '벌과 복종'과 2단계 '욕구충족 수단'을 합쳐서 첫 번째 단계로, 3단계 '대인관계 조화'와 4단계 '사회 질서'를 합쳐서 두 번째 단계로, 5단계 '사회 계약'과 6단계 '원칙'을 합쳐서 세 번째 단계로 표현하겠습니다.

나이로 보면 이 피라미드의 첫 번째 단계는 어린아이들, 두 번째 단계는 중학생 정도, 세 번째 단계는 적어도 고등학생은 되어야 하고 흔히 훨씬 이후에 도달할 수 있는 단계입니다.

미국의 인성교육은 바로 이 콜버그와 피아제의 이론에 입각해 있습니다. 그리고 콜버그와 피아제의 이론은 매슬로의 욕구 피라미드와도 연결되고 자기조율, 관계조율, 공익조율로도 이어집니다.

콜버그의 도덕성 발달 이론 가운데 첫 번째 단계는 도덕성을 상과 벌을 통해 학습된다는 스키너의 이론과 통합니다. 또한 두 번째 단계, 남들이 나를 좋아하도록 하기 위해 도덕적인 행위를 한다는 것에는 다른 사람들의 가치관을 내면화한다는 프로이트의 관점이 들어 있습니다.

미국은 인성교육의 첫 번째 단계를 교회에, 두 번째 단계를 가정에 위탁했습니다. 교회는 강력한 상벌 체계를 갖고 있습니다. 천당과 지옥만큼 강력한 상과 벌이 또 있을까요? 또한 프로이트는 어린 시절 부모의 영향력을 절대적인 것으로 봅니다. 그래서 첫 번째와 두 번째 단계는 이미 학교 밖에서 형성되었다고 보는 것입니다.

그래서 학교는 인성교육의 세 번째 단계에 치중했습니다. 교사는 도덕성을 가정과 교회와 달리 권위주의적으로 강요하지 않고 성숙한 사고력을 통해 가르쳐야 한다는 목표를 세웠습니다. 교과서로 도덕 원칙을 가르치고 도덕적 사고력을 기르는 것에 국한해 버렸습니다. 그런데 이런 미국의 인성교육 전략에 문제가 생겼습니다.

비신앙인이 급증하고 기독교인들 가운데서도 교회에 나가는 사람의 수가 점차 감소했던 것입니다. 특히 1950년대와 1960년대에 심했습니다. 현재는 한 달에 한 번 이상 교회에 나가는 사람이 교인의 45퍼센트 미만이라고 합니다. 매주 나가는 사람은 그보다 훨씬 적겠지요. 그렇다면 교리를 진심으로 실천하는 교인은 이보다 훨씬 더 적을 것입니다. 아무리 좋은 가르침이라도 실천하지 않으면 소용없습니다. 더 이상 교회에 인성교육을 기대할 수 없는 상황이 된 것입니다.

1950년대와 1960년대는 이혼율이 급증하고 맞벌이 가정이 가파르게 증가한 시기이기도 합니다. 즉 어린아이들 주변에 어른이 사라지기 시작한 시점입니다. 물리적으로 존재해도 정신적으로나 정서적으로 분리되거나 멀어져서 관계가 약화되었습니다. 가정에서의 인성교육도 어려워지기 시작했습니다.

결정적인 변화는 1960년대 베트남 전쟁으로 시작되었지요. 전쟁의 참혹함이 드러나고 심지어 미군이 민간인을 사살한 일을 숨긴 사실이 뒤늦게 밝혀지면서 젊은이들은 기성세대를 불신하기 시작했습니다. 평화를 외치는 히피족이 새로운 문화를 형성하면서 젊은이들 사이에 전쟁에 반대하고 기성세대에 반발하는 분위기가 널리 확산되었습니다.

기성세대는 도덕을 가르치고 인성교육을 실시할 권위를 상실하고 말았습니다. 미국은 더 이상 학교에서 인성교육을 실천할 수가 없게 되었습니다.

즉 미국에서는 공교롭게도 신과의 관계, 인간관계, 사제관계가 동시에 무너지기 시작하면서 인성교육 전략의 세 단계가 다 흔들린 것입니다.

그 결과는 단지 아이들이 '인사성이 없다, 자기밖에 모른다, 배려하지 않는다'는 정도에서 끝나는 게 아닙니다. 그저 눈살 찌푸리게 하는 게 아니라 눈앞이 캄캄할 정도로 상황은 악화됩니다. 인성교육의 부재는 사회 전체의 미래를 암울하게 만들기 때문입니다.

왜 미국은 인성교육에 실패했나

부실한 인성교육의 결과는 여러 사회 지표가 잘 보여줍니다. 1970년 이후로 청소년 강력범죄율이 급증했고 미혼모 출산율 또한 급격히 늘었습니다. 청소년들은 학업을 중단하고 거리로 쏟아져 나왔습니다.

미국에서는 매해 120만 명의 고등학생이 학업을 중단합니다. 26초에 한 명 꼴입니다. 하루에 7천 명이나 됩니다. 2006년 통계에 의하면 미국 고등학생 세 명 가운데 한 명은 졸업을 못했습니다. 최근에는 조금 나아져서 네 명 가운데 한 명 꼴로 고등학교 공부를 마치지 못합니다. 엄청난 학업 중단율입니다. 게다가 2013년도 연구에 의하면, 샌프란시스코에서 발생한 미성년자 살인 피해자 가운데 94퍼센트가 학업을 중단한 청소년입니다. 청소년 마약 치사율도 급증했습니다.

현재 미국인 140명당 한 명이 마약에 중독되어 치료를 받습니다. 한국인은 거의 170만 명당 한명이니 미국의 마약 중독률은 한국의 마약 중독률보다 만 배가 넘는 어마어마한 수치입니다.

물론 미국 정부가 이를 바라만 보고 있었던 것은 아닙니다. 1980년대부터 중학교에서 강력한 인성교육을 시작했고 '저스트 세이 노(Just Say No)'라는 대대적인 마약 퇴치 캠페인도 벌였습니다. 그러자 이런 말이 나왔지요.

"Just say yes to say no to say yes to drug."

이 말의 뜻은 이렇습니다.

"마약에 '예' 하는 것에 대해 '노' 하는 것에 '예' 합시다."

이런 구호성 캠페인이 얼마나 실효성 없는 것인지를 비꼬는 말입니다.

'저스트 세이 노' 캠페인은 1990년대까지 이어졌고, 대통령들은 지속적으로 인성교육을 역설했습니다. 클린턴은 자신의 임기 동안 인성교육포럼을 다섯 번 개최했고, 2000년도에 부시는 매해 10월 셋째 주를 인성교육 주간으로 선포했습니다.

그럼에도 불구하고 미국의 교육은 이루 말할 수 없이 붕괴되었습니다. 인성이 망가지니 교실 분위기가 엉망이 되었고, 따라서 학업도 기대할 수가 없습니다.

오바마 대통령이 기회만 되면 한국의 교육을 극찬하는 데는 이러한 배경이 깔려 있습니다. 인성이 아니라 PISA(국제학업성취도평가) 결과가 뛰어나다는 점에 방점이 찍혀 있기는 하지만, 한국의 교육을 부러워하는 저변에는 이러한 역사적 배경이 존재합니다.

그동안 미국은 인성교육에 많은 투자를 해왔습니다. 인성교육 전략은 크게 네 가지였습니다. '저스트 세이 노'처럼 여론을 움직일 만한 슬로건을 내걸고 캠페인을 벌이기도 했고, 보상과 처벌로 인성을 강화하는 방법을 쓰기도 했으며, 반복적인 훈련을 실시하고, 퇴학 등 엄격한 규칙을 정해 인성을 훈련하기도 했습니다.

이 네 가지 방법에 공통점이 있습니다. 다 무엇이 올바르고 바람직한 행동인지를 알려주고, 지시하고, 코칭하는 방법들이라는 점입니다.

그러나 2010년 미 연방정부가 대규모 연구를 실시한 결과, 인성교육은 총체적으로 실패한 것으로 입증되었습니다. 학생들의 문제 행동을 예방하는 데 행동코칭형 인성교육은 효과가 없었습니다. 학업성취도를 향상하는 데도 전혀 도움이 되지 않았습니다.

이유가 무엇일까요? 비판론자들은 미국 사회의 리더들이 인성에 대한 권위를 상실했기 때문이라고 꼬집습니다. "젊은 인턴과 불륜관계가 있습니까?"라는 질문에 "아니오"라고 해놓고는 "있었지만"(과거형) "있지"(현재형)는 않으니 거짓말이 아니었다고 발뺌했던 '미꾸라지' 클린턴 대통령, 조금만 수상해도 아무 법적 절차 없이 쥐도 새도 모르게 사람들을 잡아다 관타나모 감옥에 감금시키며 인권을 유린했던 '조지 왕' 부시 대통령. 이렇게 그들은 윗물부터 문제라고 합니다.

물론 윗물도 문제지만, 인성교육에는 근본적인 문제와 운영상의 어려움이 따릅니다. 즉 인성교육이 필요하다는 점에는 모두가 공감하고 동의하지만 반드시 교육해야 할 인성이 무엇인지에 대한 합의는 이루기가 어렵습니다.

성실, 배려, 책임감 등 몇 가지 요소로 압축했다 해도 이번에는 개념이 너무 모호합니다. 구체성을 얻기가 힘들기 때문에 효과를 측정하기도 어렵습니다. 교육 효과를 측정하기 어려우면 교육을 잘하기 어렵습니다. 그러니 우왕좌왕할 수밖에 없고, 이를 실패의 원인으로 꼽는 이도 있습니다.

미국의 인성교육 방안은 다양했습니다. 인성의 주춧돌(cornerstone)은 시민의식, 존중, 책임감, 근면이라며 네 가지 덕목을 내세우기도 하고 여기에 배려, 공정성, 신뢰성을 덧붙여 인성의 여섯 기둥(pillars)이라고 부르며 강조하기도 했습니다.

이 모두는 전부 중요한 개념입니다. 하지만 이것만 중요한 것이 아니지요. 지혜, 연민, 질서, 정직성, 자주성, 감사, 용서도 중요합니다. 이렇게 끝없이 이어집니다. 인성은 인간의 모든 덕목을 아우르는 큰 개념이기 때문이지요.

한국 역시 인성에 대해 여러 개념들을 정리해 놓았습니다. 예를 들어, KEDI 교육정책포럼에서는 인성을 3차원(사회성, 감성, 도덕성), 6역량(사회적 인식, 대인관계, 자기인식, 자기관리, 핵심 윤리 인식, 책임 있는 의사 결정 능력), 6가치/덕목(공감, 소통, 긍정, 자율, 정직, 책임)으로 제시했습니다. 먼저 주제 영역으로 구분하고, 능력으로 세분화한 후, 다시 가치와 덕목을 나열했습니다. 학문에는 경계가 없으니 미국의 인격교육(character education)이나 한국의 인성교육의 틀은 엇비슷합니다.

그러나 인성의 요소를 정확하게 분석하고 나열하고 가르친다고 인성을 갖춘 사람이 나오지 않습니다. 마치 집짓기에 필요한 모든 재료를 최고급으로 갖춘다고 집이 저절로 지어지지 않듯이, 마치 요리에 필요한 재료를 최상품으로 준비하더라도 맛있는 음식이 되지 않듯이 말입니다.

집짓는 방법과 요리하는 방법에 순서와 원리가 있듯이 인성교육에도 따라야 하는 순서가 있고 지켜져야 하는 과학적 원리가 있습니다.

인성은 행동으로 보여주는 것

인성교육국제포럼에서 강연을 맡았던 사람들이 함께 저녁식사를 하기 위해 식당에 들어갔습니다. 우리 테이블에 앉은 열두 명 가운데 아시아 사람은 저와 인도 학자뿐이고 나머지는 모두 백인이었습니다. 다들 처음 만난 사이인데도 재미있게 대화를 나누며 식사를 했습니다.

그런데 인도 학자에게 말을 건네는 사람이 한 명도 없었습니다. 조금 전까지만 해도 미국, 호주, 캐나다, 영국의 인성교육을 대표하여 인성과 글로벌 시민성에 대해 열변을 토하던 인성교육의 최고 리더들이 인도 사람에게는 한 마디도 하지 않았습니다. 인도는 영어를 잘하는 나라입니다. 언어가 통하지 않아 말을 못하는 것도 아닌데 옆에 있는 그를 배려하는 모습을 조금도 볼 수 없었습니다.

이 인성교육 전문가들이 입증했습니다. 인성교육은 말로 가르치는 것이 아니라는 사실을요. 인성은 행동으로 보여주는 것입니다.

'아이 앞에서는 냉수도 함부로 마시면 안 된다'는 속담이 있지요. 우리는 매 순간 학생들에게 인성교육을 행하고 있는 중입니다. 어떤 때는 좋은 인성을 보여주고 어떤 때는 나쁜 인성을 보여주는 차이가 있을 뿐, 매 순간 인성교육을 하고 있는 셈입니다. 영어를 가르치든 수학을 가르치든 일단 교단에 서면 학생들에게 인성교육을 하고 있는 것입니다.

결국 우리가 진지하게 고민하고 스스로 실천하지 않는 한 인성교육은 미국처럼 슬로건과 캠페인에 그치는 실패한 정책이 되고 말 뿐입니다. 아무리 많은 상과 칭찬, 벌을 동원해도 그 순간뿐일 것이며, 아무리 엄격한 규율로 훈련시키고 훈육해도 아이는 눈앞에서만 하는 체할 뿐 내면화시키지는 못할 것입니다.

그러나 좋은 소식이 있습니다. 미국을 비롯해 전 세계가 과학적인 방법을 통한 인성교육을 이제 막 시작했습니다. 과학의 발전으로 우리는 뇌가 어떻게 작용하는지 세세하게 살펴볼 수 있게 되었고, 이를 토대로 심리학도 큰 발전을 이루었습니다.

이제 동물실험에 의존하던 시대는 끝났습니다. 이미 70년, 90년씩 진행되고 있는 엄청난 종단 연구들이 상당수 존재하고 그 결과물들도 드러나고 있습니다. 행동을 코칭하고 지시하고 꾸짖는 방법은 대실패임이 입증됐습니다.

과학이란 과학적 방법을 뜻합니다. 숱한 종단 연구 결과를 토대로 이제 과학적인 인성교육을 할 때입니다. 그리고 세계는 그 첫발을 내디뎠습니다.

우리 한국도 이 대열에 포함되어 있습니다. 따라가는 게 아니라 선두에서 활약할 수 있는 좋은 기회입니다. 남들이 했던 것을 벤치마킹하기에 급급하지 않고, 실패한 정책을 따라 하다 뒤늦게 후회하지 않고, 먼저 성공해서 남들에게 모범이 되는 선구자 역할을 할 수 있습니다.

8장

아이들의
문제 행동은
어디에서 오는가

'학교 폭력 근절'이라고 쓰인 현수막 아래에서 화난 표정의 교사가 문제 행동을 하는 학생들을 빗자루로 쓸어버리는 포스터를 본 적이 있습니다. 그 순간 숨이 턱 막혔습니다.

이 포스터가 전하려는 메시지는 학교 폭력을 근절하자는 것이겠지만 동시에 더 많은 메시지가 담겨 있습니다. 문제 행동을 하는 아이들은 쓰레기이고, 생활지도 선생님들은 청소부라는 메시지입니다. 문제아들만 싹 쓸어버리면 폭력이 근절된다는 인식을 보여주는 포스터이기도 합니다. 잘못된 문제 인식에서 잘못된 해결책이 나오는 예입니다.

교육을 담당하는 학교에서조차 이렇게 잘못된 인식이 팽배하니 사회의 다른 영역에서는 어떻겠습니까. 군에서 관심 병사 문제가 떠올랐지요.

상급 병사가 하급 병사를 구타하거나 따돌리는 등의 문제가 빈번하게 나타나자 군은 이 해결책으로 계급을 단순화한다는 방안을 내놓았습니다. 마치 열차 충돌 사고를 예방하려면 사고가 가장 잦은 열차 앞뒤 칸을 없애면 된다는 발상과 크게 다르지 않습니다. 문제를 제대로 이해해야만 합리적인 해결책이 나옵니다.

바람직한 행동을 이해하기 위해서 바람직하지 않은 문제 행동에 대한 이야기부터 하고자 합니다. 간혹 어떤 개념이 매우 커서 '장님 코끼리 만지는' 식이 될 때는 그것이 무엇인지를 이야기하기 전에 무엇이 아닌지부터 이야기하는 게 도움이 될 수 있습니다.

이를테면 '코끼리는 최소한 작지는 않습니다, 날아다니지 않습니다, 나무에 기어 올라가지 않습니다, 혼자 다니지 않습니다' 등 분명히 아닌 것에서부터 출발하면 범위가 점점 좁혀지고 또한 상반된 모습을 상상하면서 어느 정도 윤곽이 잡힙니다.

인성에 대해서도 같은 순서를 따르고 싶습니다. 앞에서는 인성에 대해서 큰 윤곽을 잡았고, 지금부터 무엇이 아닌지를 설명하고자 합니다. 문제 행동, 바람직하지 않은 행동, 비인간적인 행동, 반인성적인 행동에 대해서 알아보겠습니다.

문제 행동의 가장 큰 원인은 가정환경

입에 담기 어려운 상스러운 욕을 밥 먹듯이 하고, 집단 성폭행에 심지어 후배에게 성매매까지 시키는 아이들을 보면 정말 악마가 존재하는 것 같습니다. 태어날 때는 모두 선한 아이들이 어쩌다가 이렇게 흉측하게 변했을까요?

사람은 스트레스를 과도하게 받게 되면 도피적이거나 공격적이 됩니다. 폭력뿐만 아니라 학습 부진, 학업 중단도 이 때문입니다. 사실 수많은 연구에 의해 원인은 이미 밝혀졌습니다. 그렇게 밝혀진 원인 가운데 가장 중요한 것이 환경적 요인입니다.

억압적이거나 미성숙하거나 무책임한 어른이 있는 환경에서 아이는 큰 스트레스를 받습니다. 자유를 박탈당한 그 답답함과 절망감과 무기력감은 짜증으로 나타납니다. 요즘 아이들이 하루 종일 입에 달고 사는 말이 "짜증나"입니다.

학생들이 종이에 적은 글귀를 본 적이 있습니다. "학생이라는 죄로, 학교라는 감옥에 갇혀, 공부라는 벌을 받아, 출석부라는 죄수 명단에 적혀, 교복이라는 죄수복을 입고, 졸업이라는 석방을 기다린다."

오래전부터 학생들 사이에 나돌던 흔한 이야기입니다. 그러나 처음 직접 접했을 때 저에게는 충격적이었습니다. 최근에는 고등학교 졸업식날 학생들이 '출소자 여러분, 12년 동안 고생 많으셨습니다'라고 적힌 피켓으로 축하해 주거나 두부 먹는 퍼포먼스를 하는 섬뜩한 모습까지 심심찮게 볼 수 있습니다.

교실에서 학생들이 하나같이 양손을 머리에 얹고 있는 모습을 본 적도 있습니다. 학생들이 하던 일을 멈추고 다음 지시 사항이 있을 때까지 조용히 기다리게 하기 위해서 선생님이 시키는 행동이라고 합니다. 이 역시 초등학교 교실에서 흔히 볼 수 있는 모습인데 저는 처음에 두 눈을 의심할 정도로 놀랐습니다. 양손을 머리에 얹은 학생들의 모습이 한국 전쟁

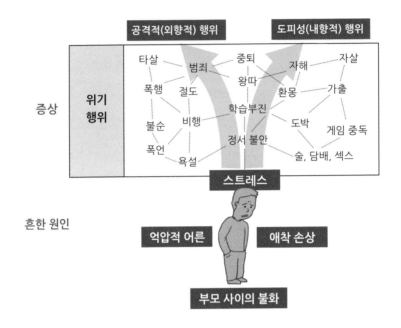

스트레스의 원인과 그로 인해 나타나는 증상들

당시 포로로 잡혀온 사람들이 하던 모습과 너무 똑같았기 때문입니다.

물론 교사가 학생을 포로로 생각하거나 적으로 간주하지 않겠지요. 그러나 양손을 머리에 얹은 학생의 모습에서 포로의 모습을 떨쳐낼 수 없었습니다. 혹시 이러한 위력적인 비구어적 메시지를 수년간 받게 되면 학생이 스스로 죄인으로 생각하게 될지도 모른다는 생각이 들었습니다. 그래서 아이들이 학교를 억압적인 감옥같이 느끼는지도 모릅니다. 우리가 미처 의식하지 못한 채 학생과 적대적 관계를 만들어가고 있지는 않은지 고민해 볼 필요가 있습니다.

"꼼짝 말고 앉아서 공부해!"

참으로 많이 들어본 흔한 말입니다. 집에서 엄마한테 귀에 못이 박히게 들었지요. 요즘 인터넷에 '공부 잘하는 방법'을 묻는 질문에 올려진 답변이기도 합니다.

"찍소리 말고 하란 대로 해라!"

이런 말도 흔하게 들립니다. 이런 말들은 제 귀에 매우 억압적으로 들립니다. 시도 때도 없이 새로운 규칙이 생겨납니다. 충분한 예고 없이 발표되고, 명쾌한 설명 없이 적용됩니다. 규칙이 존재하되 지키지 않아도 괜찮았는데 갑자기 지적을 당합니다. 걸리는 놈만 재수 없는 놈이고 그래서 규칙을 어기고도 그저 억울하기만 합니다.

다 타당한 이유가 있으니까 어른들은 규칙을 만들었고 유연하게 적용한 것이겠지요. 하지만 그 이유가 소통되지 않는다면, 그래서 아이들이 납득할 수 없다면, 아이들은 그저 어른이 시키는 대로만 해야 하는 노예 같은 존재가 되어버립니다. 무엇이 옳고 그른지, 적절하고 부적절한지 판단력을 키우는 연습을 해볼 기회를 박탈당하는 것입니다. 그러니 성숙한 어른으로 성장하기는 힘듭니다.

게다가 한국은 이혼율이 세계 최고 수준입니다. 그런데 이혼이란 사이좋게 잘 지내다가 어느 날 서로 악수를 나누며 "지금부터는 헤어집시다" 하고 끝내는 것이 아니지요. 부부가 이혼까지 갔다면 1, 2년이 아니라 5년, 10년씩 지겹도록 싸웠다는 이야기입니다. 아이 앞에서도 싸우고, 서로 험한 말을 나누었을 테고, 심지어 손찌검을 한 경우도 있을 것입니다. 부모가 서로 퍼붓는 독은 아이들이 속절없이 뒤집어쓰게 되어 있습니다.

그런데 이보다 위험한 것이 애착 손상입니다. 어린이집에서 흔히 볼 수 있는 풍경이 있습니다. 엄마가 아이의 손을 잡고 어린이집 안으로 들어옵니다. 어린이집에 가지 않겠다는 아이를 어르고 달래서 데려오는 데 성공했으니 엄마는 한결 가벼워진 마음으로 아이의 손을 놓고 뒤돌아섭니다. 그러자 아이는 악을 쓰고 울기 시작합니다. 엄마에게서 떨어지지 않으려고 발버둥칩니다. 엄마는 '오후에 오겠다, 몇 시까지 오겠다'고 달래보지만 아이는 막무가내입니다.

사실 아이한테는 시간 개념이 없습니다. 당장 눈앞에 엄마가 보이지 않으면 엄마는 나를 버리고 떠난 것입니다. 아이는 어떤 감정을 느낄까요? 슬픔, 두려움, 분노……. 심지어 자신이 무가치하다고 느낄 수도 있습니다. 이런 감정들이 스트레스입니다. 커다란 스트레스이지요. 그런데 이런 일이 한두 번이 아니라 매일 반복됩니다.

물론 며칠, 또는 몇 주가 지나면 아이는 엄마의 손을 놓고 대신 선생님의 손을 잡고 돌아섭니다. 이때 엄마들은 굉장히 기뻐합니다. 드디어 우리 아이가 적응에 성공했다고 여깁니다. 그러나 천만의 말씀입니다.

아이 입장에서는 적응이 아니라 포기일 수 있습니다. 엄마 손을 놓고 돌아설 때 아이의 표정은 멍하고 기운이 없습니다. 다른 존재와 신뢰를 바탕으로 한 안전하고 안정적인 인간관계 맺기를 포기한 경우입니다. 이런 상태를 두고 '애착 손상'이라는 단어를 사용합니다.

사건 트라우마와 발달적 트라우마

최근에 심리학자들은 트라우마를 좀더 세분화하고 있습니다. 뉴스에 흔히 보도되는 사고, 폭행, 성추행 등 어떤 사건이 생겼을 때 피해자나 목격자가 받는 정신적 충격을 '사건(event) 트라우마'라고 합니다. 그러나 '발달적 트라우마'라는 것도 있습니다. 상대적으로 덜 알려져 있기 때문에 대개는 의식조차 못하고 지나칩니다. 그래서 '숨겨진(hidden) 트라우마'라고도 불리는데 사건 트라우마보다 더 심각한 후유증을 남길 수 있습니다.

사건 트라우마는 없어야 할 일이 생기는 경우입니다. 사고, 폭행, 성추행 등 당연히 없어야 될 일이 있을 때 우리는 정신적 충격을 받습니다. 이와 반대로 당연히 있어야 할 일이 없는 경우가 숨겨진 트라우마입니다. 가장 대표적인 예는 어린아이가 어른들로부터 당연히 받아야 할 돌봄을 받지 못할 때, 방치되고 유기될 때, 양육자와 안정적 인간관계를 맺지 못하고 여기저기 떠맡겨질 때 입는 애착 손상입니다.

동물들은 어미의 뱃속에서 나오자마자 제 힘으로 움직이지만 갓 태어난 사람은 혼자서는 아무것도 할 수 없습니다. 사람은 긴 시간 동안 양육자의 절대적인 보호와 보살핌과 사랑, 즉 안전과 안정을 확보해야만 살 수 있습니다. 숨겨진 트라우마, 발달적 트라우마란 이를 박탈당했을 때 받는 트라우마입니다.

뇌과학자들은 양육자와 제대로 애착을 형성하지 못한 아이들은 학대받은 아이보다 더 심각한 복합 증상을 보인다고 말합니다. 영유아기에 애착관계를 통해 형성되는 거울 뉴런, 섬엽(insula), 안와전두피질(OFC) 등 공감, 감정적 자기조절, 사회적 감정 인식을 담당하는 두뇌 부위가 제대로 발달하지 못하기 때문입니다.

이때는 공감력 결핍, 범불안증, 우울, 공황, 도벽, 상습적 거짓말, 불신,

무기력감, 학습장애, 자해와 타해 등의 증상이 나타납니다. 대체로 이런 아이들이 학교에서 왕따를 당하고 학교 폭력의 피해자나 가해자가 될 확률이 높습니다.

훗날 관심 병사가 되고, 남녀관계를 어설프게 하고, 부부관계가 어렵고, 자녀와의 관계가 틀어질 수 있습니다. 심하면 공감 능력이 완전히 결여된 사이코패스가 될 수도 있습니다.

이들은 안전함과 안정됨이라는 인간의 기본 욕구에 대한 결핍을 과도한 섭식과 음주, 흡연으로 달랩니다. 성숙한 어른으로부터 받아야 하는 소속감과 사랑에 대한 허기를 야동을 보거나 조숙한 연애를 하는 등 미성숙한 성 집착으로 채우려 합니다. 심지어 선생님에게 이성적으로 다가가기도 합니다.

어린 시절 신체적인 위협을 받으면, 전두엽 발달에 악영향을 받고 폭력성을 지닌 신경회로가 형성됩니다. 이에 반해 사회적인 위협을 받으면 마음속은 불안감과 불신감으로 가득 차고 우울증 같은 심리적 증상이 나타납니다.

발달적 트라우마는 사고 체계가 분화되지 못한 영유아기, 즉 아무것도 모르는 때 시작됩니다. 트라우마인지 모르면서 우울증에 걸리고 불안증에 시달리는 것이지요. 사건 트라우마는 눈앞에 보이는 것이 있습니다. 내가 왜 힘들고 괴로운지 압니다. 하지만 발달적 트라우마를 지닌 아이들은 이유도 모르는 채 불안하고 우울해집니다. 그래서 치료하기가 훨씬 더 어렵습니다.

스트레스 연구 결과로 알 수 있는 진실

스트레스는 만병의 근원입니다. 지속적인 스트레스는 미주신경계와 신경호르몬 시스템인 HPA(Hypothalamic-Pituitary-Adrenal, 시상하부-뇌하수체-부신)축에 치명적입니다. 오장육부를 관리하는 미주신경계도 망가뜨립니다. 그래서 스트레스를 많이 받으면 온몸이 여기저기 다 아픕니다. 머리가 아프고, 가슴이 두근거리고, 숨이 가쁘고, 속이 쓰리고, 소화가 안 되고, 설사나 변비가 생기고, 발끝이 저립니다. 어느 한 군데 성한 데가 없이 온몸이 망가지는 기분입니다.

사실 지속적인 스트레스는 신경계를 위축시킵니다. 신경계가 '마르거나 시들어서 우그러지고 쭈그러든다'는 뜻입니다. 스트레스는 그냥 기분만 그렇게 느껴지는 게 아니라 사실 신체적인 변화가 생기는 것입니다. 허약한 신경은 추상적인 개념이 아니라 실제로 위축된 신경계를 말하는 것입니다. '속이 문드러진다' '속이 상한다'는 말처럼 정말로 스트레스는 우리를 골병이 들게 하고 폭삭 늙게 합니다.

이쯤에서 네 가지 결론을 내릴 수 있습니다.

첫째, 문제 행동을 보이는 아이들에게 아무리 정신 차리라고 말해 봤자 소용이 없습니다. 꾀병이 아니기 때문이지요. 온몸에 상처를 입고 누워 있는 아이한테 정신 차리고 일어나라고 야단치는 것과 다를 바 없습니다.

'그건 나쁜 짓이다, 그렇게 하면 안 되고 이렇게 해야 한다'라고 말한다고 해서 해결될 문제가 아니라는 뜻입니다. 아이들도 모르는 게 아닙니다. 일부러 그러는 것도 아닙니다. 본인도 원하지 않지만 의지대로 되지 않는 것이지요.

둘째, 인성교육은 책으로 공부한다고 실천될 수 있는 것이 아닙니다. 책이 필요 없다는 뜻이 아니라 책만 가지고는 안 된다는 뜻입니다. 이를 증명하는 통계 자료가 있습니다.

앞서 언급했듯이 한국 학생들의 사회성, 협력성은 세계 최하위 수준입니다. 그런데 도덕에 대한 지식은 세계 최고 수준입니다. 책으로 공부한 것, 무엇이 옳고 무엇이 옳지 않은지를 아는 것은 세계 최고입니다.

문제는 행동이 따라주지 않는다는 것입니다. 인성이란 앎이 아니라 행동입니다. 바람직한 생각도, 바람직한 의도도 아닌 바람직한 행동입니다. 아무리 옳은 생각과 좋은 의도를 가지고 있다 해도 행동으로 나타나지 않는다면 의미가 없습니다.

세 번째, 지금 우리가 아이들의 문제 행동 가운데서도 따돌림 등 폭력에 대해 특히 심각하게 여기고 있지만 실은 이보다 더 큰 위협이 도사리고 있습니다. 바로 애착 손상을 입은 아이들의 양산입니다.

애착은 반드시 충족되어야 할 기본적인 욕구입니다. 인간과 인간 사이의 연결이 애착입니다. 관계조율의 토대입니다.

앞으로 애착 손상을 입은 아이들이 커가면서 불거질 문제 가운데 가장 심각한 것은 아마도 성관계 문제일 것입니다. 또래뿐만 아니라 성인과의 성관계가 더 큰 문제입니다. 애착 손상을 입은 아이들은 부모와의 사이에서 형성되지 못한 애착을 다른 성인과의 관계에서 충족시키고자 하는 욕구가 매우 크기 때문입니다. 이런 문제가 나타나기 시작하면 사회 질서가 붕괴될 수 있습니다.

애착은 반드시 부모와의 관계에서만 형성되어야 하는 것은 아닙니다. 종단 연구 결과, 꼭 양쪽 부모 밑에서 자라지 않아도, 꼭 부모가 아니어도, 즉 조부모든 선생님이든 옆집 아주머니든 상관없습니다. 누군가 한 사람이 아이에게 무조건적인 사랑과 지지를 보여주면 아이는 성공적으로 성장합니다. 그러니 결손 가정이 문제가 아니라 무조건적인 사랑과 보살핌을 주지 않는 양육이 문제인 것이지요.

네 번째, 아이들의 미래가 굉장히 위험합니다. 한국은 자녀 교육을 모두 외부에 위탁합니다. 학교에, 학원에, EBS 방송에 아이를 맡깁니다. 지금은 자녀 양육까지 '외주'를 주기 시작했습니다. 부모가 해야 할 역할이 별로 없습니다. 아이의 성장에 별로 관여하지 않습니다.

그래서 부모들은 항상 불안할 수밖에 없습니다. 불안하기 때문에 여기 저기 기웃거리며 아이에게 무엇을 주어야 할지 찾아 해맵니다. 정작 주어야 할 것은, 아이에게 절실히 필요한 것은 부모로부터 받는 보살핌, 사랑, 존중인데 말입니다.

사춘기는 마지막 기회

언제부터인가 한국은 애착 손상을 조장하는 사회가 되었습니다. 한국의 가족법, 이혼법 등은 아동을 전혀 배려하지 않았습니다. 친(親)아동법들이 많이 제정되어야 합니다. 지금 한국은 아동복지법을 만들어 시행하고 있습니다. 그러나 진정한 아동복지란 아이들이 부모와 더 많은 시간을 더 잘 지낼 수 있도록 도와주는 것일 텐데도 오히려 가족을 헤쳐놓고 있습니다.

훗날 자녀와 많은 시간을 함께하며 관계를 돈독히 하지 못한 것을 부모들은 몹시 후회하게 될 것입니다. 이미 서양은 그것이 큰 실수였다는 사실을 깨달았습니다. 그 실수로부터 배워야지, 답습해서는 안 되지요.

인성교육은 태아기부터 시작하면 더욱 좋습니다. 그러니 인성교육은 당연히 가정이 그 시작입니다. 정부가 아동복지를 제대로 하려면 가급적 부모가 아이들을 직접 돌볼 수 있도록 지원해야 합니다. 맞벌이 부부를 위한다면 직장 내에 어린이집을 설치해서 부모가 아이들과 수시로 접촉할 수 있도록 해야 합니다.

물론 지금 그렇게 하고 있는 곳이 몇 곳 있지만 이는 일반화되어야 합니다. 우선 여건이 되는 곳부터가 아니라 그리할 수 있도록 적극적으로 여건을 만들어야 합니다. 그래서 아이들이 안전함과 안정감을 느낄 수 있도록 해야 합니다.

그래야 부모가 안심하고 일을 열심히 할 수 있고, 퇴근 후에도 불안감에 떠는 아이에게 시달리지 않고 다음날을 위해 심신의 에너지를 충전할 수 있습니다. 가정이 모두를 위한 진정한 보금자리가 될 수 있습니다.

참으로 다행스러운 것은 애착 손상을 입고 트라우마를 가진 아이라도 마지막 기회가 남아 있다는 사실입니다. 사춘기라는 아주 특별한 시기가 있기 때문입니다. 사춘기 때 아이들은 많은 것들을 새롭게 디자인하고 스스로를 리모델링합니다. 이 마지막 기회를 놓치면 돌이킬 수 없습니다. 이 시기 아이들은 집보다 학교에서 더 많은 시간을 보냅니다. 이 기회를 잡아야 합니다. 가정만이 아니라 학교에서도 인성교육을 해야 하는 이유입니다.

요약하면, 한국에서 지금 대부분의 아이들은 안전합니다. 전반적으로

의식주 문제가 해결되었습니다. 반면 애착 형성 등에서는 결핍되어 있고 이런 관계로 인해 아이들이 몹시 힘들어 하고 있습니다.

이를테면 욕구 피라미드의 중간 단계가 망가졌습니다. 가장 기본적인 욕구는 충족되었으나 그다음 단계가 충족되지 못했습니다. 그렇다면 그다음 단계, 도덕성도 망가지게 되어 있습니다.

개인적인 차원에서 안정감을 찾았다면 그다음에는 관계로 확장해 나가야 하지만 그 기반이 무너졌으니 다시 이전 단계로 퇴보합니다. 관계에서 얻지 못하는 만족을 결국 술, 게임, 포르노, 진한 화장 등에서 추구합니다.

자기조율, 관계조율, 공익조율은 인성을 구축하기 위해 필요한 세 가지입니다. 이미 인성이 훼손되어 문제 행동을 일으키는 아이들에게는 먼저 인성 회복 프로그램을 제공하는 것이 필요합니다. 디톡스, 힐링, 라이프 코칭, 즉 해독과 치유와 인생에 대한 코치가 필요합니다. 경우에 따라서, 문제의 심각성이 높을 때는 전문가의 개입도 필요합니다.

인성교육을 할 때는 누구를 대상으로 하는지 생각해야 합니다. 인성을 구축하기 위한 교육인지, 인성을 회복하기 위한 교육인지 분명히 할 때 더 높은 효과를 기대할 수 있기 때문입니다.

여기까지 읽다 보면 아마 불편한 마음이 들 수도 있습니다. 마치 아이들의 잘못된 인성은 모두 어른들의 탓이며, 아이들은 한낱 피해자에 불과하고, 아이들은 아무 책임도 결정권도 없는 수동적인 존재인 양 그려졌으니까요. 그러나 성숙한 사람은 자기 인생의 주인이어야 하고 잘되든 못되든 책임을 져야겠지요. 운 타령하고 남 탓하는 사람이야말로 참으로 미성숙한 존재입니다.

그래서 아이의 잘못된 인성은 어른 탓이라고 하는 것입니다. 아이는 미성숙한 존재이니까요. 그래서 성숙한 어른이 돌봐야 하는 것이지요.

아이가 어른에게 받아야 하는 것이 다섯 가지 있습니다. 심리상담의 대가 알 페소 박사에 의하면 아이는 어른으로부터 보금자리, 보호, 양육(돌봄), 지지(사랑), 지도(바람직한 행동에 대한 안내)를 받아야 성숙하게 자랍니다. 이중 어느 하나라도 부족하면 몸에 허함이 생기고 균형이 깨지는 것입니다. 몸이 균형을 잡지 못하면 몸이 비틀거리게 되듯이 정신적 불균형에서 바람직하지 않는 행동이 나오게 됩니다.

첫 단추가 잘못 끼워지면 계속 어긋나듯이, 인생의 첫 출발이 삐끗했는데 어찌 남은 인생이 술술 풀리겠습니까. 그래서 심한 상처로 아파하는 사람은 일단 디톡스 프로그램으로 독을 빼야 하고, 과거의 상처를 힐링해야 하며, 그후에 다시 독에 노출되더라도 상처를 입지 않도록 독에 대한 저항력을 키워주는 라이프코칭을 받아야 합니다. 인성 회복 방법들은 이 책의 25장에서 소개하겠습니다.

아이가 알아서 스스로 인성을 회복하기를 바라는 건 무리입니다. 우리 어른들의 안내와 지도가 필요합니다. 아이가 훗날 성인이 된 후에 자신이 인생의 주인이 되어야 함을 깨닫고 스스로 인성을 회복하는 방법들을 추구해 나갈 수는 있겠지요. 그러나 너무나 많은 사람들이 회복하지 못하고 헤매고 있습니다. 그러니 아이들이 어른의 보호 아래 있을 때 바람직한 인성교육(회복과 구축)을 통해서 인성을 바로잡아주는 것이 상책입니다.

잘못된 가치관을 주입하는 기성세대와 사회환경

앞에서 언급된 문제 행동의 가장 큰 원인을 아이의 가정환경적 요인이라고 했습니다. 아이 주변에 없어야 할 존재가 있거나, 반대로 있어야 할 존재가 없는 경우에 해당됩니다. 아이가 안전하고 안정적으로 성숙하기 위해서 필요한 다섯 요소 중에 하나인 '인생에 대한 지도'는 따로 소개하겠습니다. 이 부분은 가정환경에만 해당되지 않고 사회적 환경도 크게 작용하기 때문입니다.

인생에 대한 지도가 애초에 없으면 당연히 아이들이 어떤 행동이 바람직하고 바람직하지 않은지 모르겠지요. 그러나 이보다 더 큰 문제가 있습니다. 인생에 대한 잘못된 지도가 남발되는 경우입니다. 잘못된 가치관이 난립하여 아이들에게 잘못된 행동이 마치 바람직한 행동인 양 전수되는 경우입니다. 잘잘못에 대한 판단이 없거나 혼동되어 있는 것도 문제인데 아예 의식이 잘못 심어진 경우가 있습니다.

예를 들어, 불륜을 미화하는 드라마나 영화는 아이들에게 배반이 사랑의 이름으로 행해질 때는 괜찮다는 생각을 심어줍니다. 다른 사람이 어떤 고통을 받든지 진정한 사랑을 찾고 추구하는 게 멋진 인생을 살아가는 법이라고 주입시킵니다. 참으로 반인성적인 교육입니다.

요즘 아이들이 즐겨 하는 컴퓨터 게임을 보셨나요? 등장하는 인물들이 그냥 서로 치고받고 때리는 정도가 아니라 목을 베고 배를 가르고, 그 사이로 시뻘건 피가 뿜어 나옵니다. 그리고 아이들은 좋다고 시시덕거리고 자랑스럽게 손을 치켜들며 승리를 자축합니다. 비인성적인 것을 떠나 비인간적인 행동이 재미의 요인이 되었습니다.

또한 술 먹고 배우자와 자녀를 폭행하고, 술 먹고 교통사고를 내고, 심지어 술 먹고 파출소에서 경찰관에게 도리어 화를 내고 난동을 부립니다. 이처럼 법을 어겨도 되고, 억지를 부려도 되고, 돈만 있으면 해결되는 사건 뉴스는 흔하게 볼 수 있습니다. 아이들이 이러한 뉴스를 보면 역시 힘이나 돈이 최고라는 위험한 반인성적 교훈을 얻게 됩니다.

술 먹고 난동을 부려도 솜방망이 처벌만 내리는 판결, 술 취한 김에 저지른 추태를 용인하거나 두둔하는 관행이 지속되는 한 우리가 아이들에게 자기 자신에 대한 책임을 가르치기 어렵겠지요. 오히려 술 먹으면 막된 행동을 해도 된다는 잘못된 인식만 심어주겠지요.

국회에서는 국회의원들이 서로 삿대질하면서 싸우는 모습, 상대방에 대한 최소한의 예의를 갖추지 않는 모습, 서로 비난하고 경멸하는 모습, 당파 싸움에 몰두하며 국익을 해치는 모습을 쉽게 볼 수 있습니다. 이런 모습에서 아이들이 나는 그렇게 살지 말아야지 하면서 굳게 다짐할까요? 나도 저런 특권을 누려야지 하는 욕심이 생길까요? 자기조율도 못하고, 관계조율도 못하고, 공익보다는 사익을 앞세우는 국민의 대표들로부터 과연 아이들이 무엇을 배울까요?

이런 사회적 가치관은 바로 기성세대가 아이들에게 심어주는 것입니다. 그래서 또 다시 말할 수밖에 없습니다. '아이는 어른이 하기 나름이다'라고요.

그러니 인성교육은 무엇이 옳은지 그른지 '인생에 대한 지도'를 하는 것부터 시작해야 합니다. 잘못된 가치관을 바로 잡고 올바른 가치관을 심어주는 일부터 시작해야 합니다.

그러나 바람직한 행동을 알려주는 것만으로는 부족합니다. 그런 행동이 나올 수 있는 신체적, 정신적 여건을 마련해 주고, 그런 행동을 연마해 볼 기회를 마련해 주어야 합니다. 인성교육은 개념이 실행되어 행동으로 나타나게 돕는 교육입니다.

9장

인성교육의 목적은
'남과 더불어
행복하게 사는 것'

얼마 전, 선생님과 학부모들에게 질문을 했습니다.

"아이들의 삶을 장기적인 성공으로 이끌기 위해서 지금 어떤 행동을 요구하고 계십니까?"

성공과 행복을 위해서 아이가 어떤 태도와 행동을 갖추어나가기를 바라느냐는 질문에 참으로 다양한 대답이 나왔습니다.

- 상대방의 입장이 되어 생각해 본다.
- 남의 어려움을 도와준다.
- 타인과 자신을 존중한다.
- 주어진 일을 열심히 수행한다.

- 함께하는 즐거움을 안다.
- 타인의 삶에 관심을 가지고 나눔을 실천한다.
- 실패에도 절망이 아닌 희망을 선택한다.
- 편안하고 낮은 어조로 말한다.
- 잘 논다.
- 잘 웃는다.

      ……

참으로 긴 목록이 만들어졌습니다. 하지만 이것이 전부가 아닙니다. '감사함을 느끼고 표현한다' '긍정의 말을 한다' '독서를 많이 한다' '배려한다' '다른 이의 말을 경청한다' 등 끝도 없습니다.

그렇지 않아도 많은 것을 하는 아이들인 데다 이 가운데 한 가지만 제대로 해도 훌륭한 일입니다. 이렇게 수십, 수백 가지를 해야 한다면 스트레스를 받아서 정말 폭삭 늙는 기분이 들 겁니다.

아마 가장 흔한 바람은 선생님 말 잘 듣고, 엄마 말 잘 듣고, 친구와 잘 지내면서 공부 열심히 하는 것일 테지요. 학생 시절을 이렇게만 보낸다면 훗날 커서 성공하고 행복할 것 같기 때문입니다. 이것이 지금까지의 성공 방정식이었습니다.

하지만 그런 식으로 자라며 겉으로는 성공했지만 안으로는 불행한 사람들이 많습니다. 20대, 30대 때는 정신없이 일하느라 불행한 줄도 모르고 지내지만 어느 정도 삶이 안정되고 자신의 인생을 되돌아볼 여유가 생기면 후회하고, 원망하고, 절망합니다. 저는 그런 경우를 많이 봤습니다.

우리 주변에서 흔하게 볼 수 있습니다. 겉은 번듯해서 주변사람들의 부러움을 받지만 속은 시커멓게 타버린 사람들, 지켜야 하는 위신 때문에 남에게 속사정을 털어놓을 수 없어 혼자 속앓이를 합니다. 그래서 더 불행합니다.

말 잘 듣고, 친구랑 잘 지내고, 공부 열심히 한다고 인생에서 성공하는 것은 아닌 듯합니다. 스스로 행복해야지요. 단기적으로 성공하는 것이 아니라 장기적으로 성공하는 것이 행복입니다. 지금 당장 성공했다고 해서 인생에서 성공한 게 아닙니다. 죽을 때 '아, 나 정말 잘살았다' 하며 미련이나 아쉬움 없이 마음 편하게 눈감을 수 있어야 성공한 삶입니다. 그것이 행복입니다.

인성을 이야기하다가 행복을 언급하는 이유는, 인성은 '타인, 공동체, 자연과 더불어 살아가는 데 필요한 인간다운 성품과 역량'이기 때문입니다. 설마 '남과 더불어 '불행하게' 살아가는 데 필요한 인간다운 성품과 역량'이 인성은 아니겠지요. 이 문구에 너무나 당연해서 적어넣지 않은 단어가 '행복하게' 입니다. 또는 '잘 살기 위해서' 이겠지요. 아이들에게 물어보면 압니다. '잘 산다'는 것은 행복하게 사는 것이라고 단박에 답해줄 것입니다.

자기 자신이 불행한데 남을 행복하게 해주는 사람을 보았나요? 사는 게 짜증스럽고 이것저것이 불만스럽고 툭하면 불평해 대는 사람과 어떤 사람이 더불어 살고 싶은 마음이 들까요? 남과 더불어 잘 살기 위해서는 먼저 자기 자신이 행복하게 살아야 합니다.

그러나 내 주변에 있는 사람들이 다 불행한데 나 혼자 행복할 수 있을까요? 가족이 불행하고 친구가 불행하고 동료가 불행한데 나는 행복하다? 그럴 가능성은 별로 없어 보입니다. 행복하게 살기 위해 우리는 말 그

대로 '남과 더불어' 살아야 합니다.

그래서 인성을 따질 때는 개인, 그리고 동시에 관계 차원에서 분석해야 합니다. 인성은 내 안의 능력이지만 그것이 실력으로 발휘되어 남에게 영향을 미치고, 나 또한 남에게서 영향을 받는 그 역학관계를 살펴보아야 합니다.

인성의 개념은 유효하지만 가르치는 방식은 달라져야 한다

우리는 인성교육에서 주요 개념과 하부 개념을 구분할 수 있어야 하는데 마침 인성교육진흥법에 하부 개념까지 명시해 놓았습니다. 예를 들어 바람직한 마음가짐으로는 예, 효, 정직, 책임, 존중, 배려, 소통, 협동 등을, 바람직한 실천 능력으로는 공감하고 소통하는 능력과 갈등을 해결하는 능력 등을 제시하고 있습니다.

그런데 이들 개념의 정확한 의미를 알아야 합니다. 모호한 개념으로는 합의를 이루어내기도, 실천하기도 어렵습니다. 이를테면 예에 대한 개념이 모호한 상태에서는 예의 덕목을 함양해야 한다는 합의가 이루어지기 어려우며, 예를 가르치고 예를 행할 수 없습니다.

다행스럽게 예나 효는 전통적인 개념이어서 구체적이고 광범위하게 규정되어 있습니다. 이는 농경 시대, 대가족 제도에서 비롯된 개념으로 사회 질서를 유지하는 규범이었습니다. 공자 말씀 같은 황금 법칙을 기반으로 하는 개념이지요. 그러나 지금은 대가족을 찾아보기 힘들뿐더러 가장 흔한 가구 형태가 1인 가구인 시대입니다. 말 그대로 혼자 살아가는 시대입니다.

대가족이 사라지면서 명절이 아니면 할머니 할아버지 얼굴도 못 보는 아이들한테, 또 삼촌이나 고모, 이모도 없는 아이들한테, 심지어는 동생, 언니, 누나도 없는 아이들한테 효를 이야기하고 갖추어야 하는 예를 당부한들 가슴에 와 닿지 않을 것입니다. 효와 예는 옛날이나 지금이나 유효한 인성의 개념이지만 옛날 방식대로 가르쳐서는 의미가 없고 설득력이 떨어진다는 뜻입니다.

과연 오늘날 『심청전』의 주인공 심청의 효 이야기가 아이들에게 인성교육의 사례로 적합할까요? 열 여섯 살 심청이는 눈 먼 아버지의 눈을 뜨게 하려고 쌀 삼백 석에 팔려가 인당수에 몸을 던집니다.

아마 오늘날 이 이야기는 사람을 제물로 바치는 비인도적인 이야기, 또는 아동인권 침해의 사례로 다가갈 수도 있습니다. 또한 아버지의 가슴에 죄책감이라는 대못을 박고 평생 슬픔과 외로움에 시달리게 한 자식의 어리석은 판단력을 보여주는 사례로 볼 수도 있습니다.

효는 인류보편적인 가치관이며 한국의 전통적인 효 사상은 가장 우수한 모범임이 분명합니다. 하지만 현시점에서는 생사를 뛰어넘고 용궁을 오가는 『심청전』은 판소리나 오페라에 잘 어울리는 극적인 이야기입니다. 〈스타워즈〉보다 더 환상적인 이야기입니다.

그럼 『흥부전』은 어떨까요? 선량하고 착한 동생 흥부가 욕심 많고 심술궂은 형 놀부에게 쫓겨나서 가난하게 살았지만 우여곡절 끝에 서로 입장이 뒤바뀐 인생역전 이야기, 부자가 된 흥부는 쫄딱 망한 형에게 재산의 절반을 나누어주었다는 이야기가 형제의 우애를 가르치는 인성교육의 사례일까요?

매품팔이도 제대로 못 하고 끼니를 걱정해야 할 정도로 경제적으로 무능한 사람을 글로벌 FTA 시대의 모델로 삼아도 될까요? 아들만 스물아홉 명이나 낳은, 아내를 전혀 배려하지 않은 흥부의 무책임한 행동은 어떻게 설명해야 할까요?

아무리 형제 우애가 중요한 도덕적 가치이지만 흥부는 오늘날 아이들에게 비호감으로 다가올 수도 있을 것 같습니다. 새로운 시대가 도래한 만큼 이제는 새로운 방식으로 인성교육에 접근해야 아이들의 호응을 얻어낼 수 있습니다.

저는 과학 연구를 기반으로 한 인성교육 방식을 선호합니다. 먼저 시대의 흐름에 따라 어떻게 인간관과 관계관이 변해왔는지를 알아야 합니다.

자유롭고 분석적이고 도전적인 서양의 인간관

서양은 우리보다 훨씬 앞서 1인 가구의 시대를 살았습니다. 그들의 경험으로부터 교훈을 얻을 수 있을 것입니다. 로댕의 〈생각하는 사람〉이 상징하듯이 고독한 인간이 그들의 기본 인간관입니다.

다시 프로이트의 정신분석 이론으로 돌아가면, 이드란 감정과 욕구의 세계이고 자아는 이성과 생각의 세계입니다. 초자아는 어른들의 가르침을 내면화한 도덕의 세계입니다. 그리고 이드와 자아, 초자아 사이에는 항상 텐션이 있고 스트레스가 존재합니다.

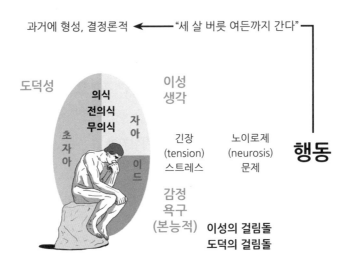

비엔나 정신분석 제1학파 – 프로이트

이 세 영역이 조화를 이루지 못하면 정신적인 문제가 생기고, 그 정신적인 문제에서 바람직하지 못한 행동이 나옵니다. 이 뉴로시스(neurosis, 노이로제)라는 문제 행동을 수정하기 위해서는 과거로 돌아가 문제의 근원을 분석해야 합니다. 이드와 자아, 초자아가 작동하는 방식은 어릴 때 형성되어 고착되어 있다고 믿기 때문입니다. '세 살 버릇 여든까지 간다'는 속담처럼, 우리에게도 이런 결정론적인 시각이 존재합니다.

중요한 것은 이드라는 감정과 욕구의 세계가 이성적인 행동, 도덕성의 걸림돌로 보는 관점입니다.

프로이트가 비엔나 정신분석학의 시초이며 제1학파를 형성했다면 아들러는 제2학파의 시초입니다. 아들러는 이드나 자아, 초자아는 분리될

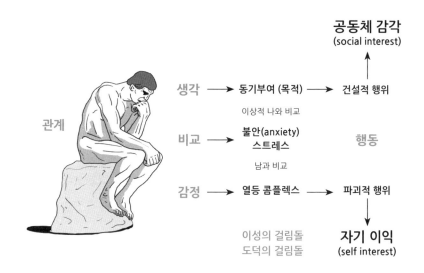

생각 → 동기부여 (목적) → 건설적 행위

공동체 감각
(social interest)

이상적 나와 비교

비교 → 불안(anxiety)
스트레스

행동

남과 비교

감정 → 열등 콤플렉스 → 파괴적 행위

관계

이성의 걸림돌
도덕의 걸림돌

자기 이익
(self interest)

비엔나 정신분석 제2학파 – 아들러

수 없으며(individuum, individual whole), 사람 또한 주변에 있는 다른 사람들과 연결되어 있는 더 큰 사회적 종합체(community)로 보았습니다. 즉 아들러는 개인이 아니라 개개인으로 분리해서 생각하기 어려운 공동체에 큰 의미를 부여했습니다. 아들러에게 중요한 것은 개인이 아니라 관계였습니다.

안타깝게도 'individual'은 '분리될 수 없는(indivisible)'의 뜻도 지녔지만 한국에서는 '개인'으로 번역되는 바람에 아들러 심리학을 '개인심리학'으로 부르고 있는 실정입니다. 아들러가 강조했던 개념과 정반대의 의미를 담고 있는 상당히 아이러니한 일이 벌어졌습니다.

결국 아들러는 프로이트에 의해 주류 정신분석학계에서 쫓겨나 할 수 없이 비주류인 제2학파를 결성하게 됩니다. 당시 학계에서 막강한 힘을 갖고 있던 프로이트에 비하면 미미한 존재에 불과하던 아들러가 뒤늦게 한국에서 각광받는 이유는 아마도 그의 심리학이 개인이 아니라 공동체에 비중을 두고 있기 때문일 것입니다. 지금 우리 사회의 필요와 부합하기 때문인 것이지요.

아들러에 의하면, 사람은 다른 사람들과의 관계 속에서 살아가기 때문에 우리는 남과 나를 비교할 수밖에 없고 그로 인해 열등감을 지니게 됩니다. 문제 행동은 이 열등감이라는 감정이 열등 콤플렉스로 발전할 때 비롯합니다.

이를 극복하는 방법은 나를 다른 사람과 비교하는 대신 현재의 나를 이상적인 미래의 나와 비교하는 것입니다. 남과의 비교에서는 스트레스밖에 얻을 것이 없지만 더 나은 나와 비교할 때는 성장과 발전에 대한 동기부여가 됩니다. 매우 이성적이고 건설적인 사고방식이지요.

남과 비교하면서 스트레스를 받을 것인가, 더 나은 나의 미래 모습을 비교 대상으로 삼아서 건강한 내적 동기를 유발할 것인가. 이것이 바로 아들러가 말하는 선택할 수 있는 용기이며, 이 선택에서 인간은 자유를 얻을 수 있다고 봅니다.

아들러 심리학에서도 감정은 이성의 걸림돌입니다. 아들러 역시 감정을 이성적 사고와 행동을 저해하는 요인으로 인식했습니다.

프로이트의 비엔나 정신분석학파와 아들러의 비엔나 정신분석 제2학파에 이어 제3학파의 빅터 프랭클은 아들러와 마찬가지로 인간관계를 중요하게 다루었습니다. 그는 인간관계를 고(苦, suffering)로 인식했습니다.

스트레스는 남과의 비교로 인해 열등감을 느끼기 때문이라는 아들러와

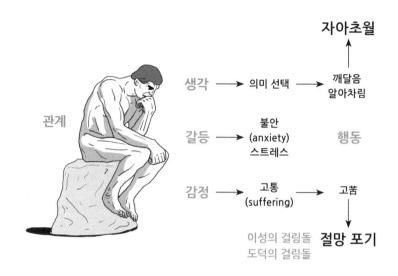

비엔나 정신분석 제3학파 – 빅터 프랭클

달리 빅터 프랭클은 삶 자체를 갈등과 고난으로 보았습니다. 삶을 고통으로 본다는 점에서 불교 사상과 비슷한데, 그가 살았던 시대를 알면 왜 삶 자체를 고난으로 보았는지 이해할 수 있습니다.

그 당시 유럽은 1차 세계대전과 2차 세계대전 사이에 있었습니다. 실존의 진공 상태에서 허무주의가 판을 치고 있을 때입니다. 인간이 동물적 본능을 상실한 지 오래되었고 전통마저 상실했기 때문에 더 이상 무엇을 해야 되는지에 대한 직감을 잃었고, 무엇을 해야 옳은지에 대한 가이드도 없었습니다. 북극성도 없고 나침판도 없었습니다.

그 결과, 서로를 바라보며 남이 하는 대로 따라 하는 순응주의와 남이 시키는 대로 하는 전체주의에 길들여지던 시대였습니다. 이런 상황에서 인간은 생각도 없고 선택도 없고 자유도 없고 겨우 목숨만 유지한 채 무의미하게 살아가는 불행한 존재일 수밖에 없습니다.

이 고통에서 벗어날 수 있는 방법은 삶 자체는 무의미함을 깨닫는 일입니다. 그 대신 삶에 스스로 의미를 부여하는 것입니다. 나보다 더 큰 의미를 추구하는 것입니다. 그것이 자아초월이며 자유와 성장을 얻는 길입니다. 매슬로의 욕구 피라미드의 가장 높은 단계와 상통하지요.

프랭클도 삶을 고통스럽고 무의미하다는 부정적 감정 상태에서 벗어나기 위해서 의미를 선택하는 생각의 세계에서 해결책을 찾았습니다. 결국 바람직한 행동이란 생각을 잘하는 것이라고 보았습니다.

그러나 서양이 인간관계에 존재하는 감정을 모두 이성적 생각의 걸림돌로서 부정적으로 여긴 것은 아닙니다. 로댕의 고독하게 생각하는 인간이 미켈란젤로의 아담을 통해 시스틴 천장에서 손을 뻗어 신을 만납니다.

인간 사이의 관계는 갈등이고, 고난이고, 콤플렉스의 세계지만 인간과 신 사이의 관계에서 사랑과 평등이라는 엄청나고 긍정적인 개념을 도출합니다. 산 위에서 내려다보면 모든 사람들은 똑같이 자그마하게 보이는 것처럼, 신이라는 높은 존재 앞에서 인간은 모두 평등합니다. 신의 무한한 사랑으로 인간은 원수도 품을 수 있는 관용과 아량을 배우게 되었습니다.

신과의 관계에서 평등이라는 엄청난 이성의 세계와 사랑이라는 감정의 세계가 주어진 것입니다. 신이라는 절대성이 객관성의 개념으로 발전하고, 객관성에서 또 순수이성이 파생하고, 거기서 과학이 발달했습니다. 사랑이라는 주관적 감정의 세계에서 독창성과 예술이 꽃을 피웠습니다.

그러나 시간이 지나면서 사랑은 나르시시즘으로 변질되고, 인간은 끝

없는 탐욕을 만족시키기 위해 평등을 도외시하고 남을 억압했습니다. 그런 타락에서 프랑스 혁명이 일어났고, 이로 인해 서양에는 평등과 사랑에 이어 또 하나의 위대한 개념이 추가되었습니다. 평등(equality), 박애(fraternity, 사랑)에 이은 해방(liberty)의 개념입니다. 여기서 'liberty'란 흔히 번역되어 통용되는 '자유'가 아니라 억압으로부터의 '해방'입니다.

신과의 관계에서 제멋대로 하는 자유란 있을 수 없습니다. 신은 인간에게 평등과 사랑 이외에 십계명을 주었기 때문입니다. 십계명은 우리가 무엇을 해야 하고 무엇을 하면 안 되는지, 바람직한 인간의 행동에 한계를 지어주었습니다. 도덕적 윤리관에 따라 그 안에서 누리는 자유이기 때문에 자유라기보다는 자율이라고 해야 합니다.

한국으로 건너온 서양의 지적 전통

그러나 프랑스 혁명으로부터 백 년 후, 니체는 "신은 죽었다(God is dead.)"고 선언했습니다. 인간은 본성을 상실하고, 전통을 상실하고, 이제 신마저 상실했습니다. 그 상실의 자리에 허무주의가 범람하고 자살이 유행처럼 번졌습니다. 유럽에서 정신분석학이 발달한 배경에는 당시 유럽의 암울한 인생관이 자리하고 있었던 것입니다.

이러한 과정을 다 거친 후, 서양의 문화와 사상이 한국으로 쏟아져 들어오기 시작했습니다. 서양에서 비롯된 위대한 세 가지 개념이 본래 의미가 퇴색되거나 각색되거나 변질되어 들어왔습니다. 한국에서 평등이 평준으로 변했습니다. 평등은 계급이 없음을 뜻하는 반면 평준은 기준

또는 잣대에 똑같이 맞춘다는 뜻이 내재되어 있습니다. 또한 박애가 자애(自愛)로 변했고, 자율 역시 자유로 변역되다 보니 개인주의가 강해졌습니다.

개인주의가 마치 기본적인 인권이며 진리인 양 여겨지면서 인간관계가 망가지기 시작했습니다. 가장 먼저 부부관계가 망가졌습니다. 세계 최고 수준의 이혼율이 이를 입증하고 있습니다. 부자지간은 아예 시작부터 회피당합니다. 세계 최고 저출산율이 이를 입증하고 있습니다.

심지어 모든 인간관계를 포기하는 상태까지 도달했습니다. 세계 최고 수준의 자살률이 이를 말해 줍니다.

논리와 이성, 순수이성 대신 궤변, 괴담, 떼법이 난무합니다. 개인주의는 극단의 이기주의로 변질되었습니다.

서양의 인간관에서 인간은 자유로운 영혼이며, 분석적이고 도전적입니다. 인간관계에서는 힘과 균형을 추구하며 정적입니다. 그러나 기본적으로 독립적이고 고립적입니다. 그런 인간관이 한계에 도달했습니다.

희망은 한국의 전통적인 인간관에 있습니다. 한국은 인간을 독립적인 것이 아니라 관계적인 존재로 규정합니다. 정적이 아니라 역동적이고, 분석적이 아니라 통합적이며, 자유보다는 환경과 맥락을 중요시하고, 고립적이 아니라 상호작용적이라고 봅니다. 인간관계에서는 특히 조화와 조율을 추구합니다. 이런 인간관은 한국의 독특한 특성인 동시에 큰 강점입니다.

10장

예로부터
관계를 중시한
우리나라

우리에게는 조화와 조율을 사랑하는 오랜 전통이 있습니다. 음양의 조화를 중시하고, 이를 국기에 그려 넣을 만큼 좋아합니다. 음양의 조화로 이루어지는 음양오행은 한민족의 우주관으로 우리 삶의 곳곳에 배어 있습니다. 우리의 몸 오장육부도, 음식도, 시간도, 장소도 모두 음양오행으로 이해했지요.

삼강오륜도 음양오행에 맞춰 정리된 인간관계 지침입니다. 개인으로 살아가는 지침이 아니라 다른 사람과 관계를 맺으며 살아가는 지침이라는 점에서 서양과는 근본적으로 다르지요. 서양이 개인이 해야 할 일들을 이야기한다면 동양은 관계에 초점을 맞추어 이야기합니다.

삼강오륜은 유교와 함께 중국에서 들어온 것이지만 한민족은 그 훨씬 이전부터 관계 속에서 예를 중시하는 전통과 민속을 갖고 있었습니다. 중국의 한(漢)문화권에 없으나 한국 문화를 비롯해 우랄알타이어족에 공통으로 존재하는 단계별 존칭어 구조만 보더라도 알 수 있습니다. 이는 유교 이전부터 우리가 인간관계 속의 질서와 예를 중요시해 왔다는 강력한 증거입니다.

한국어의 존칭어는 세계 어느 언어의 존칭어보다 단계가 많습니다. 세계 어느 민족보다 관계를 세분화하고 중요시해 왔다는 증거입니다. 단지 유교가 들어오면서 인간관계에 대한 우리의 의식이 유학의 체계로 조직화되고 재구성된 것일 뿐입니다.

관계와 질서 그리고 그 질서에서 이루어지는 조화와 조율에 대한 엄청난 지혜가 이미 우리의 DNA 속에 들어 있습니다. 왜 유교가 유독 한국에서 깊은 뿌리를 내렸는지, 왜 한(漢)문화권에서 예전부터 우리를 동방예의지국이라고 불렀는지 알만 합니다.

이처럼 우리는 관계를 중요시했습니다. 옷깃만 스쳐도 관계가 시작된다고 믿습니다. 他生之緣(타생지연), 불교의 개념이지만 현시점에서 그 만남(관계)의 이유를 도저히 알 수 없으면 전생에서라도 인연(因緣)을 찾을 수 있을 것이라는 해석을 우리는 좋아합니다.

반면 서양에서는 우연이란 없고 만나야 하는 이유가 있어 의도적으로 만나는 것으로 여깁니다. 의식적인 목표가 있을 때만 인간관계가 성립된다고 봅니다. 또한 그들은 자신들의 장점인 분석 능력으로 관계의 요인을 분석하고 시간, 신뢰, 호혜성 같은 요인으로 인해 인간관계가 이루어진다고 생각합니다.

인간관계의 시작은 어디인가

인간관계가 시작되는 최초의 시점도 우리는 서양과 다르게 봅니다. 우리는 엄마 뱃속에서부터 관계가 시작됩니다. 그래서 태어나는 순간 이미 한 살입니다. 즉 태아도 인간관계를 맺고 있는 인간으로 그 존재를 인정합니다. 반면 서양에서는 그런 개념이 없습니다. 엄마 뱃속에서부터가 아니라 태어난 후부터 나이를 계산합니다.

과거 우리는 생명을 잉태할 때부터 정성 들여 기도하고 정숙한 마음을 갖고 음양오행에 따라 좋은 시기를 점지받아 합방했습니다. 서양에는 그런 전통이 없습니다. 자유분방하게 술 마시고 취한 채로 아이를 가지는 것을 예사로 여겼습니다. 그 차이는 바로 인간관계가 시작되는 때를 언제로 보는지에 달려 있습니다.

서양은 인간의 독립성, 자기주도성을 중요하게 생각해서 어릴 때부터 자녀를 독립적으로 키우는 것을 목표로 합니다. 그래서 갓난아기도 따로 재웁니다. 창살같이 높은 난간이 둘러쳐진 침대에 혼자 누워 있는 아기는 마치 감옥에 갇힌 것처럼 보입니다. 그러나 그들에게는 감옥으로 보이지 않습니다. 자연스럽게 느껴지지요. 반면 우리는 아이가 태어나면서부터 꽤 자라서까지도 아이를 옆에 끼고 삽니다. 완전히 다른 인간관이고 인간관계관의 시작입니다.

과거에 우리는 아이가 네 살, 다섯 살이 될 때까지 젖을 먹였습니다. 유모차에 아이를 태우는 대신 등에 업고 다녔습니다. 신체밀착형 육아라고 할까요. 아이를 부모 몸에서 떨어뜨려 놓는 서양과는 달리 인간관계에 진한 감정이 들어가 있었습니다.

아기가 혼자 누워 우유병의 젖꼭지를 빠는 것과 엄마 옆에 누워 엄마 젖을 빠는 것은 천지 차이입니다. 우유병에 모유가 담겨 있기 때문에 비록 내용물은 같더라도, 우유병의 젖꼭지가 아무리 모유실감 젖꼭지라도, 젖을 먹는 동안 어떤 인간관계가 형성되는가는 하늘과 땅 차이입니다.

엄마 품에 안겨 있을 때는 엄마의 따뜻한 온기를 느끼고, 엄마의 숨소리와 맥박소리를 듣습니다. 태아일 때 9개월 내내 하루 24시간 한 맥박도 놓치지 않고 들었던 소리입니다. 그 지속성에서 아이는 안전함과 안정감을 얻고, 그러한 좋은 감정을 느끼고 교류하면서 자신과 다른 존재와의 연결성을 느낍니다. 그 관계 속에서 보호받고, 사랑받고, 지지받습니다. 그것이 애착 형성에서 오는 인간관계에 대한 근본적인 신뢰입니다.

서양은 아이가 태어날 때부터 철저하게 독립시켜 나가는 데 반해 우리는 철저하게 애착을 형성하는 데 초점을 두었습니다. 즉 삼강오륜이라는 인간관계법은 이처럼 애착이 잘 형성되고 감정적 교류가 잘 이루어졌다는 전제 아래 실천하는 인성교육입니다.

그런데 애착 형성이 안 된 상태에서 말로만 요구하니 설득력이 떨어질 수밖에요. 아이를 어린이집, 학교, 학원, TV, 컴퓨터, 게임기에 맡겨놓고 현대식으로 키우면서 입으로는 옛날 우리의 효, 예를 이야기하니 말이 맞지 않습니다.

동서고금의 지혜를 모아 새로운 인성교육의 길로

선진국들은 지금 한국식 양육에 관심을 보이고 있습니다. 'Podegi'라는 영어 단어가 생겼고, 한국에서는 얼마 안 하는 포대기가 외국에서는 하나에 75불씩 고가에 팔리고 있습니다. 한국의 포대기가 외국에서 명품 유아용품으로 인식되는 셈입니다.

심지어 유럽에서는 엄마 국회의원이 국회에 일하러 갈 때 아기를 포대기에 안고 들어가 자녀와 밀착하여 애착을 형성하고 있습니다. 최근에는 미국 여성 군인들이 군복을 입은 채 합동으로 아기들에게 수유하는 사진이 세계의 이목을 집중시키기도 했습니다.

서양의 지식인 계층에서 이제 우리의 전통적인 육아법을 시작했는데 우리는 거꾸로 서양식 양육법을 따라 하려 합니다. 갓난아기는 우유병을 빨고, 엄마 등에 업히는 게 아니라 최신형 유모차를 탑니다. 가족과 거실에서 뒹굴며 가정생활을 하는 대신 어린이집에서 사회생활을 배웁니다.

아직 가정생활에 익숙하지 않은 아이가 사회생활을 접해야 할 때 얼마나 긴장하고 온 신경이 곤두설까요. 대학생이 처음 외국으로 워킹홀리데이 나갈 때 받는 스트레스보다 더 큰 스트레스를 받을 것입니다. 더 불안하고 두려울 것입니다.

그러니까 과거로 돌아가자는 이야기는 아닙니다. 갈 수도 없고 가서도 안 됩니다. 이미 우리 생활 곳곳에 서양 문화가 흡수된 시점에, 동서고금 최고의 지혜를 모아 새로운 인성교육의 길을 가자는 이야기입니다.

그러나 걱정스러운 일이 또 하나 있습니다. 동서고금 최고의 지혜를 받아들여 새로운 길을 가야 하는데, 우리가 가고 있는 새로운 길이 상당히 흉측합니다. 현대 경제·사회 구조에서는 서양의 독립성을 받아들여야 하지만 우리 DNA에 깊숙이 각인되어 있는 관계 지향성을 떨쳐낼 수 없습니다. 그렇기에 육체적으로는 아이와 거리를 두지만 정신적으로는 아이를 지배하려 합니다. 아이의 일거수일투족을 원격 조종합니다. 그 모습이 꼭두각시와 조종자의 관계로 보입니다. 이는 동서 양쪽에서 최고의 장점을 취하는 것도 아니고, 잘못된 길을 가고 있는 것입니다.

특히 이것은 해외의 한국인 사회에서 흔히 볼 수 있는 모습입니다. 예를 들어 미국의 한국인 교수들 가운데 학생들과 식사할 때는 미국식으로 더치페이를 하지만 학생들이 자신을 대할 때는 한국식으로 스승 대접을 해주기 바라는 경우가 있습니다.

오늘날 한국 부모들의 자녀 양육에서도 마찬가지 모습이 보입니다. 부모가 편한 대로, 자신의 입맛대로 동양과 서양 양쪽에서 그때그때 가져다 쓸 뿐 일관성도 없고 철학도 없고 믿음도 없습니다.

또 하나의 예는 수치심과 죄책감의 작동입니다. 관계를 중요하게 생각하는 전통적 한국 사회에서는 수치심이 어느 정도 사람의 행동에 한계를 그어줍니다. 수치심이란 다른 사람이 나를 보고 있다는 전제하에 나의 행동이 존중받지 못하고 거부되거나 거절당할 때 느끼는 부정적 감정입니다. 수치심을 느낄 수 있어야 부적절한 행동을 스스로 자제할 수 있습니다.

반면 인간관계보다 신과의 관계가 전통적으로 더 중요했던 서양에서는 수치심보다는 죄책감이 발달했습니다. 비록 아무도 보지 않았어도 절대자(신)가 정해준 한계 밖의 행동을 했을 때 죄를 지었다는 자기 평가와 자기비판을 동반하는 부정적 감정입니다. 이제는 절대자의 법이 국가의 법으로 대체되기도 합니다. 죄책감이 있어야 양심이 작동되고 부적절한 행동을 자제하여 사회질서가 유지됩니다.

지금 한국 사회는 동서양의 문화가 혼합되어 있는 상당히 글로벌한 사회입니다. 그러니 한국 전통의 수치심과 서양 전통의 죄책감이 동시에 활성화될 수 있는 좋은 시점인 것입니다. 최소한 하나라도 있어야 하는데 둘 다 지닐 수 있는 절호의 기회인 셈입니다. 그러나 반대로 둘 다 못 느끼는 사람이 주변에 많습니다.

특히 전통 문화가 잘못 적용되는 사례가 많습니다. 그 대표적인 사례가 태교입니다. 본래 태교란 신체적·정서적으로 안정되어 긍정적인 생각을 지니고 긍정적인 감정을 느껴 스트레스를 낮추는 것이 목적입니다.

그런데 요즘에는 태교 영어니 태교 수학이니 하면서 태아한테 스트레스를 줍니다. 부정적인 감정 상태를 관리하는 뇌의 편도체는 임신 8개월에 이미 완성됩니다. 그러므로 아기는 출생 전부터 자극과 공포반응을 연합할 수 있습니다. 즉 태아도 스트레스를 느낍니다. 태교라는 우수한 전통이 현대의 조기교육과 합쳐지면서 매우 흉측하게 변한 사례입니다.

아이들이 이토록 어려서부터 각종 스트레스에 노출되어 있다는 점이 인성이 붕괴되고 있는 가장 큰 이유입니다. 문제 행동이 나올 수밖에 없는 환경에 우리 아이들이 처해 있습니다.

애착 형성은 인성을 갖추기 위한 필수 조건

서양은 우리보다 30년 앞서 이같은 현상을 경험했고, 30년이 지나 되돌아보니 애착 형성이 얼마나 중요한지를 이제야 깨달았습니다. 영국 심리학자 존 볼비는 애착이란 성숙한 인성을 갖춘 사람으로 발달하기 위한 필수적인 조건이라고 했습니다.

꼭 부모가 아니어도 됩니다. 누군가 한 성인으로부터 사랑과 보살핌을 받으며 유대감, 친밀감, 소속감, 안전감, 안정감을 얻을 때 믿음이 생깁니다. 이 관계가 앞으로도 지속될 것이라는 믿음, 이 사람은 나를 버리지 않을 것이라는 신뢰감입니다.

이런 좋고 긍정적인 감정에 기반한 애착이 형성될 때 아이는 어른이 되어서도 다른 사람들과 원만한 인간관계를 맺을 수 있습니다. 또한 자신이 받은 사랑을 남에게 나눠 줄 수 있습니다.

세계적인 심리학자 수잔 존슨의 부부 애착 이론에 의하면, 어른 역시 애착이 필요합니다. 특히 부부 사이에서 온전한 관계가 발달하고 유지되려면 똑같은 차원의 유대감, 친밀감, 소속감, 안전감, 안정감이 있어야 합니다. 다만 어릴 때와 달리 일방적으로 받는 것이 아니라 서로가 서로에게 베풀어야 합니다. 이럴 때 이 관계가 지속되리라는 믿음, 일편단심이라는 그 신뢰가 형성됩니다.

애착은 신뢰와 직결됩니다. 안전감과 안정감을 느끼고 서로 주고받는 과거가 쌓여야 신뢰라는 상호의존성이 생깁니다. 서로 신의하고, 헌신하고, 책임지고, 약속을 지키고, 앞으로도 그럴 것이라는 의지를 보일 때 미래로 나아갈 수 있습니다. 이것이 신뢰 프로세스입니다. 즉 과거에서 현재를 거쳐 미래로 이어지는 이 프로세스의 핵심은 좋고 긍정적인 감정입니다.

인성은 인간 사이에서 상호작용을 하기 위해 필요한 요소이고, 그 상호작용에는 감정이 존재합니다. 감정을 빼고는 관계조율을 말할 수 없습니다. 인간관계는 이성과 논리로 이루어지는 것이 아닙니다. 그런데 너무나 많은 아이들이 감정이 없는 곳에서 감정을 억누르며 살아가고 있습니다. 어느 누구와도 좋고 긍정적인 감정을 주고받지 못하고 있습니다. 그러니 부정적인 감정만 쌓여갑니다.

　그 부정적인 감정이 바로 스트레스이고, 스트레스에 무너지는 것이 PTSD입니다. 반면 스트레스를 받지만 극복해 나갈 수 있는 것은 PTSG입니다. 긍정적 감정이 부정적 감정을 이겨낸 것입니다. 스트레스를 극복하고 성장하는 것, 인성교육이 도달해야 할 목적입니다.

11장

감정이
인성교육에서
중요한 이유

　　지금까지 인성교육의 시대적 흐름, 문화적 배경과 철학, 학문적
이론에 대해 논했고, 인성과 감정의 관계를 알아보았습니다. 가장 중
요한 결론 가운데 하나는, 행동에는 감정이 깊숙이 개입한다는 사실
입니다.

　　이제 자극과 반응과 감정 사이의 역학관계를 뇌과학과 생물학을 통해
들여다볼 차례입니다. 굳이 그리 할 필요가 있는가 싶은 분도 계실 것입
니다. 저의 대답은 '예'입니다.

　　옛날에는 인성 공부를 하기 위해 『사서삼경』을 수년간 읽었습니다. 수
시로 어른들로부터 설명을 듣고 자랐습니다. 어떤 사람들은 『불경』과 『성
경』을 읽고 주기적으로 영적 지도자의 해설을 들었습니다. 이것이 철학적

이고 종교적인 차원의 인성교육 과정이며 방법입니다. 이런 내용과 방식은 여전히 유효하지만 저는 제3의 방식, 즉 과학적 접근을 제시하고자 한다고 했습니다. 그래서 과학적 근거와 설명을 하려 합니다.

'이것이 인성교육이니 받아들여라' 하는 식에서 벗어나 다양한 연구 결과를 설명한 다음 인성교육 방법들을 제시하고자 합니다. 많이 돌고 또 돌아서 가는 것처럼 보여 지칠 수 있으나, 또 지금 인성교육 방법들이 시급하게 요구되고 있는 실정이기는 하나 약간의 여유를 갖고 과학적 배경 설명을 음미하면 좋겠습니다.

갈등 없는 관계는 없다

인간관계에는 갈등이 존재합니다. 다른 목표, 가치관, 습관을 가진 사람들이 모이면 갈등이 생길 수밖에 없습니다. 같이 사는 부부나 부모 자식 간에도 또 사제 간에도 갈등이 없을 리 없습니다.

노사 갈등, 동료들과의 갈등, 고객과의 갈등, 여야 갈등, 남북 갈등……. 모든 관계에는 갈등이 존재합니다.

이처럼 갈등의 상황은 다 다르지만 다행히 갈등의 구조는 같습니다. 따라서 어느 한 상황에서 갈등의 구조를 분석하고 파악한다면 다른 갈등 상황에도 이를 똑같이 적용할 수 있습니다.

먼저 부부 사이의 갈등에 대한 가장 유명한 연구 결과를 소개하겠습니다. 세계적인 일간지 《뉴스위크》의 커버 뉴스로 소개되었던 과학적 연구의 결론입니다.

세계적인 심리학자 존 가트맨 박사의 연구에 의하면, 부부 갈등 가운데 69퍼센트가 영속적 갈등입니다. 죽을 때까지 해결되지 않는 갈등이라는 뜻입니다. '영속적'이란 정말 무시무시한 단어입니다. 그런데 이를 해결하려고 부부는 달래보기도 하고, 설득도 해보고, 윽박질러 보기도 하고, 결국은 싸웁니다. 해결되지 않을 갈등을 해결하려 하니 속이 터지고 포기하게 되지요. 결국 "이렇게 살 바에는 헤어지는 게 낫다"고 판단하고 이혼합니다.

만약 재혼을 하면 전 배우자와의 갈등은 사라지지만 새로운 갈등들이 쏟아져 나오는 데 그중 약 7할은 또 영속적 갈등입니다. 재혼이 깨질 확률은 68퍼센트, 세 번째 결혼이 파경을 맞을 확률은 무려 73퍼센트나 된다는 미국의 통계가 있습니다. 갈등을 해결하려는 같은 패턴에서 벗어나지 못하는 데서 기인한 불행한 결과입니다.

그래서 갈등은 해결이 아니라 관리가 필요합니다. 갈등 관리 분야의 세계적 권위자인 하버드대 협상학과 교수 다니엘 샤피로는 2012년 한국에서 열린 글로벌인재포럼 기조 강연에서 가트맨의 연구 결과를 방대하게 소개하고 인용하며 "협상의 본질은 감정"이라고 했습니다. 서로 타협해 나가는 과정에서 결정적인 것은 이성과 논리가 아니라 감정입니다. 즉 관계조율의 핵심은 갈등 관리이며 갈등 관리의 핵심은 감정입니다.

그렇다면 감정에 대한 충분한 이해가 있어야 관계조율을 구체적으로 어떻게 해나가야 하는지 실마리를 얻을 수 있을 것입니다. 감정이 무엇인지를 논하기 전에 우선 예를 하나 들어봅시다.

아이가 도자기를 깨뜨렸습니다. 엄마가 무척 아끼는 물건이고 평소에도 조심하라는 주의를 종종 받았던 터라 아이는 몹시 당황합니다. 야단맞을 것이 분명합니다. 어떻게 해야 할까 고민합니다. 하지만 아이는 이미 알고 있습니다. 엄마한테 사실대로 알리고, 죄송하다고 말하고, 용서를 빌어야 한다는 점을 잘 압니다. 이제 아이는 어떻게 할까요? 자신이 알고 있는 대로 행동할까요? 아니지요. 많은 아이들이 잘못을 숨깁니다.

알면서도 하지 않는 것은 감정 때문입니다. 야단맞을까 봐 두려운 그 감정 때문에 자신이 어떻게 해야 하는지 알면서도 하지 않습니다. 감정은 우리가 생각하는 것보다 훨씬 더 강력하게 우리의 행동을 좌우합니다.

'자극은 반응을 끌어낸다'

감정이 행동을 움직이는 데는 과학적인 근거가 있습니다. 스트레스를 받을 때, 이는 자극에 대한 우리의 반응입니다. 자극은 오감을 통해 우리에게 다가옵니다. 시각, 청각, 후각, 미각, 촉각을 통해 외부에서 자극을 받으면 우리 몸은 각성되어 자극을 알아차릴 수 있습니다.

각성 수준은 자극마다, 사람마다 다릅니다. 같은 자극이라도 높은 수준의 각성 상태가 되는 사람도 있고 별 느낌(감각)이 없는 사람도 있습니다. 같은 일에도 격하게 반응하는 사람이 있는가 하면 별 반응이 없는 사람도 있지요. 이처럼 각성의 정도는 다 다르지만 각성 그 자체는 자극에 대한 신체적인 반응입니다. 의식하든 의식하지 못하든 우리는 각성하게 됩니다.

자극에 의해서, 각성과 함께 극성(極性)도 생깁니다. 좋은 자극이라면 접근하고 불쾌한 자극이라면 회피하는, 양 극(極)으로 움직이게 만

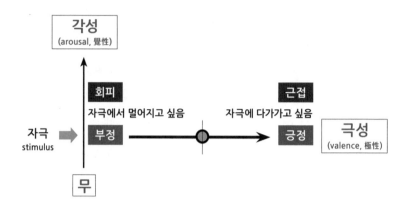

자극에 대한 우리의 반응, 핵심 정서 이론

드는 성질이 극성입니다. 러셀과 바렛이 연구한 핵심 정서 이론에 나온 'valence'라고 하는 개념을 저는 '극성'이라고 번역했습니다. '극성맞다'라는 표현이 생각났기 때문입니다. 물론 여기서 극성(極盛)은 지극히 또는 지나치게 왕성한 행동을 뜻합니다. 비록 다른 한자이지만 극으로 가는 행동을 연상시켜서 사용했습니다.

자극이 강할수록 긍정적이든 부정적이든 극성 역시 강도가 높아집니다. 후각을 예로 들겠습니다. 어디선가 나는 냄새가 코를 자극합니다. 기분을 좋게 하는 향수라면 향이 나는 방향으로 고개가 돌려지면서 다가갈 준비를 합니다. 그러나 썩은 음식물이나 방귀 냄새 같은 역한 냄새라면 고개가 반대 방향으로 돌려지고 저절로 피하게 됩니다. 분석하고 판단하지 않아도 몸이 먼저 알아서 즉각 반응하고 저절로 몸이 움직입니다.

각성과 극성은 신체적인 반응이며 느낌입니다. 그래서 좋다, 나쁘다 정도의 감정을 느낄 수 있는 상태라는 뜻에서 정서(情緖)라고 합니다. 단어 그대로 '감정의 실마리'라는 뜻입니다.

그런데 자극의 정도가 높아지면 좋든 나쁘든 좀더 긴장되기 시작합니다. 긍정적인 자극일 때는 기분 좋게 흥분되고, 부정적인 자극일 때는 불편하고 불안해집니다. 말 그대로 나의 편안함과 안전함에 위협을 느끼게 됩니다.

우리는 일반적으로 그 자극에 적절히 대처해서 다시 편안함과 안전함을 회복합니다. 역겨운 냄새에 고개를 돌리고 피하는 것이 편안함과 안전함으로 회귀하는 행동이지요.

그러나 편안하고 안전한 상태를 회복하지 못하고 그 자극에 계속해서 노출될 수밖에 없다면 높은 각성과 회피적 극성 상태, 즉 부정적인 정서 상태에 지속적으로 머물게 됩니다. 그것이 스트레스입니다.

사람에게는 '선택의 여지'가 있다

우리는 자극에 신체적인 반응을 합니다. 좋으면 접근하고 싶고 싫으면 회피하고 싶습니다. '~하고 싶다'라는 행동에 대한 동기가 생겼지만, 아직은 정서가 행동으로 이어지지 않았습니다. 여기서 파충류, 포유류, 영장류는 각각 어떻게 반응할까 생각해 봅시다.

악어 앞에 한 작은 동물이 나타났습니다. 악어 눈이 번쩍 떠집니다. 각성되었다는 증거입니다. 마침 배가 고팠던 차라 그 동물을 먹잇감으로 보았다면 본능적으로 다가가고 싶을 테지요. 그리고 잡아먹습니다. 행동으로 이어진 것입니다.

그런데 눈앞의 동물이 시끄럽게 총을 쏘아대는 사람이라면, 악어는 위협을 느낍니다. 높은 각성과 부정적인 극성 상태가 됩니다. 이런 상태에서 파충류는 싸우거나 도망가거나(fight or flight) 둘 중 하나의 행동을 합니다.

이번에는 악어에게 우호적인 동물이 나타났습니다. 그러나 악어는 반갑다고 꼬리를 흔들지 않습니다. 악어는 반가움 같은 감정을 느낄 수 없는 파충류이기 때문입니다. 그러나 개는 꼬리를 흔듭니다. 개는 상당히 다양한 감정을 느끼고 표시할 수 있는 포유류입니다. 슬픈 표정도 짓고 꼬리를 내려 다리 사이로 넣는 동작으로 두려움을 표현합니다. 화날 때는 이빨을 드러내고 으르렁거립니다. 꼭 덤벼들고 무는 행동은 하지 않아도 화가 났거나 두렵다는 메시지를 전하기 위해서 화나 두려움의 감정을 확실하게 표현합니다. 그러나 반응의 폭은 매우 한정적이어서 하나의 자극에 거의 자동적으로 하나의 반응과 행동을 보입니다.

인간은 개나 돼지가 느끼는 감정보다 훨씬 더 다양하고 복합적이며 추상적인 감정을 느끼고 표현할 수 있습니다. 같은 자극에 다양한 감정을 느끼며 다양한 욕구가 반영될 수도 있습니다.

예를 들어, 남자가 예쁜 여자를 만나면 환호의 소리를 지르고 싶기도 하고, 나쁜 남자인 체하느라 애써 시선을 주지 않으려고도 하고, 노골적으로 꽃다발을 바치고 싶은 충동을 느끼기도 합니다. 그러나 그렇다고 반드시 꽃다발을 주는 행동이 나오는 것은 아닙니다. 뭔가 부끄러운 감정에 꽃다발 주기를 포기하고 돌아서버리기도 합니다.

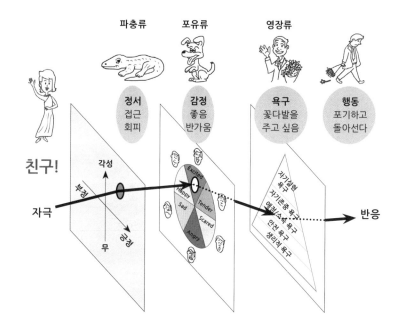

파충류 · 포유류 · 영장류 · 인간의 반응 차이

자극을 받으면 신체적인 반응인 정서가 생기기는 것은 파충류나 포유류나 영장류나 다 같습니다. 그러나 인간(영장류)은 파충류와 다르고 포유류와도 다릅니다. 정서가 감정이 되고 그다음에 욕구가 생기고, 이어서 행동이 나옵니다.

이 과정에서 사람은 같은 자극이라도 다른 반응을 보일 수 있습니다. 한 가지 감정에서도 다양한 욕구가 나올 수 있고 같은 욕구에서도 전혀 다른 행동이 나올 수 있습니다. 슬픔이라는 감정에 조용히 눈물 흘릴 수도 있고, 엉엉 소리 내어 울 수도 있고, 고개 돌리고 먹먹하게 먼 산을 바

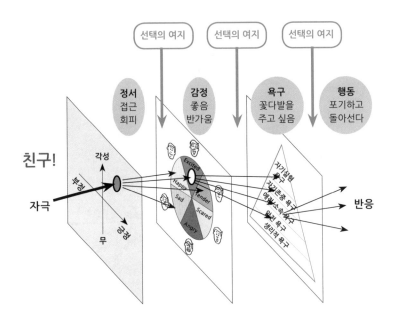

자극과 반응 사이에 있는 선택의 여지

라볼 수도 있습니다.

정서, 감정, 욕구, 행동의 각 단계에 다양성이 존재한다는 것은 선택의 여지가 있다는 뜻입니다. 인간은 하나의 자극에 다양한 반응을 보일 수 있습니다. 즉 인간은 선택할 수 있습니다. 이는 인간만이 가지고 있는 능력입니다. 포유류도 약간의 선택은 할 수 있습니다.

물론 반응을 선택하지 못하는 사람도 있습니다. 이를테면 욱하는 사람들은 기분이 나쁘다고 상대방에게 버럭 화를 내고, 욕하고, 폭행합니다. 한 가지 자극에 예측 가능한 한 가지 행동만 하는 동물과 다름없습니다. 인성이 갖추어지지 않은 사람입니다.

감정의 세계를 제대로 이해하지 못하는 한 인성을 논할 수 없습니다. 자극과 반응 사이에 정서, 감정, 욕구가 있습니다. 정서와 욕구도 감정이긴 하지만 편의상 구분하면 정서는 감정의 앞에 놓이는 감정의 실마리이고, 욕구는 '~하고 싶다'로 표현되는 욕정을 포함합니다. 이때 욕정은 이성에 대한 육체적 욕망보다는 한순간의 충동으로 일어나는 욕구를 뜻합니다. 정서, 감정, 욕정 다 정(情)에 관한 개념입니다.

결코 인성교육에서 감정의 중요성을 간과해서는 안 됩니다. 이 결론에 도달하기 위해 먼 길을 돌아온 셈입니다.

12장

왜
동물 같은 행동이
나오는가

이제부터는 인성과 두뇌의 연관성에 대한 이야기를 하겠습니다. 동물과 인간이 다른 근본적인 이유 가운데 하나가 두뇌 구조이기 때문입니다.

파충류의 뇌는 생명 유지에 필요한 뇌간 위주로 형성되어 있습니다. 이에 비해 포유류는 감정기억, 식욕, 성욕 등 감정과 욕구를 관리하는 변연계까지 발달되어 있습니다. 그리고 인간의 두뇌에는 피질이 존재합니다. 피질 가운데서도 전두엽, 전두엽 가운데서도 전전두엽, 즉 앞이마 부분에 해당하고 생각을 담당하는 두뇌가 인간이 동물과 차별되는 가장 근본적인 이유라고 할 수 있습니다.

동물과 다른 생각과 행동을 할 수 있는 인성을 본격적으로 논하기 위해서는 인간의 뇌에 대해 조금 알아야 합니다. 특히 뇌 차원에서 자극에 대해 반응을 주시해야 합니다. 인성교육이란 주어진 상황(자극)에 대한 올바른 행동(반응)이 나오도록 하는 노력이기 때문입니다. 인간이 바람직한 행동을 매번 고민하지 않고도 할 수 있기 위해서는 뇌회로가 제대로 형성되어 있어야 한다는 뜻입니다.

인간의 뇌에 대해서는 서양에서 많은 연구가 이루어져왔습니다. 이집트 시대에는 인간의 가장 중요한 부분을 심장으로 여겼고, 뇌는 쓸모없는 부분으로 생각했습니다. 그래서 미라를 만들 때 다른 내부 기관들은 항아리에 따로 보관했지만 뇌는 폐기했습니다. 이승으로 다시 돌아오려면 심장 등 내부 기관은 반드시 필요하지만 뇌는 불필요한 기관이라고 여겼습니다.

로마 시대에도 중요한 것은 심장이지 뇌가 아니었습니다. 생각과 감정이 심장에서 나온다고 믿었고, 심지어 아리스토텔레스는 머리는 마치 냉각 장치처럼 단지 몸의 열을 발산하는 기관이라고 생각했습니다. 우스갯소리가 있습니다. '아리스토텔레스가 틀렸다. 머리가 냉각 장치라는 주장은 모든 인간에게 적용되지 않는다.' 생각 없이 사는 사람들을 빗댄 유머입니다.

1500년대에 접어들면서는 다빈치나 미켈란젤로 같은 거장들에 의해서 뇌의 구조에 대한 상당히 구체적이고 세밀한 정보가 알려졌습니다.

1512년 미켈란젤로가 시스티나 성당의 천장과 벽, 창에 그린 프레스코화에는 뇌의 비밀이 숨어 있다고 합니다. 천장화 가운데 〈아담의 창조〉를 보면, 천사들에 둘러싸인 하느님이 팔을 뻗어 아담에게 생명의 불꽃을 건네고 있습니다. 그런데 하느님이 있는 오른쪽 그림이 뇌를 표현한 것이

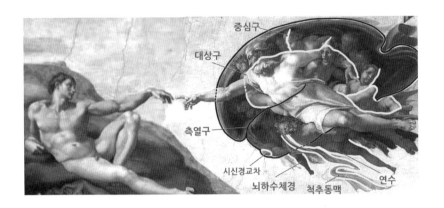

미켈란젤로의 〈아담의 창조〉에 숨어 있는 인간의 뇌

라고 합니다. 그만큼 당시 유럽의 뇌구조에 대한 과학적 이해는 상당한 경지에 이르러 있었습니다.

같은 부위도 다른 명칭으로, 다양한 뇌 분류법

저는 뇌과학을 무척 재미있게 공부했습니다. 그러나 쉽지 않았습니다. 가장 고통스러운 부분은 도저히 소화해 내기 어려운 뇌과학 용어들이었습니다. 생소하기도 했지만 무척 헷갈렸습니다. 분명히 같은 뇌 부위를 설명하는 것 같은데 전혀 다른 명칭들이 사용되기 때문입니다. 또한 영문 명칭과 한글 표기, 한자 표기 등이 서로 매칭이 안 되어 헤맨 적도 많습니다. 뇌를 분류하는 방법이 여럿 있고, 분류법에 따라 같은 뇌 부위를

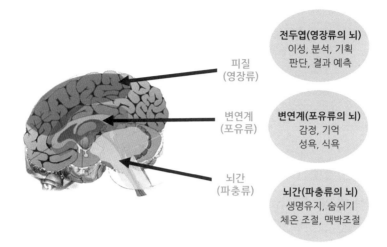

전두엽(영장류의 뇌)
이성, 분석, 기획
판단, 결과 예측

피질
(영장류)

변연계
(포유류)

변연계(포유류의 뇌)
감정, 기억
성욕, 식욕

뇌간
(파충류)

뇌간(파충류의 뇌)
생명유지, 숨쉬기
체온 조절, 맥박조절

삼중 구조 이론에 따른 뇌 분류

다른 이름으로 부른다는 사실을 나중에야 터득하게 되었지요.

뇌를 분류하는 방법은 크게 계통발생학적 분류(phylogenetic division, 진화론적 분류)와 태생학적 분류(embryological division, 발달학적 분류), 삼중 구조 이론(triune brain theory)으로 나눌 수 있습니다. 이 가운데 계통발생학적 분류와 태생학적 분류는 신체적 구조에 따른 뇌의 분류이고, 삼중 구조 이론은 뇌의 기능에 따른 분류입니다.

먼저 계통발생학적 분류에서는 파충류든 포유류든 인간이든 공통적으로 존재하는 대뇌와 소뇌, 뇌간으로 뇌를 분류합니다. 태생학적 분류에서는 태내에서부터 뇌가 어떻게 발달하는지의 관점에서 전뇌, 중뇌, 후뇌로 구분합니다.

일단 이러한 구조적인 분류법이 있다는 사실만 짚고 넘어가고 이 책에서는 인성을 설명하는 데 가장 적합한 삼중 구조 이론에 따라 뇌간, 변연계, 피질로 분류해 뇌를 살펴보겠습니다.

뇌간, 변연계, 피질로 설명하는 자극과 반응

우리는 매 순간 다양한 자극을 받으며, 자극의 강도가 낮을 때는 이성적으로 대응할 수 있습니다. 즉 피질이 작동합니다. 그래서 우호적으로 대화를 나눌 수 있고 논리적이고 정연하게 내 생각을 표현할 수 있습니다.

반대로 자극의 강도가 높아 스트레스를 받으면 감정의 홍수 현상이 일어납니다. 일단 맥박이 빨라지고 흥분되고 몸도 떨려옵니다. 이때 피질의 전두엽은 작동을 못합니다. 상대방은 위협으로 다가오고, 그에게 적대감을 느끼고, 싸우든지 도망치든지 두 가지 가운데 하나의 반응만 할 수 있습니다. 공격하거나 도피하거나, 파충류의 반응이지요.

여기서 스트레스 강도가 더 높아지거나 지속되면 이때는 피질과 변연계만 작동을 멈추는 것이 아니라 뇌간마저 제대로 작동하지 않는 상태에 이릅니다. 요즘 말로 '멍 때리는' 상태인데, 동물들은 이때 아예 죽은 듯이 꼼짝하지 않습니다. 뱀이 나타났는데 도망가지 못할 때 쥐가 얼어붙는 경우이지요. 동물이 포식자를 속이기 위해 '죽은 척한다'라는 설명은 재미있지만 잘못된 것이고 동물에게 '척'할 수 있는 인간의 사고방식을 전이한 것입니다.

사람도 크게 다르지 않습니다. 극도의 스트레스 상태가 지속될 때 이런 반응이 나타납니다. 멍해지면서 아무것도 못하고 무기력감에 휩싸이게 됩니다. 강도에게 위협을 받을 때 머릿속은 하얘지고 몸이 얼어붙습니다. 그러니 성폭행 당한 여성이 강하게 반발하지 않았기에 성폭행은 성립되지 않는다는 일부 법정 판결은 무지의 극치인 것입니다.

자극과 반응 사이에 작동하는 감정을 보다 깊이 이해하려면 변연계에 대한 지식이 필요합니다. 두뇌는 매우 복잡하기에 전부를 알 수는 없지만 몇 가지만 이해해도 인성교육을 행하는 데 많은 도움이 될 것입니다. 여기서는 시상, 편도체, 해마, 시상하부, 그리고 편도체와 피질 경계선에

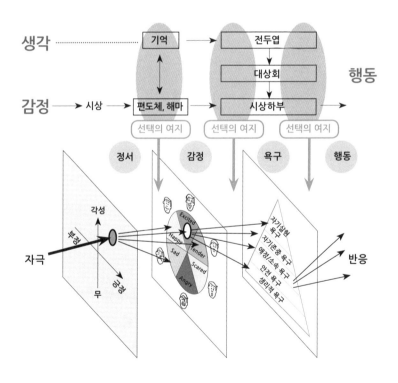

자극과 반응 사이에 작동하는 감정과 생각

있는 대상회에 대한 이해 정도면 충분합니다.

어떤 자극이 오면, 오감 가운데 후각을 제외한 모든 감각 정보가 시상으로 전달됩니다. 이때 편도체의 개입으로 정보의 중요성에 대해 판단이 내려집니다. 머릿속에 기준이 기억되어 있어야만 우리는 판단을 할 수 있습니다. 예를 들어 어떤 사람이 키가 큰지 작은지를 판단할 수 있으려면 사람의 평균(기준) 키가 어느 정도인지 알고 있어야 합니다.

편도체에서 정보를 판단할 때도 기억에 의해 내게 어느 정도로 중요한 정보인지 판단하게 됩니다. 그 판단을 위해 기억을 끌어들이는 부분이 해마입니다. 해마는 기억을 끄집어낼 뿐만 아니라 기억을 저장하는 작업도 합니다. 해마와 기억력 창고는 쌍방향으로 운영되는 셈입니다.

이런 과정을 거쳐 판단이 일어나면 이 판단에 따라 몸을 움직이기 위해, 즉 각성과 극성에 따라 움직이기 위해 시상하부에서 신경전달물질이 분비됩니다. 신경전달물질이 분비되면 피질에서 대상회와 운동신경계를 통해 몸이 움직이도록 합니다.

피질의 전두엽은 사고, 판단, 결정 등을 관리합니다. 자극에서 정서로, 정서에서 감정으로, 감정에서 욕구로, 욕구에서 행동으로 이어지는 흐름에는 자극에 자동적으로 반응하는 행동만 있는 것이 아니라 여러 가지 선택의 여지가 있습니다.

이러한 일련의 선택 과정에서는 기억과 판단이 상당 부분 개입하고 있습니다. 기억과 판단은 생각의 영역입니다. 물론 이 모두가 무의식적으로 진행되더라도 생각은 생각입니다. 운전할 때의 예를 들면 이해가 됩니다.

운전이 어느 정도 익숙해지면 핸들을 잡은 손과 액셀러레이터를 누르는 발이 저절로 움직입니다. 우리가 전혀 의식하지 않더라도 두뇌는 시시각각 시각과 청각 정보(자극)를 받아들이면서 거리, 시간, 속도, 인근 차와 도로 사정을 고려한 고난도의 계산(생각)을 하며 운전을 합니다.

이전의 운전 경험이 축적(기억)되고 일종의 알고리즘(운전의 십계명 같은 룰)으로 축약되어 정보를 이용하면서 새로운 운전 정보(자극)의 중요성과 관계성을 판단합니다. 즉 선택의 여지란 의식적으로나 무의식적으로나 생각의 개입을 의미합니다.

이같은 변연계의 작동은 상황이 편안할 때 이야기입니다. 위기시 또는 위기가 아니지만 위기라고 잘못 인식할 때에는 변연계의 작동이 달라집니다. 세 가지 상황을 개를 예로 들어 설명하겠습니다.

첫 번째 상황. 얌전히 앉아 있는 개가 보입니다. 이 시각 정보(자극)는 시상을 통해서 전두엽으로 전달됩니다. 특별한 자극이 아니어서 편도체는 평소대로 작동합니다. 전두엽은 흔들리는 꼬리, 순한 눈, 뒤뚱거리는 모습에서 '귀엽고 착한 강아지가 나를 반기고 있다'라고 정보를 분석하고 판단한 후에 '쓰다듬어주어야겠다'는 결정을 내립니다. 이에 필요한 신경전달물질이 뇌에 분비되면서 몸이 움직이게 됩니다. 이게 정상적인 작동입니다.

두 번째 상황. 큰 개가 이빨을 드러내고 으르렁거리며 나에게 달려옵니다. 편도체가 위기로 판단하고 곧바로 행동 개시를 위한 지시 사항을 내려보냅니다. 피질(특히 전두엽)에서 상세한 정보 처리를 하지 않은 채 '빨리 도망 가'라고 지시합니다. 이 역시 정상적인 작동입니다. 생존 확률을 높이기 위해서는 여유롭게 생각 따위는 하지 않고 무조건 도망가는 게 상책인 것입니다.

세 번째 상황. 강아지가 얌전하게 앉아 있는데도 개한테 물린 경험이 있다면 반응은 달라집니다. 그 경험을 완전히 잊고 있더라도 우리가 했던 모든 경험은 머릿속에 저장되어 있습니다. 비록 어떤 종류의 개가 어느 날 어디서 어떻게 하다가 물었는지는 전혀 기억나지 않아도 개에 대한 아프고 두렵고 공포스러웠던 감정적 기억은 오롯이 남아 있습니다. 영유아 시기의 경험이 대체로 그렇습니다.

이때 편도체는 엉뚱한 판단을 내릴 수 있습니다. 꼬리를 흔들고 반기는 자그마한 강아지인데도 편도체는 위협이라고 판단합니다. 과거의 감정적 기억이 개입하고 작동하기 때문입니다. 그래서 전두엽을 거치지 않고, 즉 생각을 거치지 않고 곧바로 도망가는 행동으로 이어집니다.

이처럼 기억과 감정이 뒤엉켜 있는 상태를 '초감정'이라고 합니다. 같은 자극에도 사람마다 각성 수준이 다른 이유는 이 때문입니다. 트라우마를 경험했다면 별것 아닌 일에도 높은 각성 상태가 되어 과잉 반응을 보입니다.

또다른 예를 들면, 평화의 소녀상 앞을 지날 때 머릿속에 동상, 소녀, 평화, 빈 의자라는 개념만 떠오른다면 그저 흘낏 바라보게 될 뿐입니다. 그렇지만 만약 당시의 역사를 경험했거나, 직접 경험하진 않았어도 역사를 잘 알아서 위안부 할머니들에 대해 아픔을 느낀다면 한번 흘낏 보고 지나칠 수는 없겠지요. 아마 눈물이 나거나 치가 떨릴 것입니다.

감정과 기억이 연합된 초감정이 존재하는 것은 사실이지만 모두 움켜쥐고 있어서도 안 되고 모두 버려서도 안 됩니다. 기억이 없다면, 역사를 망각한다면 적절한 반응이 나오기를 기대할 수 없습니다. 또한 어릴 적 개에 물렸던 예와 같이 어른이 된 현시점에서 기억을 재해석해야 적절하고 바람직하게 반응할 수 있습니다.

무엇을 기억하고, 무엇을 버릴 것인가를 판단하는 능력도 지혜입니다. 지닐 것과 버릴 것의 차이를 알고 선택하는 것 역시 우리가 해야 할 일입니다.

지금 우리 사회의 많은 아이들이 발달적 트라우마를 지니고 있습니다. 꼭 트라우마는 아니더라도 살아오는 동안 누적된 경험 때문에 본의 아니게 생각 없는 행동들이 나오곤 합니다. 그러나 누군가가 가르쳐준 적이 없어서 무엇이 옳은가에 대한 정보(판단 기준)가 아예 기억에 저장되어 있지 않은 아이들이 상식 밖의 행동을 하기도 합니다.

요약하면, 감정에는 기억·사고·판단이 개입되어 있습니다. 그리고 감정은 생각보다 훨씬 빠르게 행동으로 이어집니다. 인성이란 행동입니다. 얼마나 옳은 생각을 하느냐가 아니라 얼마나 옳은 행동을 하느냐가 인성입니다. 인성은 행동이고, 행동은 감정에 직결되어 있으니 결국 감정을 배제하고는 인성교육을 논할 수 없습니다.

13장

인성은
오랜 학습으로
기를 수 있다

지금까지 우리는 자극과 반응을 이해하기 위해 감정의 차원과 뇌구조 차원에서 알아봤습니다. 그런데 여기서 그치는 것이 아니라 신경계와 호르몬계에 대한 이해도 필요합니다. 두뇌는 생각과 감정인데, 그것이 행동으로 옮겨지기 위해서는 두뇌의 지시 사항이 신경계를 통해 온몸으로 전달되어야 하고 또한 호르몬을 작동시켜야 하기 때문입니다.

뇌와 온몸의 연결 통로, 신경계

두뇌의 결정 사항들은 신경계를 따라 온몸으로 전달되고, 또 온몸에서 느끼는 자극들을 각 시상이 있는 두뇌로 전달하는 것이 신경계입니다. 그래서 신경계는 뇌에서 아래로 내려가는 것도 있고 다시 온몸에서 두뇌로 올라오는 것도 있습니다.

예를 들어, 손에 펜을 쥐면 그 촉감이 신경을 통해 두뇌로 올라갑니다. 그리고 시상을 거쳐 체감피질에 도달합니다. 그 감각 정보를 두뇌가 판단해서 신체 반응을 지시합니다. 이때 관여하는 부분이 체감피질 옆에 있는 운동피질입니다. 이 지시 사항은 신경계를 통해 다시 손끝까지 내려갑니다. 펜을 더 꽉 잡으라거나 놓으라거나 어떻게 움직이라는 지시를 내리는 것이지요. 행동은 이런 과정을 거쳐 나옵니다.

신경계는 수조 개의 뉴런 다발로서 위치와 방향, 기능에 따라 분류할 수 있습니다. 분류법에 따라 이름이 바뀌는 뇌 부위처럼 신경계도 분류법에 따라 다른 이름을 갖습니다.

먼저 위치에 따라 분류하면 머리와 척수 부위의 신경계는 중추신경계, 나머지는 말초신경계로 불립니다. 방향에 따라서는 몸의 감각이 두뇌로 올라가는 것은 감각신경, 두뇌에서 몸으로 내려오는 것은 운동신경이라고 합니다.

운동신경, 감각신경이 가지고 있는 기능에 따라 또 이름이 달라집니다. 두뇌에서 근육의 움직임을 지시하는 것은 체성신경계입니다. 그리고 내장과 근육을 섬세하게 조정하는 신경계는 자율신경계라고 합니다. 자율신경계는 또 교감신경계와 부교감신경계로 구분됩니다. 전자는 활동, 후자는 이완의 역할을 합니다.

또한 뇌과학의 비약적인 발전으로 그 중요성이 밝혀진 신경계가 하나 더 있는데, 바로 미주신경계입니다. 미주신경계는 내장을 관리하는 쌍방

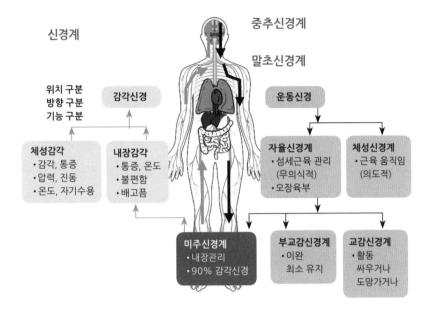

뇌와 몸을 연결하는 신경계

향 통로이고, 내장에서 두뇌로 올라가는 신호(내장감각)가 그 반대의 경우보다 10배 더 많습니다. 즉 미주신경계를 통해 내장은 두뇌로 많은 정보를 보내고 있습니다.

지속적인 스트레스는 신경계를 '마르거나 시들어서 우그러지고 쭈그러들게 한다'고 했습니다. 아이들이 1년, 2년 혹은 10년, 15년 이상 스트레스를 안고 산다면 다양한 신체적·심리적 장애가 생길 수밖에 없습니다. 최근 급증하는 ADHD와 행동장애를 비롯하여 불안장애, 불면장애, 양극성장애, 경계성인격장애, 기능적장애 등 수많은 장애를 일으킬 수 있습니다.

이런 문제 행동을 하는 아이들에게 "정신 좀 차려라"고 야단친들, "엄마를 생각해서라도 제발 그러지 마"라고 애원한들, "좀 조용히 있으면 피자 사줄게"라고 달래본들 소용없습니다. 아이가 꾀병을 부리는 게 아닙니다. 마치 두 다리가 부러져서 깁스를 하고 누워 있는 아이에게 "좀 뛰어 봐. 걸어보기라도 해"라고 말한들 아무 소용없듯이 말입니다.

그러나 절망적이지는 않습니다. 허약해진 근육으로 인해 몸을 제대로 움직일 수 없는 상태라도 체계적이고 지속적인 운동으로 회복할 수 있듯이, 허약해진 신경계로 인해 나타나는 바람직하지 않는 행동도 꾸준한 노력으로 수정할 수 있습니다. 여러 방법이 존재하지만 일단 몸을 조금씩 자주 움직여야 합니다. 지속적인 운동이 최고의 방법 가운데 하나입니다.

운동으로 허약해진 근육을 회복하는 데 시간이 걸리듯이, 허약해진 신경계를 회복하는 데도 시간이 걸립니다. 뭔가 잠시 한다고 회복되는 마술 같은 인성교육은 없습니다.

조건반사처럼 학습된 무기력감

우리는 자극과 반응에 대한 신경계 작동을 다음과 같은 과정으로 이해하고 있습니다. 자극을 받으면 감각 정보가 체성감각신경계를 통해 척수를 거치고 시상을 거쳐 전두엽으로 전달되어 그곳에서 판단을 내리고 우리가 원하는 행동을 지시합니다. 그 지시가 운동신경계를 통해서 다시 척수를 거치고 손으로 전해져 우리가 원하는 행동이 나오도록 합니다. 대체로 이런 일련의 과정을 거칩니다.

하지만 자극에 대한 감각 정보가 시상과 전두엽을 거치지 않고 즉 감정과 생각이 개입되지 않고 곧바로 반응하는 경우가 있습니다. 마치 왕복 길의 중간 지점에 우회도로(bypass)가 생겨서 가던 길을 되돌아가는 식입니다. '직결(hot wiring)'이라고 표현하기도 합니다.

이렇게 두뇌까지 가지 않고 자극에 곧바로 반응하는 현상을 '반사적 반응'이라고 하지요. 의사선생님이 자그마한 고무망치로 무릎을 탁 치면 발이 공을 차듯 저절로 올라가는 테스트를 받아본 경험이 있을 것입니다. 이러한 반사적 반응은 위기시에도 작동합니다.

뜨거운 주전자를 손으로 잡는 과정을 예로 들겠습니다. 주전자가 뜨거우면 그 정보는 시상과 전두엽을 거치지 않고 바로 행동으로 이어집니다. '뜨겁다'는 감각 메시지가 두뇌까지 전달되어 분석되고 판단된 이후에 손을 떼라는 지시가 손까지 돌아가는 사이 이미 손은 화상을 입을 테니까요.

이처럼 위기일 때는 감각이 손을 타고 척수까지만 올라갔다가 척수에서 다시 손으로 되돌아옵니다. 척수에는 신경세포체의 집합인 신경절(ganglion)이 형성되어 있어 독립적으로 정보를 통합하는 기능이 있습니다. 척수에서 자주적으로 분석, 판단, 결정까지 하는 것이지요.

생각을 거치지 않은 반사적 반응은 행동심리 차원에서도 벌어집니다. 유명한 파블로프 조건반사 실험입니다. 먹이가 나올 때마다 침을 흘리는 개에게 먹이를 줄 때마다 종소리를 함께 들려주었더니 나중에는 종만 쳐도 침을 흘렸습니다. 전두엽에서 내가 먹을 밥이 있는지 없는지를 따지지 않고, 즉 생각하지 않고 종소리만 들려도 바로 먹이가 있을 때의 반응을 보이는 것입니다. 이는 학습의 결과입니다. 훈련된 것이지요. 아이러니하게 생각을 거치지 않고, 의식하지 않고 행동으로 나오는 것도 학습의 결과입니다.

164

같은 이치로 학습된 무기력감을 이해할 수 있습니다. 지속적인 스트레스를 받고 자란 아이가 아무것도 하지 않고 그저 멍하게 있습니다. 스트레스로 인해 우울하고 무기력한 것이지요. 그래서 상담도 하고 코칭도 하고 아이의 환경도 개선해 줍니다. 이제 더 이상 스트레스 상황이 일어나지 않게 해주었습니다.

그럼에도 불구하고 아이는 여전히 우울하고 무기력합니다. 이것이 학습된 무기력감인데요. 조건반사처럼 생각을 안 하는 것이 아니라 하지 못하는 것입니다.

이럴 때 우리는 최선을 다했는데도 변화가 없는 아이를 보며 안타까워합니다. 하지만 신경계는 단기간에 회복되는 게 아닙니다. 시간이 걸립니다.

무기력감만 학습의 결과가 아니라, 공격적 폭력성과 도피적 중독성도 장기간 스트레스에 노출된 '학습'의 결과이기도 한 것입니다.

지속적인 스트레스로 인해 부정적 기분이 아이의 평상시 감정 상태가 되어버렸고, 아이는 그 기본 감정 상태에서 쉽게 벗어나지 못하기 때문입니다. 스트레스라는 자극이 문제 행동이라는 반사적 반응으로 바로 이어진 것입니다.

평상시 감정 상태가 중요하다

우리는 평상시 감정 상태라는 개념을 주시해야 합니다. 평상시 감정 상태에 대한 흥미로운 연구 결과가 있습니다. 로또에 당첨되어 수백억 원을 손에 쥐게 된 사람들의 행복도를 측정해 본 결과, 로또에 당첨되어 느낀 행복감은 평균 일 년이면 수명이 다했습니다. 일 년이 지나면 당첨 이전에 느꼈던 행복 수준으로 돌아가는 것이지요.

반대의 경우도 있습니다. 자동차 사고로 전신불구가 된 장애인이 초기에는 자살을 생각할 만큼 절망하더라도 이 역시 평균적으로 일 년 후에는 사고 전의 행복 수준을 회복한다고 합니다.

평소에 즐겁고 행복했던 사람은 불행한 일을 겪어도 일 년쯤이 지나면 다시 행복해지고, 애초에 부정적이고 불평불만이 많고 세상이 싫은 사람은 아무리 많은 돈을 벌어도 소용이 없습니다. 그 순간은 행복하겠지만 일 년이면 사라지는 행복입니다.

그런데 알고 보니 예외가 되는 사람들이 있더군요. 이들은 평상시 감정 상태로 돌아가는 데 걸리는 시간이 훨씬 짧습니다. 어떤 이들일까요? 바로 명문대에 입학한 사람들입니다. 그리고 그 행복한 시간은 고작 일주일이라고 합니다. 그 일주일의 행복함을 누리기 위해 12년 동안 세계 최하위 수준의 행복을 누리고 있는 셈입니다. 밑지는 장사입니다. 그리고 우리는 아이들에게 이 밑지는 장사를 시키고 있습니다.

이 이야기는 우리에게 각자 행복을 느끼는 설정치가 존재한다는 뜻입니다. 행복감은 돈, 명예, 권력 등 외적 조건의 영향으로 일시적으로는 오르락내리락 할 수 있지만 결국 본래의 내적 상태(설정치)로 되돌아갑니다. 이 설정치는 마음가짐에 더 달렸습니다. 행복은 나의 외적 상황이 이러저러하기 때문에 느껴지는 게 아니라 그럼에도 불구하고 유지되고 지속되는 내적 감정입니다.

'유지한다'는 말에는 의식적으로 선택하고 그 결과를 얻기 위해 평소에 노력한다는 의미가 내포되어 있습니다. 결국 행복은 마음먹기에 달렸으며, 우리가 선택할 수 있고, 각자 선택해야 한다는 뜻입니다. 타고나는 선천적 기질이나 성격이 아니고 후천적 요소로서 학습으로 충분히 달성할 수 있는 실력이라는 것입니다. 또한 행복은 머리로 따져보는 분석적 평가가 아니라 가슴으로 느껴지는 통합적 감정입니다. 그래서 우리의 미래 행복도는 평상시 우리의 모습과 감정 상태를 보면 훤히 내다보입니다.

그렇다면 평상시 학생들은 학교에서 어떤 감정적 상태에 머물고 있을

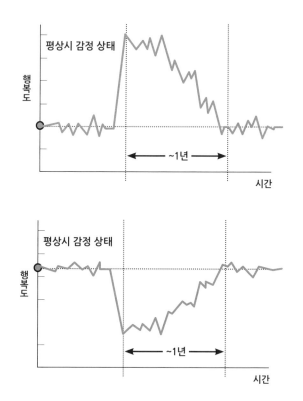

로또 당첨 때나 자동차 사고 때나 각자의 행복 설정치로 돌아가는 데 평균 1년

까요? 너무 많은 아이들이 지겨워하고 따분해하고 짜증스러워합니다. 그런 학생들의 모습에서 불안감, 분노, 무기력감, 외로움, 절망감이 느껴집니다. 우리 교실이 미래 대한민국 사회의 축소판이라고 생각되니 더럭 겁이 납니다.

물론 공부에 열중하는 학생들도 많습니다. 새벽부터 학교에 와서 죽은 듯이 꼼짝 않고 책상 앞에 앉아 교과서에 머리를 파묻은 학생들이 있습니다. 그후 밤늦도록 또다시 학원 공부를 합니다. 저는 바로 그 모습에서 다시 한국의 미래에 대한 희망이 아니라 불안감을 느낍니다.

과연 초·중·고 12년 내내 마구간 같은 공부방에서 고작 30센티 앞만 보고 일주일 후에 오는 시험만 고민한 학생들이 훗날 사회에 진출해서 장기적 비전과 거시적 안목으로 일을 할 수 있을까 걱정되기 때문입니다. 창조경제 시대가 왔다는 것을 알면서도 창의력이 아니라 여전히 암기력을 치켜세우는 인재상이 안타깝습니다.

가장 염려스러운 것은 제 눈에 비친 학생들의 정서 상태입니다. 지루함, 멍함, 답답함, 괴로움, 숨막힘, 실망, 씁쓸함, 쓸쓸함, 서글픔, 우울함, 불안함, 초라함, 초조함, 무기력함, 비참함, 무정함, 한스러움, 절망, 분노……. 듣기만 해도 기운이 축 처지는 단어들입니다.

평상시 감정 상태가 행복의 설정치라고 했습니다. 이런 부정적 감정을 품은 채 초·중·고 12년 이상을 살아온 학생들이 성인이 되어서도 행복을 느낄 리 만무합니다. 실제로 우리 학생들의 행복감은 OECD 국가 가운데 꼴찌라고 합니다. '아, 세계 꼴찌구나' 하고 통계 수치를 생각하는 대신 몹시 불행한 아이들의 감정을 한번 느껴보세요. 속이 무너집니다.

아이들의 부정적 정서 상태는 학교만이 아니라 가정에서도 유사하니다. 세계 최고의 이혼율은 한국의 가정이 얼마나 불안한지를 말해 주고 있습니다.

학교 다니는 아이를 둔 부모들만 교육을 외부에 위탁해서 아이들이 집 밖에서 온종일 맴도는 게 아닙니다. '사회복지'라는 이름 아래 갓난아기와 영유아마저 부모의 품과 손길에서 벗어나 생판 모르는 사람에게 맡겨지고 있습니다. 아이가 애착 손상을 입을 가능성이 높은 환경입니다.

가정은 아이들에게 더 이상 안전하고 편안하고 푸근한 안식처가 되지 못하고 있습니다. 너무 많은 가정이 아이에게 하숙집이 되어버렸습니다. 가정이 삭막한 사막과 같습니다. 삭막한 사막에서 행복꽃이 필 리 만무하지요. 그리고 행복할 수 없는 상황에서 인성을 기대할 수는 없습니다.

성공하고 행복을 얻을 희망이 없다면 무엇을 위해 참되게 살고 성실하게 노력하고 남을 배려해야 하나요. 그래서 세상에 잃을 것이 없는 사람이 가장 무섭다고 했습니다. 막 살아도 달라질 건 아무것도 없으니까요.

평상시에도 행복을 선택할 수 있는 조건을 만들어주라

인성교육은 바람직한 평상시 감정 상태를 만들어내는 교육이어야 합니다. 아이가 행복을 선택할 수 있는 조건을 만들어주어야 합니다. 그리고 아이가 스스로 행복을 선택하는 방법을 가르쳐야 합니다.

순간적으로 잘하는 것은 인성이라고 볼 수 없습니다. 평상시의 모습이 인성입니다. 이는 장기간의 지속적인 학습으로만 가능합니다. 학습은 배우고 되풀이하여 행한다는 뜻입니다.

‘학(學)’ 자는 아이가 머리 위에 펼친 책을 올려놓은 형상입니다. 이것이 논리적이고 이성적인 지식 공부입니다. ‘습(習)’ 자는 날갯짓하는 형상입니다. 이것은 체험이고, 체험은 감정을 동반합니다. 즉 심적인 요소입니다.

학습에는 이 두 가지 요소가 모두 필요합니다. 그리고 오랜 시간이 걸리는 과정입니다. 이 오랜 학습의 결과를 우리는 실력이라고 합니다. 그렇기 때문에 인성은 실력입니다.

인성교육은 책으로 가르치는 것만으로는 부족합니다. 감정이 동반되는 체험으로, 행동으로 가르쳐야 합니다. 그러니 단기간에 되는 일이 아닙니다. 일주일만 하면 된다고 선전하는 인성교육 프로그램은 믿지 마십시오. 분명 일주일 후에 하루 이틀은 효과가 있겠지만, 인성은 오랜 학습으로써만 얻을 수 있는 결과입니다.

14장

아이의
행동이 아니라 감정에
초점을 맞추어라

수업 시간에 딴짓하고, 소란 피우고, 장난치고, 말대꾸하고, 심지어는 교사를 노골적으로 무시하는 학생들을 보면 화가 절로 납니다. 그들이 미워서가 아닙니다. 그들의 미래만이 아니라 대한민국의 미래가 걱정되기 때문입니다. 그래서 정신 차리라고 따끔하게 야단치고 싶어집니다.

동시에 우리는 학생들의 얼굴에서 지겨움, 불안감, 우울함, 분노와 절망감을 보게 됩니다. 그럴 때 어쩐지 학생들이 불쌍하고, 안쓰러워 보여 야단보다는 따뜻한 보살핌이 필요하겠다는 생각이 듭니다.

참으로 이상하지 않습니까? 우리는 분명히 같은 아이를 보고 있지만 그들의 행동을 보는지 감정을 보는지에 따라 우리의 반응은 완전히 반대로 나타납니다. 우리의 반응은 우리의 시각에 따라 이토록 자연스럽게 달라집니다.

만약 우리에게 선택의 여지가 있다면 분명 아이들을 야단치기보다는 보살펴주기를 원할 것 같습니다. 그러나 우리는 흔히 아이들을 야단칩니다. 심지어는 매를 들기도 합니다. 그리고는 다른 방도가 없다거나 어쩔 수 없는 일이라고 합니다. 한마디로 선택의 여지가 없지 않느냐는 뜻입니다.

정말로 선택의 여지가 없는 것일까요? 아닙니다. 우리는 행동과 감정, 둘 다 볼 수 있지요. 그러나 흔히 행동을 보기를 선택합니다. 아이가 울고 있다고 합시다. 어른들의 반응은 "왜 우니? 또 찔찔 짜냐? 뚝 그치지 못해!" 등 행동에 대한 지적과 비판과 지시입니다. 슬프거나 두렵거나 외롭기 때문에 눈물이 나올 텐데 그 감정들은 죄다 무시되었습니다.

뿐만 아닙니다. "공부해라, 밥 천천히 먹어라, 떠들지 마라, 숙제 빨리해라, 게임하지 말라고 했지……." 어른들이 아이에게 온종일 하는 말은 거의 다 행동에 대한 지적이고, 조언이고, 경고입니다.

결국 아이들을 마치 감정이 없는 기계, 또는 감정을 무시해도 되는 동물로 여기는 것입니다. 그 결과, 아이들은 왕따 당하는 친구의 괴로움을 공감하지 못하고 두들겨 맞는 후배의 고통을 전혀 느끼지 못하는 흉물이되어가고 있습니다.

그래놓고 어른들은 요즘 아이들이 공감 능력이 없다고 한탄합니다. 훗날 관심 병사나 사회부적응자가 큰 사고를 치면 "세상이 어쩌다 이토록 흉측해졌나?"라고 어리둥절해합니다. 군에서는 사고 지역에서 허둥지둥 해결책을 강구합니다. 가히 각주구검이라 할 만합니다.

우리가 아이들에게 원하는 것은 성숙한 행동입니다. 이 성숙한 행동으로 인해 공부도 하고, 진로에 대해 진지하게 고민해서 자기 길을 찾고, 성공해서 행복하기를 바랍니다. 스트레스에 무너지는 PTSD가 아니라 스트레스를 극복하고 더 크게 성장하는 PTSG의 길로 나아가기를 희망합니다.

부정적인 감정에서 긍정적인 감정으로

문제는, 부정적인 감정 상태에서는 성숙하고 긍정적인 행동이 나올 수 없다는 사실입니다. 부정적인 감성에서 부정적인 행동이 나오듯이, 긍정적인 감정이 긍정적인 행동으로 이어집니다.

따라서 성숙한 행동을 요구하기 전에 먼저 긍정적인 감정 상태가 되도록 아이들을 도와야 합니다. 일단 긍정적인 감정 상태가 되어야 비로소 경청도 하고, 공감도 하고, 소통도 하고, 남을 배려하고, 존중하고, 베풀 수도 있습니다.

안전감을 느끼고 안정이 되어야 공부도 할 수 있고 설렘과 희망을 갖고 진로를 모색하고 미래를 추구할 수 있습니다. 다시 같은 결론으로 돌아왔습니다. 모든 것에는 순서가 있습니다. 안전, 안정, 신뢰가 먼저이고 그다음이 존중, 배려, 소통 그리고 그후에 공부와 진학, 진로가 있습니다.

요즘 학교들은 학생들의 진로에 큰 관심을 보이며 적극적으로 개입하려 합니다. 그런데 당장 오늘이 힘들어서 내일을 생각할 여력이 없는 아이들, 희망을 찾을 곳이 없어 자포자기한 아이들에게 이는 더 큰 스트레스로 작용할 수 있습니다. 꿈도 없고 하고 싶은 것도 없는 아이들에게 학교는 꿈을 가지라고 요구합니다. 꿈마저 주입합니다. 아이들은 꿈조차 어른들이 시키는 대로 꾸고 있습니다.

인성교육이란 곧 행동 수정이고, 행동을 수정하기 위해서는 먼저 감정을 부정적인 쪽에서 긍정적인 쪽으로 이동시켜 주어야 합니다. 아이들의 평상시 감정 상태가 부정적일 때, 그 원인은 여러 가지가 있지만 가장 큰 것은 환경적인 요소입니다. 특히 가정에서 어떤 어른이 아이로 하여금 부정적인 감정 상태를 갖게 하고 있는 것입니다.

결국 아이는 어른 하기 나름입니다. 아이의 행동을 수정하려면 먼저 어른의 행동이 달라져야 합니다. 아이가 부정적인 감정 상태에 놓여 있고 문제 행동을 보인다는 것은 미성숙하고 억압적인 어른이 있기 때문이거나 성숙한 어른이 없기 때문일 가능성이 높습니다.

주변에 감정을 긍정적인 쪽으로 이동시켜 주는 어른이 있을 때 아이의 행동 변화는 훨씬 더 효율적으로 이루어집니다. 이것이 유일하게 효과적인 방법은 아니지만 가장 핵심적인 방법임에는 틀림없습니다.

그렇다면 어떻게 아이들의 감정을 긍정적인 쪽으로 이동시킬 수 있을까요?

브레이크를 밟는 동시에 액셀을 밟고 있는 아이들

자극이 크면 우리는 스트레스를 받고 정말로 큰 자극이면 쇼크를 받습니다. 어떤 자극이 왔을 때 교감 자율신경계가 활성화되면 높은 각성 상태가 되고, 부교감 자율신경계가 활성화되면 각성된 상태에서 이완 상태로 되돌아갑니다. 높은 각성이란 흥분 상태로서 자동차로 치면 액셀러

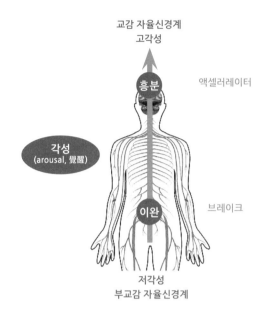

감정과 신체 반응의 역학 관계 – 자율신경계

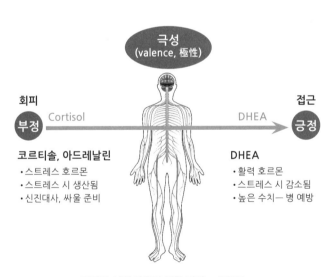

감정과 신체 반응의 역학 관계 – 호르몬

레이터를 힘껏 밟고 있는 것과 마찬가지이고, 낮은 각성 상태란 이완으로서 브레이크를 밟고 있는 것과 마찬가지입니다.

또한 극성은 호르몬계를 통해 이루어집니다. 스트레스를 많이 받으면 코르티솔과 아드레날린 같은 스트레스 호르몬이 분비되어 온몸으로 퍼집니다. 자율신경계와 호르몬계가 서로 명확히 독립적인 것은 아니지만 두 개의 다른 시스템이므로 이를 X축과 Y축에 놓고 볼 수 있습니다.

이렇게 놓고 보면 감정 분류법이라고 할 수 있는 결과가 나옵니다. 각성의 Y축에서 각성 수준이 높은 것은 많은 에너지를 분출하는 것이고, 각성 수준이 낮은 것은 에너지가 낮은 이완 상태입니다. 극성의 X축에서는 에너지를 빼앗아가는 부정적인 쪽과 에너지를 채워주는 긍정적인 쪽

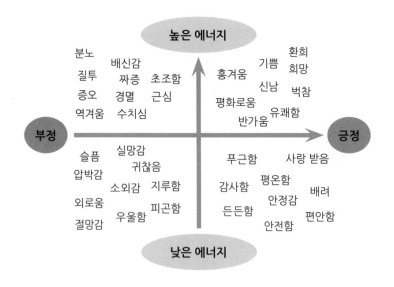

각성과 극성 상태로 나눈 감정 분류법

이 있습니다.

분노를 예로 들면, 몹시 화가 날 때 우리는 높이 각성되고 에너지를 빼앗깁니다. 슬픔 역시 에너지를 빼앗기는 부정적인 상태이고, 각성 수준은 낮은 상태입니다. 반면 기쁨은 에너지를 얻는 긍정적인 상태, 각성 수준도 높은 상태입니다.

짜증은 부정적인 상태이지만 높은 에너지로도 가고 낮은 에너지로도 갑니다. 어떤 때는 정말 짜증이 나면 누군가를 때려주고 싶습니다. 누군가에게 화를 내고 싶지만 그러지 못할 때 혼자 씩씩거리는 게지요. 그런데 어떤 때는 짜증이 나면 그냥 이불을 뒤집어쓰고 자고 싶습니다. 부정적인 기분을 남 탓으로 돌리지 못하면 그 자극을 피하거나 떠올리고 싶지 않기 때문입니다.

사랑도 마찬가지입니다. 불같이 타오르는 남녀의 사랑은 높은 각성 상태지만 자식에 대한 어머니의 은은한 사랑은 낮은 각성 상태라고 할 수 있습니다. 그런데 학부모의 사랑은 다른 것 같습니다. 지나치게 적극적이어서 높은 수준의 각성 상태라고 할 수 있지요.

이처럼 감정의 세계는 매우 다양한데, 감정에서 긍정적인 상태와 부정적인 상태란 에너지를 빼앗기느냐 얻느냐에 따른 것이지 옳고 그름이라는 뜻이 아닙니다. 감정에는 좋은 것과 나쁜 것이 따로 있지 않습니다.

이를테면 가까운 사람이 세상을 떠났을 때 슬픔을 느끼는 것은 당연한 일입니다. 나쁘거나 옳지 않은 감정이라고 할 수 없습니다. 또 누군가가 눈앞에서 폭행을 당하고 있는데 아무 감정도 느끼지 못한다면 오히려 무언가 잘못된 것입니다. 분노 등의 감정이 생기게 마련입니다.

그런데 학생들에게 기분이 어떠냐고 물어보면 가장 흔하게 나오는 대답이 "나빠요" "좋아요" "몰라요" 세 가지입니다. 다양한 감정의 세계는 사라지고 나쁘거나 좋거나 둘 중 하나만 남습니다. 256가지 컬러풀한 이 세상에서 우리 아이들은 흑백의 세상으로 살고 있습니다. 감정적으로, 정서적으로 빈곤하기가 이루 말할 수 없습니다.

다 이유가 있게 마련입니다. 요즘 아이들은 새벽부터 밤까지 죽은 듯이 꼼짝 않고 앉아서 공부만 해야 합니다. 이는 굉장한 이완 상태를 요구합니다. 그러나 요즘 아이들이 온종일 입에 달고 사는 것이 불량식품, 콜라, 커피이고 컴퓨터 게임을 합니다. 하나같이 자극적인 것들이지요.

이완과 각성을 자동차의 브레이크와 액셀러레이터에 비유하자면, 이 아이들은 브레이크를 꽉 밟고 있는 상태에서 동시에 액셀러레이터도 꽉 밟고 있는 중입니다. 그렇게 운전하면 차가 망가집니다. 뿐만 아니라 엄청난 에너지를 소비하면서도 차는 어디로도 가지 않습니다. 이것이 지금 우리 학생들의 상태입니다.

어마어마한 교육비를 쓰고 있지만 한국에는 인재가 없다고 하지 않습니까. 아이들은 에너지를 소비하면서도 아무 데도 가지 못하고 있습니다. 그러는 사이에 아이는 망가지고 있는 것입니다. 그래서 나타나는 것이 문제 행동입니다. 부정적인 평상시 감정 상태의 결과입니다. 이 아이들의 감정을 빨리 긍정적인 상태로 이동시켜 주어야 합니다.

감정을 제대로 느끼고 표현하도록 도와야 한다

흔히 우리는 아이들의 감정을 긍정적인 쪽으로 이동시켜 준다는 이유로, "나는 너를 위해서 이렇게 희생하고 있으니 너는 이렇게 행동해야 한다"는 식으로 부담스럽게 조언하고, 강압적으로 지도하고, 일방적으로 지시합니다.

만약 이렇게 해서 아이가 행복해질 수 있다면 우리 대한민국의 학생들은 세계에서 최고로 행복해야 합니다. 한국처럼 부모들이 또 교사들이 자신을 희생하면서 아이들한테 모든 것을 쏟아붓는 나라도 없기 때문입니다.

그러나 그 결과는 어떤가요? 불행감에서 한국 아이들이 세계 최고 수준입니다. 그러니까 이 방법은 틀렸습니다. 효과가 없는 방법입니다. 그런데도 우리는 계속 이런 방식을 쓰고 있습니다.

그렇다면 어떤 방법이 좋을까요? 먼저 아이의 감정을 이해하고 그 감정을 제대로 표현할 수 있도록 도와야 합니다. 사실 감정을 제대로 표현하는 것은 어른에게도 쉽지 않은 일입니다.

아내가 해외로 출장을 떠난 주말이었습니다. 오랜만에 혼자 있으니 좋았습니다. 시간마저 멈춘 듯한 고요함과 평온함 속에서 고독을 만끽했습니다.

그러나 해가 저물면서 슬슬 짜증이 났습니다. 기분이 점점 처지고 심기가 불편해졌습니다. 열서너 시간이나 되는 비행 시간과 시간차로 전화를 할 수 없다는 사실을 뻔히 알면서도 아내에게 서운한 마음이 들고 심술이 났습니다. 외로움이 어느덧 짜증으로 변하고 있었던 것입니다.

그 무렵 아내한테서 전화가 왔습니다. 저녁 식사는 제대로 했는지, 개들과 산책은 잘했는지 묻는 다정한 전화였습니다. 드디어 고립에서 벗어나게 해주는 전화가 반갑고 고마운 게 당연했겠지요. 그러나 저는 되레 짜증을 냈습니다. 퉁명스럽게 이야기하고 전화를 끊었습니다. 아내는 어리둥절했을 것입니다.

기다리고 기다리던 전화를 받고 나니 홀로 남음이 더 생생하게 느껴졌습니다. 그래서인지 더 외롭고 우울해졌습니다. 이렇게 꼬인 마음으로 하루를 보내다가 자기 전에 중요한 사실을 깨닫게 되었습니다.

첫째, 나한테는 외로움이 슬픔이나 설움으로 다가오는 게 아니라 짜증과 울분으로 표출된다는 점입니다. 아마 외로움을 안전과 편안함을 위협하는 공격적 요소로 인식하는 모양입니다. 위로의 말에 고마움보다는 반격이 먼저 나가고, 그래서 다가오는 사람마저 주춤하거나 되돌아가게 만드는 게지요. 그러니 더 큰 고립을 자처하는 셈입니다.

둘째, 외로움을 느낄 때 먼저 전화를 걸거나 사람을 만나서 고립에서 벗어날 수도 있었음에도 불구하고 그리 하지 않는다는 점입니다. 그래서 외로움은 스스로 담을 쌓아올리는 감옥인 것을 깨달았습니다.

더 큰 깨달음도 얻었습니다. 외로워서는 행복해질 수 없다는 것, 행복은 홀로 얻을 수 없다는 것, 그래서 행복은 관계 안에서만 이룰 수 있다는 것을 알았습니다.

외로울 때는 위로가 필요합니다. 내가 외로울 때 남으로부터 위로를 받아야 하듯이 남의 외로움에 내가 위로가 되어주어야 합니다. 바로 옆에 있는 사람부터 위로해 주어야 합니다. 집에는 가족이 있고, 학교에는 학생들이 있습니다.

그러나 실로 너무나 많은 아이들이 외로워하고 있습니다. 세상에 위로해 주는 사람 한 명 없어서, 외로움을 달랠 길 없어서 세상을 떠나는 아이도 있습니다. 그러나 주변 어른은 한결같이 아이가 그토록 힘들어하는 줄 몰랐다고 말합니다. 어쩌면 아이들도 저같이 외로움을 슬픔과 서러움이 아니라 짜증과 분노로 표출하나 봅니다. 그래서 우리가 위로는커녕 야단만 치지 않았는지 반성해 봅니다.

이제 알았습니다. 제 나이에 겨우 외로움과 울분을 구분하게 되었는데 어린아이가 자신의 감정을 잘 표현해 주기를 기대하는 것은 어불성설이지요. 아이들이 감정을 제대로 느끼고 표현하는 방법과 도움의 손길을 청하는 방법을 가르쳐주어야 합니다. 손을 내미는 것은 약한 모습이 아니라 서로 손잡자는 나눔이지요.

긍정적인 감정으로의 초대

인성교육의 첫걸음은 아이들의 부정적인 감정 상태를 긍정적인 감정 상태로 옮겨주는 것이고, 그러기 위해서는 먼저 어른의 감정 상태가 긍정적이어야 합니다. 아이들의 행복을 위해서 우리가 해야 할 일은 '행복의 길은 이쪽이니 이 길로 가라'고 안내하는 것이 아니라 우리 스스로 긍정적인 감정으로 아이를 환영해 주고, 초대해 주는 것입니다.

한마디로 아이들에게 좋은 모습을 보여주는 것입니다. 그렇게 하면 아이들이 찾아오고 따라옵니다. 아이들이라고 좋은 것이 무엇인지 모르겠습니까? 그래서 인성교육은 우리 어른들의 긍정적인 감정에서 비롯됩니다.

제가 생각하는 이상적인 인성교육의 장소는 긍정적인 쪽으로 감정을 이동시켜 주는 성숙한 어른이 있는 곳입니다. 아이들이 안전감과 안정감을 느끼고 그래서 서로 배려하고 경청하고 소통하면서 서로 존중하는 집과

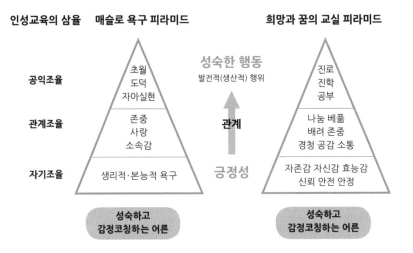

인성교육의 삼율	매슬로 욕구 피라미드		희망과 꿈의 교실 피라미드
공익조율	초월 도덕 자아실현	성숙한 행동 발전적(생산적) 행위	진로 진학 공부
관계조율	존중 사랑 소속감	관계	나눔 베풂 배려 존중 경청 공감 소통
자기조율	생리적·본능적 욕구	긍정성	자존감 자신감 효능감 신뢰 안전 안정
	성숙하고 감정코칭하는 어른		**성숙하고 감정코칭하는 어른**

이상적인 인성교육 장소는 성숙한 어른이 있는 곳

교실입니다. 성숙한 어른이 있는 가정과 교실이어야만 아이들은 마음 놓고 공부를 할 수 있고 진로를 모색하며 성공과 행복을 추구할 수 있습니다.

여기서 성공과 행복이란 나 혼자 잘 먹고 잘사는 것이 아닙니다. "공부해서 남 주냐?"라는 말이 있지요. 정말 좋지 않은 말이라고 생각합니다. 나 혼자 잘 먹고 잘살기 위한 공부는 소인배들이 하는 공부입니다.

위 표에서 보시다시피 공부, 진학, 진로는 자아실현만이 아니라 자아초월과 도덕으로 이어져야 합니다. 자기조율을 하고 관계조율을 하는 최종 목표가 공익조율이 되어야 합니다.

다시 한 번 강조하면, 아이는 어른이 하기 나름입니다. 누가 아이들의 감정을 긍정적인 쪽으로 이동시켜 주는 성숙한 어른일까요? .

성숙한 어른이란 감정을 코칭해 줄 수 있는 사람이고 긍정적인 인간관계를 경험할 수 있도록 해주는 사람입니다. 성공과 행복의 씨앗인 인성의 씨앗을 심어주는 사람이 성숙한 어른입니다.

어른 입장에서는 부담스러운 결론입니다. 그러나 부담으로 여겨서는 안 됩니다. 힘들고 어려운 일이지만 당연한 것으로 받아들여야 합니다. 호랑이인들 새끼 키우는 게 쉽겠습니까? 그렇다고 어미가 편할 궁리만 하고 부담으로 여기지는 않겠지요. 그저 자연의 이치대로, 순리에 따를 뿐입니다.

아이들의 인성교육은 어른의 책임입니다. 이는 자연의 질서이며 자연의 질서에 따르는 게 순리입니다. 순리대로 할 때 스트레스도 덜 받고 건강하게 오래 사는 법입니다.

15장

우리가
감정 대신 행동에
집착하는 이유

인성교육의 목표는 간단합니다. 아이들이 보다 성숙하고 바람직한 행동을 할 수 있도록 돕는 것입니다. 그것은 여러 번 강조한 대로 부모와 교사와 어른들의 책임입니다.

우리는 아이들에게 수시로 바람직한 행동을 요구합니다. "해" "하지 마" "조용히 해" "말 좀 해 봐" "빨리빨리 해" "나중에 해" 이 모두가 행동에 대한 요구이고 지시입니다.

그런데 연구 결과에 의하면, 이것이 어른들이 하는 가장 큰 실수입니다. 감정은 도외시한 채 행동만 가지고 따져들고, 지시하고, 요구하는 것은 아이들로부터 바람직한 행동을 이끌어내는 데 아무 도움이 되지 않습니다. 오히려 역효과를 냅니다.

가게에서 엄마 손을 붙잡고 늘어지며 떼쓰는 아이를 흔히 볼 수 있습니다. 엄마는 새로 나온 장난감을 가지고 놀고 싶은 아이의 마음이나 좋아하는 과자가 먹고 싶은 아이의 감정은 보지 않은 채 행동만 보고 "울지 마, 떼쓰지 마, 빨리 이리 와"라고 행동을 지시합니다.

게다가 행동을 코칭할 때 이상하게도 말이 곱게 나오지 않습니다. 날카롭게 쏘아보며 공격적인 어조로 말하게 됩니다. 아이의 행동에 엄마는 부정적인 감정이 생긴 것입니다.

아이는 자신의 감정을 완전히 무시당한 채 야단만 맞았다고 생각하고 이제는 아예 바닥에 드러누워 발버둥을 칩니다. 스스로는 의식하지 못하더라도 더 큰 울음, 더 큰 짜증을 내야만 선생님이나 엄마 아빠가 자신의 마음을 알아주리라고 생각하기 때문입니다.

엄마는 더욱 난처한 상황에 부딪히고, 마음이 급해지다 보니 아이가 원수라도 되는 양 더 큰소리로 야단치거나 심지어 때리기도 합니다. 아이는 더 크게 울고, 이렇게 악순환의 고리에 들어섭니다.

성숙하고 바람직한 행동으로 인도하는 인성교육을 효과적으로 하려면 먼저 아이의 감정을 긍정적인 쪽으로 이동시켜 주어야 하고, 그렇게 하기 위해서는 행동 대신 감정을 먼저 포착할 수 있어야 합니다. 참으로 역설적이고 흥미로운 결론입니다.

우리에게는 아이의 행동도 보고 감정도 볼 수 있는 능력이 있습니다. 동시에 다 보이지만, 행동이 아니라 감정에 초점을 맞춰야 합니다.

행동에는 옳고 그름의 '기준'이 있다

우리는 왜 행동을 보면 부정적인 반응이 나올까요? 앞서 여러 차례 설명했던 내용을 종합해 보면 답이 나옵니다. 첫째, 감정에는 옳고 그름이 없지만 행동에는 옳고 그른 것이 있습니다. 분노가 나쁜 것이 아니고 기쁨이라고 무조건 좋은 것이 아닙니다. 분노해야 할 때 분노하지 않고 기뻐하지 말아야 할 때 기뻐하는 경우를 생각해 보면 알 수 있습니다. 감정은 나쁜 것도, 좋은 것도 없습니다.

하지만 바람직한 행동과 바람직하지 않은 행동이 분명히 있습니다. 절대적으로 옳고 그른 행동 외에 상황에 따라 적절하고 적절하지 않은 행동도 있습니다.

이처럼 감정에는 기준(standard)이 없지만 행동에는 기준이 있습니다. 기준이 있다는 것은 비교 대상이 있다는 뜻입니다. 즉 기준에 못 미치거나 맞지 않다는 그 차이가 눈에 확연히 보입니다.

반면 감정에는 기준이 없고 비교 대상도 없기 때문에 모든 감정을 수용해 줄 수 있습니다. 그래서 감정이 아니라 행동을 보게 되면 불편하고 실망하는 마음이 듭니다.

아이가 잘못된 행동을 할 때는 말이 곱게 나올 리 없습니다. 말의 내용뿐만 아니라 억양이며 눈빛, 몸짓이 거칠어집니다. 자신도 모르는 사이에 비난하는 말과 경멸하는 눈빛과 말투가 나올 수도 있습니다.

"넌 왜 그러니, 동생만도 못하잖아." 이런 말이 나오게 되면 아이는 또 격하게 반응합니다. 아이는 "그렇게 하지 말고 이렇게 해"라는 엄마의 말을 거부하는 게 아닙니다. 그 말에 동반되는 엄마의 부정적 감정을 거부하고 그 부정적인 감정 자극에 부정적인 감정 반응을 보이는 것이며, 이러한 부정적 감정이 부적절하고 미성숙한 행동으로 이어지는 것입니다.

우리의 시각을 지배한 행동주의

왜 우리는 감정은 무시하고 행동만 보기를 선택하는 걸까요? 가장 큰 이유는 1970년대부터 우리의 시각을 완전히 지배한 행동주의입니다. 객관적으로 관찰하고 분석할 수 있는 요인 즉 행동에 초점을 맞추는 과학적 방법이 행동주의라는 이름으로 심리학과 교육학에 도입되고 전 세계적으로 확산되었지요. 지금의 어른들은 알게 모르게 감정이 아니라 행동을 보도록 훈련받아 온 셈입니다.

파블로프 연구에서 큰 영향을 받은 행동주의는 마치 동물을 훈련하듯이 상과 벌로써 아이들의 행동을 수정하려 합니다. 그래서 상점과 벌점 카드에 도장을 찍어주는 식으로 동기부여하는 방법이 우리의 교육 철학에 짙게 녹아 있는 것입니다.

그러나 상과 벌로써 사람을 움직이는 데는 한계가 있습니다. 상이 있을 때만 혹은 벌을 줄 때만 반짝 효과가 있을 뿐 근본적으로 행동이 수정되지는 않습니다. 그 반짝 효과나마 상이나 벌의 수준이 점점 높아져야 얻을 수 있습니다. 처음에는 사탕 하나, 다음에는 두 개, 그다음에는 세 개, 나중에는 적어도 피자 한 판은 사줘야 합니다. 지속가능하지 않습니다.

벌도 마찬가지입니다. 처음에는 엄한 눈빛만으로도 아이들을 좌우할 수 있습니다. 하지만 다음에는 말을 해야 하고 그다음에는 손이 올라가게 됩니다. 강도가 높아져야만 반짝 효과나마 얻을 수 있습니다. 역시 지속가능하지 않습니다.

모든 약은 독약입니다. 적당히 쓰면 효과가 있지만 많이 쓰거나 오래 쓰면 결국 독이 됩니다. 상과 벌도 필요할 때 적절하게 쓰면 동기부여에 효과적인 도구입니다. 그러나 남발하면 효과가 없을 뿐더러 역효과까지 납니다.

오직 남의 기준에 맞추고 남의 평가를 받으며 상과 벌에 움직여 살아가는 사람은 극단적으로 말하면 동물 같은 존재, 노예 같은 존재가 되어버립니다. 많은 연구에서 상과 벌은 적절하게 사용하는 것은 좋으나 상과 벌만으로 교육해서는 안 된다는 점이 밝혀지고 있습니다. 미국이 인성교육에 크게 실패한 이유가 바로 여기에 있습니다. 행동주의적 방법론으로 인성교육에 접근했기 때문입니다.

우리는 행동주의적 철학의 결과물들입니다. 평생 그러한 교육철학과 심리철학, 사회철학에 길들여져 이를 너무나 당연하게 생각하고 있습니다. 그러나 이제 세상이 변했습니다. 동물과 육체에 의존했던 농경 시대에 이어 기계가 주도한 산업화 시대는 막을 내리고 지식기반 시대라는 새로운 세상이 도래했습니다.

분석주의와 행동주의의 시대는 저물고 정서 기반 학문의 시대가 열리고 있습니다. 세상은 이성과 논리와 개인 중심에서 감성과 심리와 관계 중심으로 옮겨가고 있습니다. 이에 따라 교육학도 변하고 교사관도 변하고 인재상도 변해야 합니다. 하지만 여전히 행동주의의 후유증이 남아 있습니다. 우리 안에 깊숙이 잠재해 있는 것이지요.

가장 먼저 변해야 하는 게 우리의 시각입니다. 이제 우리는 행동보다 감정을 먼저 보는 시각을 지녀야 합니다. 시각은 세상을 보는 눈이며, 우리에게 선택의 여지를 줍니다. 새로운 가능성은 세상을 새롭게 볼 때 나타납니다.

감정코칭을 통해 바람직한 행동으로 인도하라

가장 앞서가는 교육자들과 철학자들은 정서 기반으로 돌아서고 있습니다. 정서 기반은 감정, 즉 긍정성과 관계성에 초점을 맞춥니다. 서양의 지적 전통에서는 인간을 독립적인 존재로 봅니다. 그러나 이 관점에 한계가 있다는 사실을 절실히 깨닫고, 독립적인 개인으로 인간을 보기보다는 관계 속에서 인간을 보고 행동의 동기를 이해하려는 노력을 이제 시작하고 있습니다.

이 흐름에 가장 큰 역할을 하고 있는 것이 긍정심리학입니다. 부정에서 긍정으로, 단점이 아니라 장점에서 미래의 희망을 찾게 하는 것이 긍정심리학이라고 할 수 있습니다. 인간은 타고난 대로 산다는 식의 프로이트처럼 결정론적인 시각으로 인간을 보는 것이 아니라 우리는 매 순간 선택을 할 수 있는 자유로운 존재임을 강조하는 것이지요. 그러나 한계가 있어야 함을 인정하기 때문에 그 한계 안에서의 자유를 이야기합니다.

또한 긍정심리학은 프로이트처럼 과거를 분석하지는 않지만 과거를 부인하지 않으며, 과거가 어떠하든 우리의 미래는 우리 스스로 창조해 나갈 수 있다고 믿습니다. 교육도 이러한 흐름을 받아들이면서 과거의 방식으로 학생들을 지도하고 가르치려 하는 대신 코칭하고 멘토링하는 방식이 부각되고 있습니다.

『유엔미래보고서 2040』을 보면, 미래에는 교사라는 직업이 사라진다고 합니다. 여기서 교사란 현재 우리가 알고 있는 지식전달자 역할의 교사, 심하게 말하면 지식중간도매상 역할의 교사를 말합니다. 미래에는 코치와 멘토의 역할을 하는 교사가 필요해지는 게지요.

이미 변화는 일어나고 있습니다. 그러나 모든 코칭이 시대적 흐름에 부합하는 게 아닙니다. 행동코칭은 말이 코칭이지 사실상 행동 지시이며, 행동주의적 접근 방식에서 조금도 발전한 게 아닙니다. 행동코칭법이 아니라 감정코칭법을 실시해야 합니다.

감정코칭의 목표 역시 바람직한 행동을 이끌어내는 것입니다. 다만 곧바로 행동 수정에 들어가는 것이 아니라 그 이전에 감정과 관련된 네 가지 단계를 거치는 방법을 사용합니다. 즉 아이의 감정을 포착하고, 좋은 기회로 여기고, 아이의 감정을 들어주고 공감하고, 감정에 이름을 붙여주는 것입니다. 그다음이 바람직한 행동으로 선도하는 것이지요.

어른이 아이한테 하는 가장 큰 실수는 바로 이 감정 단계들을 거치지 않은 채 곧바로 행동 수정에 들어가는 데 있습니다.

행동에 개입하려면 감정을 통해서 들어가는 게 효과적입니다. 우리나라 속담에 '급할수록 돌아가라'는 말이 있듯이 행동을 위해 곧바로 행동을 지시하면 결국 먼 길이 됩니다. 아무리 행동 수정이 급하더라도 감정에 둘러서 가면 결국 더 빨리 행동 수정에 도달할 수 있다는 뜻입니다.

감정코칭이란 행동보다 감정을 먼저 포착하고, 그 감정을 이해하고, 그 감정을 이해하고 있음을 제대로 표현하는 것입니다. 또한 아이가 자신의 감정을 긍정적으로 표출하고, 타인과 감정적으로 공감하고, 그래서 관계를 조율해 나갈 수 있는 기술을 습득하도록 돕는 것입니다. 이는 궁극적으로 아이들을 바람직한 행동으로 인도해 주기 위함인 것입니다. 즉 감정코칭이란 인성교육법입니다.

부정성의 악순환과 긍정성의 선순환

행동주의에 길들여진 우리는 여전히 아이들의 단점을 찾아서 결점과 취약점을 보완해 주고 완성해 주려고 애쓰고 있습니다. 그러나 문제가 있습니다. 부정성에 초점을 맞추면 부정적 감정이 저절로 유발되어 부정적 행동으로 이어진다는 것입니다.

행동을 지도하는 어른들의 표정에는 짜증과 화가 가득합니다. 그들의 목소리 톤이 올라가고 위협적으로 변합니다. 그런 모습에 아이들은 움츠러들거나 그 순간을 피할 궁리를 하거나 심지어 반발심에 대들기도 합니다. 또 아이들의 예의 없는 모습이 어른들의 심기를 건드립니다. 그래서 어른들은 비판의 강도를 한층 높입니다. 결국 부정성의 악순환에 들어섭니다.

다행스럽게도 긍정성의 선순환이 존재합니다. 아이의 잠재성, 가능성, 장점, 강점 등 긍정성에 초점을 맞추면 긍정적 감정을 어른이나 아이 모두가 공유하게 됩니다. 긍정성에서 편안함과 여유를 얻고 생각을 하고 다양한 가능성을 고려하게 됩니다. 단점을 찾고 부족한 부분을 메우는 것은 과거지향적이고 분석적 사고방식이지만 잠재력과 가능성을 고려하는 것은 미래지향적이며 창조적 사고방식입니다.

부정적 감정은 주로 위협을 받는 상황에서 나타납니다. 이런 경우, 사람은 생존을 위해서 싸우거나 도망가거나 본능적(동물적) 행동을 취하게 됩니다. 그래서 부정적 감정이 폭발하면 이성을 잃고 더 이상 다른 생각을 하지 못하고 마치 브레이크 없는 열차같이 한 방향으로 질주합니다. 생각을 하더라도 그 범위가 매우 좁아져버립니다.

반면 긍정적 감정은 일정한 방향의 행동을 유발하지 않습니다. 그래서 취할 수 있는 행동의 폭이 넓어집니다. 즉 선택의 여지가 존재하게 됩니다. 선택을 한다는 것은 생각의 개입을 뜻합니다. 창의적인 발상도 가능해집니다. 그래서 긍정성이 성장과 발전에 더 효과적인 것입니다.

긍정성의 선순환은 이론이 아니라 실제로 효과가 있습니다. 그래서 돈을 벌어야 하는 기업인들이 가장 먼저 긍정심리학을 현장에 도입하기 시작한 사실이 확실한 증거입니다. 냉철하게 따져보고, 효과가 확실히 검증되었기에 가능한 일입니다.

한때 MBA에서 품질경영의 핵심 방법으로 TQM(Total Quality Management, 종합적 품질 경영), CQI(Continuous Quality Improvement, 지속적 품질 개선), 6시그마(품질 혁신 경영) 등을 가르쳤습니다. 다양한 명칭을 사용하지만 결국 제품이나 조직의 결함을 발견하고 분석해서 수정하는 품질 향상 경영기법인 것입니다. 즉 단점을 찾고 보완하려는 노력입니다.

그러나 이 경영방식은 한계에 도달했습니다. 아무리 단점을 완벽하게 보완해도 좀더 소비자가 원하는 혁신적이고 창의적인 제품은 나오지 않는 것입니다.

위기를 느낀 기업은 경영기법을 바꾸기 시작했습니다. SBM(Strength

Based Management, 강점 기반 경영법), AI(Appreciative Inquiry, 긍정변화 기법), Hidden Value(숨겨진 힘 경영법), 친가족 경영법 등을 도입했습니다.

다양한 이름이지만 모두 단점이 아니라 장점, 취약점이 아니라 강점, 기계와 시스템이 아니라 사람과 관계에 초점을 맞추고 있습니다. 조직의 미래는 조직의 자원을 최대로 발견하고 최고로 발휘할 수 있도록 할 때 활짝 열리게 되어 있습니다.

긍정성에 초점을 맞춘 경영법을 실행하는 최고 사례가 구글입니다. '행복한 직원이 더 유연하게(창의적으로) 생각한다'는 경영 철학에서 구글은 직원의 복지와 일터 환경에 엄청나게 투자합니다. 어떻게 하면 직원의 스트레스를 낮출까가 아니라 어떻게 하면 직원을 좀더 행복하게 만들까에 초점을 맞춘 것입니다.

결국 같은 말이 아니냐고 반문할 수 있지만 둘 사이에 큰 차이가 있습니다. 구글 경영진은 단지 스트레스가 낮아졌다고 행복하게 되는 게 아니라는 과학적 연구 결과를 직관으로 알았던 것입니다.

사실, 구글 직원은 상당히 많은 스트레스를 받습니다. 어느 회사의 직원들보다 훨씬 더 강도 높게 일을 합니다. 하지만 스트레스로 인한 부정적 감정을 제거하기보다는 일터에서의 긍정적 감정의 비율을 높여서 건강한 균형을 이루어내고 있기 때문에 번영하는 것입니다.

저는 오래전부터 기업에서 진행하는 특강에서 '직원의 생산력을 높이려면 직원의 생태계를 돌봐야 한다'고 강조해 왔습니다. 직원의 행복을 위해서라면 단지 일터에서 많은 혜택을 누리는 것만이 아니라 가정도 포함시켜야 하기 때문입니다. 점점 많은 기업들이 이 메시지를 받아들이는 것 같습니다. 다행스럽게 학교에서도 행복과 긍정성에 초점을 맞추기 시작하는 것 같습니다.

그러나 조심해야 합니다. 긍정심리학의 행복 이론은 짝퉁 행복과 진정한 행복(authentic happiness)을 구분하는 것에서 시작합니다. 진정한 행복은 그저 기분 좋은 감정을 느끼고 그런 긍정적 감정을 주는 경험을 많이 한다고 해서 얻어지는 게 아닙니다. 자신의 자원(긍정적 특성)을 최대한 발휘하여 의미 있고 기여하는 삶을 추구할 때에 얻어지는 것입니다.

그래서 행복한 학교를 만들기 위해서는 학생들이 다양하고 신나는 경험을 할 수 있도록 많은 프로그램을 무조건 시행하는 것만으로 부족합니다. 학생들이 궁극적으로 공익조율할 수 있는 능력을 부여해야 합니다. 물론 매 프로그램마다 공익조율에 초점을 맞출 수 없겠지요. 공익조율에 필요한 자기조율과 관계조율의 기술을 갖추도록 돕는 프로그램도 나이와 학년에 맞게 시행해야 합니다.

"나는 '로고홀릭'이었다"

행복은 이성이 감성을 이기는 데서 나오는 게 아니라 이성과 감정이 서로 소통하고 연결되어 조화를 이루는 결과라고 합니다. 이 결과는 모든 종교와 할머니의 지혜에도 담겨 있습니다.

하지만 저는 일과 가정에 구분 없이, 동료와 가족과의 대화에 구분 없이, 밥 먹을 때나 산책할 때나 구분 없이 매 순간 논리적 분석과 사고와 결론에 머물고 있었습니다. 아내와 집안일을 논할 때도 보편성과 이성적 판단을 앞세웁니다. 심지어 개를 데리고 산책할 때도 개가 오랜만에 자유를 만끽하게 해주지 못하고 훈련을 시킵니다.

이제 저는 행복이 어디에서 오는지 시행착오를 겪으며 제 스스로 터득하게 되었습니다. 감정을 누르고, 심장이 뛰는 소리를 듣지 못하고, 가슴의 세계를 만나지 못하고는 사랑도 없고, 사람도 없고, 삶도 없다는 것을요. 그런 인생은 결국 실패이며 불행하다는 것을요.

이제 저는 제대로 살고자 합니다. 남의 눈에 성공한 사람이 아니라 진정하게 행복을 맛보며 살고자 합니다. 가장 첫 단계가 자신의 잘못된 모습을 공개적으로 인정하는 거라고 합니다. 그래서 오늘 저는 선언합니다. "저는 로고홀릭입니다."

저는 논리의 덫에 빠진 이성중독자입니다. 술에 중독된 사람을 알코올홀릭이라 하듯이 논리와 이성에 중독되어 감정을 만나지 못하고 살아가는 사람을 저는 '로고홀릭'이라고 부릅니다. 저는 저도 모르는 사이에 불쌍한 로고홀릭이 되었습니다. 그 과정을 설명하겠습니다.

저는 평생 문제를 해결하면서 살아왔습니다. 어릴 적에는 학습지와 시험지에 실린 문제를 읽고 해독하고, 그간 쌓아온 온갖 지식을 동원하여 분석하고 논리적으로 해결했습니다. 놀고 싶은 마음을 억누르고 지겨움과 따분함을 뿌리치며 공부에 최선을 다했습니다. 절망과 좌절감도 이겨냈습니다. 투정 한번 못 부리면서 감정을 억누른 채 12년을 보냈습니다. 그래서인지 착한 어린이라는 말을 많이 들었습니다.

그다음 12년간 공학도로 살면서 세상 모든 사물을 객관적으로 관찰하고, 과학적 법칙에 의해서 평가하고, 논리적 사고력으로 판단하여 결론에 도달하는 훈련을 받았습니다. 특히 저는 대학원생 시절 수소와 일산화탄소를 고압에서 연소하는 매우 위험한 실험을 했습니다. 그러기 때문에 한 치의 실수도 용납되지 않았으며 두려움과 초조함에 흔들릴 수 없었습니다. 감정이 비집고 들어올 틈을 내주지 않았습니다. 그 결과, 지도교수님의 신뢰를 듬뿍 얻었습니다.

그 다음 24년간 교육자로 살면서 학생들을 가르쳤습니다. 문제를 깔끔하게 정리하고 불변의 법칙과 질서정연한 논리에 의거해 명료한 결론에 도달하는 공학적 사고방식을 가르쳤습니다. 가르치는 일은 즐거웠지만 학기 말에 학생을 평가하는 게 힘들었습니다. 때로는 학생이 점수를 조금 올려달라고 애걸복걸하고 어려운 처지를 열거하면서 감정에 호소했습니다. 하지만 저는 마음을 굳게 닫았습니다. 그래서 모든 학생에게 공평하고 공정하다는 평판을 얻었습니다.

이렇게 수십 년을 살다 보니 저는 어느새 심각한 로고홀릭이 되어버렸습니다. 이성중독자는 태어나는 게 아니라 오랜 세월에 걸쳐 이루어진 혹독한 학습의 결과였던 것입니다. 그러나 논리는 비논리 앞에서 맥을 못 추었고, 이성은 믿음 앞에서 여지없이 허물어졌습니다. 과학적 사고력과 암기된 지혜로는 인생의 굴곡에 맞추어나갈 수 없었습니다. 넘어지고 무너지고 짓눌렸습니다. 스스로 행복하지 못했고 어느 누구에게도 행복을 베풀지 못했습니다. 슬프고 외롭고 절망스러웠습니다.

그러다 어느 날 터득하게 되었습니다. 마음 쓰는 법을 배워야 로고홀릭에서 벗어날 수 있다는 것. 이성적인 당위적 삶에서 벗어나고 논리적 추론과 예측을 내려놓고 지금 이 순간에 충실하고 감사할 때 평화가 찾아온다는 것. 머리와 가슴이 소통하고 일치해서 이성과 감성이 조화를 이루어 융합의 시너지 효과를 내야 한다는 것. 그래야 희망찬 새로운 내일을 창조하면서 행복할 수 있다는 것을요.

우리가 학생들에게 머리 쓰는 법을 가르쳐왔듯이 이제는 마음 쓰는 법도 가르치면 좋겠습니다. 로고홀릭이 학습의 결과라면 반대도 학습으로 가능하겠지요. 학생들에게 오늘 처음 만났고 앞으로 두 번 다시 안 볼 사람에게도 호감, 존중, 감사, 배려를 베풀 수 있는 마음의 능력을 갖추어주면 좋겠습니다. 우리 모두 행복한 사람이 되어 행복한 사회를 창조하고 행복한 삶을 사는 진정한 인재가 되었으면 합니다.

'인성의 육행(六行)'이라고 할 수 있는 '육계명'을 제시하고자 합니다. 이 육행은 방대한 종단 연구들을 취합하고 수정해 만들어본 것입니다.

1. 스스로 반응을 선택하는 자율인으로 살아라.
2. 이성과 감성의 조화를 이루어 합리적으로 행동하라.
3. 긍정심을 지니고 남에게 전하라.
4. 행동이 아니라 감정을 코칭하라.
5. 입지를 세우고 혁신(革身)하라.
6. 나눔과 베풂의 리더십인 어른십을 발휘하라.

3부

무엇이
바람직한 행동인가

16장

'육행',
인성의 구체적인
실천 기준

    드디어 바람직한 행동에 대한 구체적인 모습을 논할 시점에 도달했습니다. 사람이 어떤 행동을 할 수 있어야 인성교육이 제대로 시행되었는지를 판단할 수 있을까요?

    앞서 9장에서 시도했습니다만 인성교육에 대한 정의가 간결하게 압축되면 추상적일 수 있습니다. 그래서 먼저 무엇이 바람직하지 않은 행동인지부터 논했고, 왜 그런 행동이 나오는지를 이해하기 위해서 자극과 반응을 다차원적으로 설명했습니다. 인간적 행동과 동물적 행동을 구별하기 위해서 뇌 구조에 대해 알아보았고, 생각과 감정이 행동으로 이어지는 일련의 과정도 살펴보았습니다. 이제 인성이 갖추어진 사람이란 어떤 사람인지에 대해 이야기할 준비가 되었습니다.

나와 타인에게 해로운 행동을 하지 않는다

자, 그렇다면 바람직한 행동이란 무엇일까요?

"다른 사람들이 너에게 해주었으면 하고 바라는 대로 너도 그들에게 하라(Do unto others as you would have them do to you.)."

『마태복음』 7장 13절에 나오는 이야기입니다. 황금률(golden rule)을 이야기하고 있는 것인데요. 황금률이란 호혜성(reciprocity)으로 『성경』에도 나오지만 그 이전부터 오랜 역사를 가지고 있는 개념입니다. 유대교는 물론 동양의 유교에서도 찾아볼 수 있습니다. 이를테면 『논어』에는 다음과 같은 공자의 말씀이 있습니다.

"내가 원하지 않는 것은 남에게도 시키지 마라(己所不欲 勿施於人)."

전자는 무엇을 하라는 말이고 후자는 하지 말라는 말이지만 결국 같은 뜻입니다. 나 자신에게나 상대방에게나 똑같이 하라는 말이지요. 여기서 중요한 점은 '바라는 것'과 '원하지 않는 것' 두 가지 모두 감정이라는 사실입니다.

'원하다'(欲)는 어떤 필요성 또는 바람에 대한 말입니다. '바라다(願)'도 바람, 욕구를 표현하는 데 사용되는 말입니다. 이성적·논리적으로 생각을 해서 하거나 하지 말라는 것에 앞서 감정으로 느껴지는 것을 하거나 하지 말라는 것입니다.

다시 한 번 강조하면, 자극과 반응 사이에는 감정이 강력하게 개입되어 있습니다. 바람직한 행동에 감정 이동이 필수입니다. 감정을 빼고 인성교육을 이야기할 수는 없습니다.

이 『성경』 말씀과 공자의 말씀을 저는 '남한테 해로운 행동을 하지 않는다' '자신에게 해로운 행동을 하지 않는다'라고 풀이합니다.

아이들에게 한계선을 그어주는 지침을, 쉽게 이해할 수 있는 행동에 대한 문장으로 만들어본 것입니다. 이 말은 결국 스트레스를 받더라도 남을 공격하지 말고 자해하지도 말라는 뜻입니다. 스트레스를 받으면 공격적 행위 또는 도피적 행위가 나오기 쉬우니까 미리 경계해서 예방하자는 취지입니다.

물론 이것만으로는 부족합니다. 그래서 오래전부터 세부적인 규범이 많았습니다. 동양에서는 예를 중시하여 구체적인 상황과 그에 맞는 행동을 세분화해 가르쳐왔습니다. 가장 대표적인 법이 『삼강행실도』와 『오륜행실도』입니다. 마찬가지로 서양에는 십계명이 있습니다. 황금률 하나만으로는 부족하기 때문에 10가지 구체적 이행 사항들을 나열한 것이지요.

여기에 재미있는 패턴이 있습니다. 서양의 황금률은 무엇을 '하라'고 하고선 십계명에는 '하지 마라'는 구체적인 지시를 추가했습니다. 반대로 동양의 황금률은 무엇을 '하지 마라'고 하고선 삼강오륜에는 해야 하는 도리를 나열하였습니다. 결국, '하라'와 '하지 마라'는 하나의 세트로 제시되어야 온전해지는 것입니다.

인간이 이런 최고의 몇 가지 '인실법(인간이 실천해야 하는 도리)'만 충실히 실천해 왔더라도 좋으련만, 잘 안 되고 있지요. 아마 너무도 많은 세속적인 조언들이 추가되고 난무하면서 인간을 현혹시켰던 모양입니다.

최근에 '십계명'이라는 검색어로 인터넷을 찾아보니 온갖 종류의 십계명이 난무하더군요. '돈을 벌기 위한 십계명' '리더십에 대한 십계명' '비만을 다스리기 위한 십계명' 심지어 '스시 먹는 방법의 십계명' '강아지와 잘 지낼 수 있는 십계명'까지 있었습니다.

이 정도 되면 본래 십계명이라는 단어의 엄숙한 의미는 퇴색하고 우습고 하찮은 개념으로 축소되어, 특히 청소년들에게 실로 무엇이 정말로 중요하고 소중한지 혼란스러울 수 있습니다.

인간의 행복에 '유일하게' 중요한 것, 관계

이 정신 없는 와중에 저까지 한몫 거드는 게 아닌가 싶은 우려가 있지만, '인성의 육행(六行)'이라고 할 수 있는 '육계명'을 제시하고자 합니다.

1. 스스로 반응을 선택하는 **자율인**으로 살아라.
2. 이성과 감성의 조화를 이루어 **합리적**으로 행동하라.
3. **긍정심**을 지니고 남에게 전하라.
4. 행동이 아니라 **감정을 코칭**하라.
5. **입지**를 세우고 혁신(革身)하라.
6. 나눔과 베풂의 리더십인 **어른십**을 발휘하라.

이 육행은 방대한 종단 연구들을 취합하고 수정해 만들어본 것입니다. 그 가운데 가장 먼저 '그랜트 연구'를 언급하고 싶습니다. 그랜트 연구는 1940년대에 하버드 대학교를 다녔던 학생들을 75년 동안 추적한 연구입니다. 이는 하버드 대학교가 위치한 보스턴 지역의 빈민 청년들을 상대 비교한 글루엑(Glueck) 연구와 세트를 이룬 대단한 종단 연구입니다.

워낙 장기적인 연구라 현재 네 번째 책임연구자가 이를 맡고 있습니다.

1940년대에 하버드 대학생이었던 이들이 모두 사망할 때까지 연구가 지속될 예정이라고 합니다.

그랜트 연구의 세 번째 책임연구자는 조지 베일런트 박사였는데 얼마 전 그는 이 방대한 연구의 결과를 다음과 같이 요약했습니다.

"장기 성공(행복)에 유일하게 중요한 것은 관계조율 능력이다."

저는 베일런트 박사의 결론에 세 번 놀랐습니다. 첫째, 결론이 장황하지 않고 간결해서 놀랐습니다. 훌륭한 연구일수록 결론은 간단명료하지요. 모든 진리는 간단합니다. 어린아이가 봐도 쉽게 이해되고 수긍할 수 있습니다.

둘째, 저는 베일런트 박사가 성공의 요인을 최소한 서너 가지는 나열하리라고 생각했습니다. 그러나 그는 한 가지만 언급했고, 저는 순간적으로 '가장' 중요한 요인을 언급한 것으로 받아들였습니다. 하지만 놀랍게도 '유일하게' 중요한 것이었습니다. 나머지 요인들은 덜 중요한 게 아니라 아예 성공과 상관관계가 없다는 뜻입니다.

셋째, '관계조율'이라는 말에 놀랐습니다. IQ도 아니고, 학업성취도도 아니고, 창의력도 아니고, 리더십도 아닙니다. 우리를 행복한 삶으로 이끄는 것은 단 한 가지, 관계조율 능력입니다.

물론 관계조율을 위해서는 자기조율이 선행되어야 합니다. 자기조율은 매우 어려운 과제입니다. 자기 자신만을 위할 때 자기조율은 불가능해집니다. 나 자신만을 위할 때는 내가 하고 싶은 대로 하면 그만일 뿐 굳이 자기조율을 할 필요가 없기 때문입니다. 자기보다 큰 것을 염두에 둘 때만 자기조율을 할 수 있습니다. 따라서 자기조율과 관계조율, 공익조율은 따로 분리된 것이 아니라 서로 연결되어 있습니다.

앞서 설명한 대로 삼율은 결국 리더십, 창의력, 회복탄력성, 인내심, 판단력, 직감, 배려심, 이타심, 협동심 등 수많은 덕목과 역량으로 연결됩니다. 그러니 관계조율이라는 단어 하나에 이 모든 인성 요인들이 집약된 것입니다.

베일런트 박사는 72년간의 연구 결과를 단 한 문장으로 명료하게 요약한 뒤 관계조율을 위해 필요한 구체적인 행동도 다섯 가지로 요약했습니다.

1. 자신을 알고 한 발 물러설 수 있다. 그러고는 어떻게 반응할지 선택한다.
2. 6초의 여유로 감정과 이성을 연결시킨다.
3. 성장과 좋은 판단을 위해 감정을 적절하게 분출하고 표현한다.
4. 이어질 결과를 예측하고 긍정적 결과를 창조한다.
5. 타인과 공감하고 행복에 기여하며 타인을 위해 희생한다.

삶에서 장기적인 성공을 이룬 사람들은 이와 같은 다섯 가지 행동을 하고 있다는 뜻입니다. 먼저 자신에 대해 잘 알고 있으며, 어떤 상황에 휩쓸리지 않고 한 발 뒤로 물러서서 어떻게 반응할지를 선택합니다.

두 번째, 감성과 이성을 연결시키기 위해서 6초의 여유를 부릴 줄 압니다. 이는 판단과 행동을 약간(6초간) 뒤로 미룰 수 있는 자제력을 뜻합니다. 단지 꾹 참는 소극적인 행동이 아닙니다. 잠시 머물면서 생각과 마음을 일치시켜 갈등을 없애는 작업을 하는 적극적인 행동입니다.

세 번째, 성장하기 위해서 또 지혜로운 판단을 내리기 위해서 자신의 감정을 적절하게 분출하고 표현합니다. 제멋대로가 아니라 적절하게 분출(행동)하고 바람직하게 표현(행동)한다는 것이 중요합니다.

네 번째, 이어질 결과를 미리 내다볼 수 있는 눈(비전, 시각)이 있습니다. 어떤 일을 하고는 "그럴 줄 몰랐다"고 하는 것이 아니라, 자신의 행동이 어떤 결과를 초래할지 예측할 수 있을 뿐만 아니라 어떻게 해야 좋은 결과를 이끌어낼 수 있는지도 압니다. 달리 말하면 책임을 지는 행동을 한다는 뜻도 됩니다.

마지막으로, 장기 성공을 하는 사람들은 타인과 공감하고 타인의 행복을 위해 애쓰며 타인을 위해서 자신을 희생할 수 있는 능력을 가지고 있습니다.

이 다섯 가지는 매우 방대한 연구의 명확한 결과입니다. 어느 현자의 경험이나 직관에서 나온 말이 아닙니다. 결코 한 귀로 듣고 흘려버릴 이야기가 아닙니다.

인성의 육행과 삼율

그랜트 연구 외에도 대규모의 과학적 연구들이 많습니다. 이들 연구 결과를 모두 참고해 수정을 거쳐 여섯 가지로 요약한 것이 앞에서 언급한 인성의 육행입니다.

첫 번째는 자기 자신을 알고, 객관적인 시각으로 상황을 보며, 외부 자극에 대한 자신의 반응을 선택하는 것입니다. 앞서 설명한 바와 같이 자극에는 반응이 따르게 마련이고, 인간이 어떠한 상태에 놓여 있는가에 따라 그 반응의 질은 매우 다릅니다.

반응의 질이 바로 인성의 정도와 직결되어 있지요. 동물 상태의 경우,

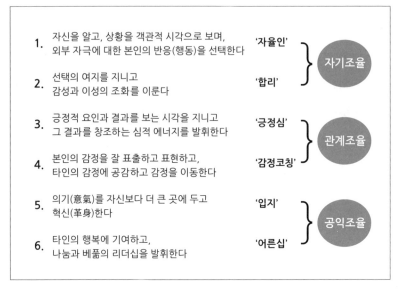

인성의 육행과 삼율

자동적이고 본능적인 반응만 합니다. 그러나 인간은 자극에 정서, 감정, 욕구의 단계를 거쳐 반응을 하고, 매 단계에 선택의 여지가 존재합니다.

저는 이처럼 인간에게 주어진 선택권을 누릴 수 있는 사람을 '자율인'이라고 이름 붙였습니다. 자유가 억압된 노예 같은 삶에서는 선택의 폭이 좁거나 아예 없기 때문입니다.

'자유인'이 아니라 '자율인'이라 한 이유는 선택의 여지가 무한한 게 아니라 관계와 공익을 고려해 바람직한 행동(인성)의 테두리 내로 스스로 국한시켜야 하기 때문입니다.

두 번째, 선택의 여지를 지니고 감성과 이성의 조화를 이루는 것에는 '합리'라는 이름을 붙였습니다. 머리의 이치와 가슴의 이치가 합쳐진 것이 합리이기 때문입니다.

아무리 삼강오륜을 알고 십계명을 안들 마음이 내키지 않거나 상반된 욕구를 다스리지 못하면 실천하기 어렵습니다. 반면, 무엇이 바람직한 행동인 줄 아예 모르면 엉뚱한 행동을 하고도 잘못된 줄 모릅니다. 모름지기 자신의 원하는 바(감정)와 바람직함(생각)을 일치시켜 나가야 올바르고 적절한 행동을 하게 됩니다.

세 번째, 긍정적인 요인과 결과를 내다보는 시각을 지니고 그 결과를 창조할 수 있는 마음의 에너지를 발휘하는 것에는 '긍정심'이라는 이름을 붙였습니다.

긍정심이란 그저 좋은 일만 벌어지기를 기대하는 낙천성도 아니고, 단지 모든 것을 좋게만 생각하는 낙관적 사고도 아닙니다. 긍정심은 성질이 아니라 내 안에 내재된 요소로 외부 상황과 조건이 부정적이어도 '그럼에도 불구하고' 긍정성을 잃지 않을 수 있는 능력이고 실력입니다.

긍정심은 실패에 다시 도전할 수 있는 회복탄력성이고, 호기심과 모험심이 필수인 창조 활동의 핵심 요소이며, 타인에게 호감, 존중, 감사, 배려를 나눌 수 있는 원천입니다. 긍정심은 주변 사람을 끌어들이는 매력과 리더십의 근본이 됩니다.

네 번째, 본인의 감정을 잘 표출하고 표현하며, 타인의 감정에 공감하고, 그 감정을 이동시킬 수 있는 것입니다. 즉 본인의 긍정심을 타인에게 잘 전달해서 그들의 감정을 긍정적으로 이동시키는 능력입니다. 이것이 감정코칭입니다.

바람직한 행동의 전제 조건은 긍정적인 감정이라고 했습니다. 그러니 타인의 감정을 긍정적으로 코칭할 수 있는 사람은 주변에 좋은 영향력을 발휘하는 사람입니다. 이러한 사람에게서 높은 인품과 인격이 느껴지는 것입니다.

다섯 번째, 매력과 품격을 갖추어 영향력을 발휘하는 이유를 자신보다 더 큰 곳에 두고 혁신하는 것에는 '입지(立志)'라고 이름 붙였습니다.

우리는 예전부터 자기만 생각하고 행동하는 사람을 '소인배'라 했고, 주변 사람들까지 고려하고 배려하고 위할 수 있는 사람을 '군자'라고 했습니다.

저는 성인군자의 최고의 모델이 세종대왕이라고 생각합니다. 세종은 '말하고 싶어도 그 뜻을 펴지 못하는 백성을 딱하게 여겨' 훈민정음을 창제하고 널리 보급했습니다. 기득권을 유지하기 위해서가 아니라 모두를 위함이었고, 사회를 혁신시키고자 했던 것입니다.

이러한 입지는 성인군자의 특성이지만 성공하고 행복한 사람들의 공통점이기도 합니다. 굿 워크 프로젝트의 방대한 연구 결과로 밝혀졌듯이 장기적으로 성공하는 행복한 사람들은 자신보다 자신이 추구하는 일에 더 큰 의미를 부여합니다.

또한 이들은 자신이 겪은 시련에 의미를 부여하고 그 경험으로 얻은 지혜를 많은 사람들과 나눕니다. 스트레스를 받고 무너지는 PTSD가 있는 반면 스트레스로 인해 더 강하고 큰 사람으로 발전하는 PTSG가 있습니다. 후자는 가히 최고의 인성을 발휘한 모범이라고 할 수 있습니다.

여섯 번째, 타인의 행복에 기여하고 나눔과 베풂의 리더십을 발휘하는 것에는 '어른십'이라고 이름 붙였습니다. 자신을 희생하며 타인을 위해 사는 것은 이상적인 성인군자의 모습이지만 보통 사람들에게는 무척 어려운 일입니다. 스스로에게 테레사 수녀나 이순신 장군의 삶을 기대하면 실망만 남을 수 있습니다.

따라서 자신의 이익을 추구하는 동시에 모두의 이익을 추구하는 것, 사익과 공익 사이에서 갈등하지 않고 조율해 나가는 능력이 필요합니다. 이것이 공익조율이고, 공익조율이 가능해질 때 비로소 어른이 되는 것입니다.

결국 이 여섯 가지 가운데 첫 번째와 두 번째가 자기조율, 세 번째와 네 번째가 관계조율, 다섯 번째와 여섯 번째가 공익조율입니다. 인성교육의 삼조율이 여섯 가지의 구체적인 행동으로 이어지는 것이지요. 이를 저는 '인성교육의 삼율과 육행'이라고 합니다.

17장

자율인

'스스로
선택한다'

이제 인성교육의 여섯 가지 행동에 대해 하나씩 상세하게 설명
하고자 합니다. 그 첫 번째는 자신을 아는 것입니다. 서양에서는 이를 오
랫동안 중요시해 왔습니다. "자신을 아는 것이 지혜의 시작(Knowing
yourself is the beginning of wisdom.)"이라고 했던 아리스토텔레스처럼
서양에서는 이를 지적 전통의 핵심으로 여겼습니다.

그렇다면 자신에 대해 무엇을 알아야 할까요? 나의 장점과 단점, 나의
생각, 나의 감정, 나의 초감정을 알아야 합니다. 또한 내가 어떤 행동을
하고 있는지 알아야 하고 지금 내가 처해 있는 상황을 제대로 알아야 합
니다.

객관적 시각으로 자신을 보라

그런데 우리는 대부분 나 자신에 대해 잘 모릅니다. 이것저것 많이 알고 있더라도 엉뚱하게 알고 있거나 착각 속에 사는 경우도 흔합니다. 그래서 객관적 시각으로 자신을 보는 것이 중요합니다.

힌두교에는 '제3의 눈(third eye)'이라는 개념이 있습니다. 내 눈도 아니고, 상대방의 눈이 나를 보는 것도 아니고, 마치 세 번째 눈이 있어 내가 나를 보는 것 같은 시각을 말합니다.

힌두교에서는 이 제3의 눈을 자각(perception)의 세상이라고 합니다. 우리의 두 눈은 모두 바깥으로 향하고 있는 데 반해 제3의 눈은 외부에서 자신을 바라볼 수 있는 깨달음을 뜻합니다. 불교에서도 자기 내면의 세계를 볼 수 있는 능력을 두 눈 사이 이마에 찍는 점으로 표현했습니다.

매 순간 외부에서 나를 보듯이 자신의 행실을 스스로 보고 성찰하는 것이 제3의 눈일진대 이는 3인칭 관점과는 다른 개념입니다. 3인칭 관점에서의 '남'이란 특정한 사람, 즉 부모나 친구, 이웃 등을 말합니다.

이웃이 날 깔보지는 않을까, 면접관이 내 스펙이 충분하다고 인정해줄까, 영희가 내 옷 스타일을 촌스럽다고 여기지 않을까, 과장님이 내가 너무 뚱뚱하다고 생각하지는 않을까……. 이웃이, 동창생이 또는 엄마, 아빠가 '나를 어떻게 여길까?'라고 생각할 때 나는 그들의 주관적 평가에 연연하는 것입니다. 남의 주관적 기준에 장단을 맞추고 그들의 평가에 춤을 추려니 피곤합니다. 게다가 이 과정에는 끝이 없습니다.

이는 바로 아들러가 말했던, 열등 콤플렉스를 가져다주는 남과의 비교와 같으며, 따라서 불안감(스트레스)으로 인해 문제 행동을 하게 됩니다.

또한 상식에 비추어 나의 행동을 관찰하고 나의 생각과 마음을 성찰하는 능력을 지니는 것이 중요합니다. 일반적·평균적·객관적으로 볼 수 있는 것, 그것이 바로 상식(common sense)입니다. 예를 들어 비만은 통계학적(평균) 기준이 존재하고, 건강을 위한 의학적(절대적) 기준도 존재합니다. 과장님이 말해 주지 않아도 스스로 자신이 비만인지 아닌지 평가할 수 있습니다.

복장에 대한 사회 규범(기준)이 존재합니다. 상갓집에 울긋불긋한 드레스를 입고 조문 가지 않고 아무리 자신의 마음에 들어도 유행이 지난 스타일의 옷차림은 경우에 따라 삼가지요. 그래서 친구가 평가해 주지 않아도 스스로 70년대에 유행했던 나팔 바지를 입고 면접 가는 것은 바람직하지 않은 행위라는 점을 압니다.

나의 어떤 행동을 이웃이 싫어한다고 해서 나의 인성에 문제가 있다고 판단할 필요는 없습니다. 하지만 다수가 그리 판단한다면 진지하게 고민하고 수정해야 할 부분이 있으면 해야 합니다.

그런데 상식을 지닌 사람이 그리 흔하지 않습니다. 많은 노력과 훈련이 있어야 객관적으로 볼 수 있는 눈을 얻을 수 있기 때문입니다. 내 관점에서 보면 내가 옳습니다. 내가 하는 일은 모두 정당합니다. 그래서 우리는 자기중심적으로 생각하고 이기적으로 행동하기 쉽습니다.

그러나 상식의 시각, 객관적인 눈을 가지고 있을 때에야 인성의 황금률인 호혜성이 가능해집니다. 그 눈이 있어야 남이 나에게 해주었으면 하고 바라는 대로 남한테 할 수 있고, 또 남에게도 내가 바라는 것을 적절하게 요구할 수 있습니다. 그 시각이 없다면 부당하거나 부적절한 요구를 하게 됩니다. 그래서 매 순간 남이 나를 평가하듯이 나를 보면서 산다는 것은 피곤한 인생입니다. 특정한 남이든 불특정 다수의 남이든 피곤하기는 매한가지입니다. 자유로울 수 없기 때문입니다. 의식하고 살아야 하는 그 자체가 힘들기 때문입니다.

'깨어 있음', 알아차림이 중요하다

그런데 피곤하게 살지 않을 수 있는, 의식에서 자유로울 수 있는 방법이 하나 있습니다. 남이 있으나 없으나 똑같이 행동하면 됩니다. 남이 보거나 보지 않거나 있을 때나 없을 때나 남에게 해를 끼치지 않고 나도 해를 입지 않는다는 것은 얼마나 편안한 일인지요. 한결같이 행동하는 경지가 되면 애써 의식할 필요가 없습니다.

의식할 필요가 없다는 것과 의식하지 않는다는 것은 다른 말입니다. 남의 눈을 의식하지 말라는 뜻이 아닙니다. 옆집 사람 수준의 시각이 아니라 인류 보편적인 시각을 의식하라는 뜻입니다. 즉 깨어 있으라는 뜻입니다. 이것이 바로 자신을 알아차리고, 자기 주변에 대해 알아차리고, 상황을 객관적으로 아는 것, 바로 깨어 있음입니다.

눈을 떴다고 깨어 있는 것은 아닙니다. 눈은 뜨고 있되 자고 있는 사람이 많습니다. 전혀 의식하지 못하고, 인지하지 못하는 것이지요. 자신은 잘하고 있다고 믿지만 실은 남한테 해를 끼치고 있는 경우도 많습니다. 알아차림이 전혀 없습니다.

주제 파악하지 못하는 사람은 나서야 할 때와 말아야 할 때를 구분하지 못하는 주책바가지입니다. 설치고 다니는 사람, 나대는 사람, 거드름 피우는 사람, 목에 힘이 잔뜩 들어간 사람……. 모두 자아도취형 꼴불견들이며 자기 알아차림이 부족한 사람들입니다.

주변머리 없는 사람과 소갈머리 없는 사람은 남에 대한 알아차림이 부족합니다. 그래서 무엇이 염치인지, 누구를 어떻게 배려해야 하는지에 대한 유연한 선택을 할 줄 모릅니다.

자극에 어떻게 반응하고 어떤 선택을 하는지를 보면 그 사람이 깨어 있는지 아닌지 알 수 있습니다.

빅터 프랭클이야말로 깨어 있는 사람이었습니다. 그는 나치의 포로수용소에서 매 순간 부정적인 자극을 받으면서도 스트레스에 무너지지 않았습니다. 자신은 무수한 선택을 할 수 있는 자유로운 영혼이라는 사실을 깨닫고 어찌할 수 없는 절망적인 상황 속에서도 선택의 여지를 발견했습니다. 이것이 그 유명한 선택의 여지 개념입니다.

빅터 프랭클은 그의 책『죽음의 수용소에서』에서 이렇게 말했습니다.

"자극과 반응 사이에 여지가 있다. 반응을 선택할 수 있는 우리의 능력이 존재하는 곳이다. 그 능력에 우리의 성장과 자유가 있다."

참으로 엄청난 통찰을 담은 문구입니다.

너무나 많은 사람들이 이런저런 이유를 들며 그렇게밖에는 할 수 없었다고 자신을 합리화합니다. 흉측한 일을 저지르고도 어쩔 수 없었다며 스스로를 용서합니다.

그러나 아무리 최악의 상황에서도 우리는 선택을 할 수 있습니다. 인간의 마지막 자유는 어떤 마음가짐을 선택하느냐의 자유입니다.

다시 뇌과학으로 돌아가면, 자극을 받으면 정서가 생기고 감정이 생기며 욕구가 생기고 이 과정을 거쳐 행동이 나옵니다. 이 정서와 감정 사이에, 또 감정과 욕구 사이에, 마지막으로 욕구와 행동 사이에 선택의 여지가 있습니다. 이처럼 자극과 반응 사이에는 세 번이나 되는 선택의 여지가 있고, 인간은 이를 스스로 선택할 수 있는 존재입니다.

무의식에 산다는 것은, 깨어 있지 않고 산다는 것은 선택의 여지가 있는지도 모른 채 자극을 받으면 즉시 정해진 반응이 나오는 것을 의미합니다. 기계 같은 삶이고 동물 같은 삶입니다. 자유로운 인간의 삶은 아닙니다. 인성의 여섯 가지 행동 가운데 첫 번째에 자율인이라는 이름을 붙인 이유입니다.

자율인, 주인의식을 발휘하는 사람

외부 상황(자극)에 대해 마치 선택의 여지가 없는 듯 버럭 화를 내거나 불쾌해하거나 힘들어하거나 슬퍼하는 사람들이 있습니다. 욱하고서는 나중에 후회하는 사람도 있습니다. 공부를 많이 한 사람도 순간적으로 화를 조율하지 못해서 인생이 망가지는 사례가 많습니다.

즉각 반응을 보이는 사람은 그냥 동물 같은 사람입니다. 또 시키는 대로만 하는 사람은 노예 같은 사람입니다. 자신을 알고, 자신의 행동을 선택하는 사람이 자기 자신의 주인입니다. 자기 몸의 주인이고, 자기 생각의 주인이고, 자기 감정의 주인이고, 자기 행동의 주인입니다.

자율인이란 주인의식을 발휘하며 사는 사람입니다. 내가 내 인생의 주인이라면 매 순간 나에게는 자유가 있어야 합니다. 내가 나의 행동을 의식적으로 선택할 수 있는 자유를 누리는 것이 주인입니다. 다른 존재가 나를 좌우하는 것이 아니라 내가 나를 좌우하는 것입니다.

　대신 그 선택에는 책임을 져야 합니다. 이것이 자율입니다. 책임을 지는 자유가 자율입니다. 그리고 이는 자기조율을 할 수 있어야만 가능해집니다.

　'율'에는 크게 황금률과 십계명이 있고, 법도와 예가 있고, 사회적 통념과 의전이 있고, 상식이 있습니다. 자유롭되 자기 자신과 율에 대해 알아차리는 것을 깨어 있음이라고 할 수 있습니다.

　자율인으로 산다는 것은 나는 어쩔 수 없다고 절망하거나 낙담하는 피해자 사고방식(victim mentality)에서 벗어나는 것입니다. 다 너 때문이라는 피해의식을 갖고 사는 것이 아니라 비록 힘든 상황에 놓여 있지만 그럼에도 불구하고 나는 선택할 수 있으며 그 선택에 책임을 지는 삶을 산다는 의미입니다.

　자율인으로 사는 사람에게서는 크게 세 가지 모습이 나타납니다. 첫째, 극단적 감정으로 치우치지 않고 감정적 중립에 머물 수 있습니다. 아무리 어렵고 힘들고 불리한 상황에서도 절망, 분노, 짜증, 증오 등 부정적인 감정에 휘말리거나 휩싸이지 않습니다. 또한 아무리 식욕, 성욕, 물욕 등 인간본능을 유혹하는 쾌락의 기회가 펼쳐지더라도 중심을 잃지 않습니다.

　감정이 없거나 감정을 느끼지 않는 게 아닙니다. 감정을 폭넓고 풍요롭게 느끼되, 어느 한쪽으로 치우치지 않으며 언제든지 감정적 중립 상태로 갈 수 있는 능력을 발휘한다는 뜻입니다. 감정에 휘말리거나 얽매이는 것은 자율인의 모습과 거리가 멉니다.

　둘째, 매 순간 깨어 있어서 자신과 주변에 대해 알아차리고 생각을 개입시켜 자극에 대한 반응을 선택합니다. 예를 들어, 화가 난다고 해서 욱하고 화를 내지 않습니다. 화를 내야 할 때 화를 내더라도 화를 내는 방법을 고려하고 선택합니다.

이는 생각이 감정을 억누르며 이기는 것을 의미하지 않습니다. 감정은 자극에 대한 신체적 반응에서 비롯되니 꾸밈이 없습니다. 그런 감정을 알아차리고 감정에 충실해야 합니다. 생각이 감정과 동떨어진 사람에게서는 신뢰가 느껴지지 않습니다. 거짓이나 위선이나 가짜이기 때문에 뭔가 불편합니다.

물론 아부와 허언같이 마음에 없는 말이나 거짓 감정을 즐겁게 주고받는 사람들도 있습니다. 그런 사람들을 소인배라고 하지요. 자율인은 감정과 생각이 서로 조화를 이룹니다. 조율되어 있습니다.

셋째, 자신의 미래를 스스로 창조합니다. 자율인의 자유로움이란 바로 매일 새로운 사람으로 태어날 수 있음입니다. 꿈이란 머릿속에서 상상하는 자신의 미래 모습입니다. 리더로서 지니는 비전 역시 미래에 대한 상상입니다.

지나간 과거 또는 어제와 같은 내일을 그려보는 재생적 상상이 아니라 새로운 모습을 그려내는 창조적 상상입니다. 창의력이 발휘되어야 계속 성장하고 발전할 수 있고, 그렇게 하는 사람이 성숙하게 살아가는 사람이며 진정 살아 있는 사람입니다.

18장

합리
'감성과 이성의
조화를 이룬다'

그렇다면 어떻게 해야 우리는 자기조율을 하는 자율인으로 살아 갈 수 있을까요? 여기에 대한 답을 논하기에 앞서 먼저 이와 관련된 중요한 개념들을 고려해야 합니다.

감정적 중립, 선택의 여지, 생각과 감정의 조화, 창의성에 대해서 생각해 보아야 합니다. 상당히 동떨어져 보이는 이 세 개념들이 놀랍게도 서로 깊숙이 연관되어 있습니다.

먼저 창의성과 관련된 개념을 살펴보겠습니다. 그 개념은 많지만 크게 기초 지식, 퍼지 사고력, 모험심, 호기심, 긍정심, 허심, 이렇게 여섯 가지로 나눌 수 있습니다. 허심이란 다른 말로 여유라고 할 수 있는데, 여유란 그저 빈둥거리는 것도 아니고 자투리 시간을 두는 것도 아닙니다.

허심이란 실로 어마어마한 개념입니다. 허심은 새로운 것을 포용하고 새로운 것으로 표현할 수 있는 능력이며, 공감하고 경청으로 소통이 가능해지는 공간입니다.

허(虛), 무(無), 공(空)은 동양 사상에서 최고의 개념입니다. 공은 불교의 핵심 개념이고, 허는 노자의 핵심 개념이지요. 장자의 『내편』「제물론」에는 다음과 같은 말이 나옵니다.

"큰 지혜는 한가하고 조그만 지혜는 촘촘하다(大知閑閑 小知間間)."

큰 지혜는 한가로움, 여유에서 나오고 쫀쫀한 지혜는 빽빽한 곳에서 나온다는 말입니다. 여유가 없으면 새로운 생각이 나오지 않는다는 뜻입니다.

또한 기초 지식과 퍼지 사고력은 창의성의 논리적 요인입니다. 반면 모험심, 호기심, 긍정심은 정의적 요인입니다. 인지적(논리적) 요인과 정의적 요인이 합쳐질 때 창의적인 발상을 할 수 있습니다. 생각과 감정의 세계가 만날 때 최고의 창의력이 발휘된다는 뜻입니다. 창의력이 발휘되어야 자신의 미래를 창조해 나가는 자율인으로 살아갈 수 있습니다.

생각과 감정의 조화

생각과 감정의 조화는 머리의 이치와 가슴의 이치가 합쳐진 상태, 논리와 심리가 합쳐진 상태, 이성과 감성의 세계가 합쳐진 상태이며 그것이 합리적인 상태라고 했습니다. 상반되어 보이는 요인들이 합쳐져서 융합이라는 시너지를 냅니다. 하나가 완전히 다른 것을 지배하는 게 아니라 연결되고 조화를 이루어야 합니다.

그러나 생각과 감정이 단절된 사람은 주변에 흔히 볼 수 있습니다. 저는 오늘도 한 국가 행사장에서 보았습니다. 귀빈들이 환영사와 축사를 전하려고 줄줄이 단상에 올랐습니다.

"……참여하신 여러분 반갑습니다" "……개최하게 되어 정말로 기쁘고, 여러분 모두에게 진심으로 축하드립니다."

그러나 그들의 목소리에는 반가움이 전혀 들리지 않았습니다. 그들의 얼굴 표정에는 기쁨도 보이지 않았습니다. 그러니 진심이 전혀 느껴지지 않았습니다. 말의 내용과 감정이 따로 놀고 있는 것입니다. 남이 쓴 대본을 읽는 로봇 같아 보였습니다.

그들도 반갑고, 기쁘고, 축하해야 한다고 생각했겠지만 가슴으로 느끼지 못한 것입니다. 그래서 그들의 축사와 환영사는 전혀 감동을 주지 못했습니다. 결국 아무도 듣지 않는 허례허식이 되어버렸습니다.

불쌍하게도 합리적이지 못한 사람은 해야 하는 일과 하고 싶은 일, 좋아하는 것과 잘하는 것 사이에 합리와 조화를 이루지 못해서 갈등하고 괴로워합니다. 머리와 가슴이 분리되어 있으니 생각 따로 마음 따로이며, 화가 나면 생각(이성)이 개입되지 못하고 감정에만 치우쳐 후회할 행동을 하게 됩니다. 그런 사람이 성공할 리 만무합니다.

합리적인 사람은 인간이 지니고 있는 가장 큰 두 자원, 즉 이성과 감성을 일치시키고 조화를 이루는 사람입니다.

조화는 서로 조금씩 손해를 감내하고 이익을 절충하는 제로섬 타협이 아닙니다. 조화는 각 요소가 공존하며, 각자의 위치에서 각자의 역할을 순리대로 행하면서 서로 상호작용할 때 나타나는 윈-윈의 시너지입니다. 그리고 이 조화가 이루어질 때 창의성이 꽃피웁니다.

선택, 새로운 것을 스스로 창조하기

선택이란 무엇인가요? 우리는 흔히 선택을 내 앞에 주어진 여럿 가운데서 하나 또는 몇 가지를 고르는 것이라고 생각합니다. 사지선다형 문제를 수백만 개 풀어오는 동안 머릿속에 박힌 개념입니다.

그러나 전혀 다른 개념의 선택이 존재합니다. 바로 새로운 선택 사항을 스스로 창조해서 채택하는 것입니다. 내 앞에 주어져 있지 않다면 내가 만들어서 그것을 고르면 됩니다. 즉 선택의 여지를 좀더 만드는 것이지요.

그렇다면 선택의 여지란 무엇이며 어떻게 만들어지게 될까요? 선택의 여지가 감정과 연관되어 있다는 사실을 대부분의 사람들은 잘 모릅니다.

앞서 설명했듯이 감정분류법상 감정에는 여러 상태가 있습니다. 저는 매우 분노한 상태를 '감정 골절'이라 표현하고, 우울이나 슬픔을 '감정 출혈'이라 표현합니다. 둘 다 부정적인 상태입니다. 부러지거나 흘러나가는 것은 에너지가 분산되거나 빠져나가는 것이기 때문입니다.

이렇게 부정적인 상태에 놓이면 긍정적인 상태로 옮겨가야 하지만, 연구 결과에 따르면 부정적인 감정 상태에서 곧바로 긍정적인 상태로 이동할 수는 없습니다. 물론 그런 경우도 있습니다. 바로 조울증이지요. 정상은 아닙니다.

일반적으로 건강한 사람들은 먼저 감정적 중립 상태에 들어서야만 긍정적인 상태로 옮겨 갈 수 있습니다. 감정적 중립 상태란 마땅히 어떤 감정이라고 할 수 없는, 빈 곳이라고 할 수 있습니다. 즉 공, 허, 무인 상태입니다. 스트레스 연구 분야에서 선구자 역할을 하고 있는 미국 하트매스 연구소는 바로 이곳에 선택의 여지(choice point)가 존재한다는 사실을

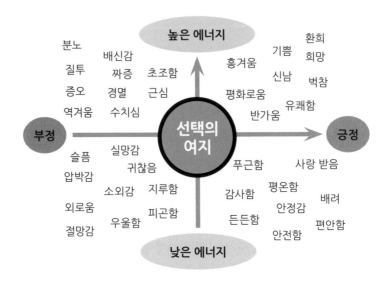

높은 에너지

분노   배신감   초조함   흥겨움   기쁨   환희
질투   짜증   신남   희망
증오   경멸   근심   평화로움   벅참
역겨움 수치심   반가움   유쾌함

부정   **선택의 여지**   **긍정**

슬픔   실망감   푸근함   사랑 받음
압박감 귀찮음
         소외감 지루함   감사함   평온함   배려
외로움   피곤함   든든함   안정감   편안함
절망감 우울함   안전함

낮은 에너지

어떤 감정이라고 할 수 없는 빈 곳에 있는 선택의 여지

밝혀냈습니다.

선택의 여지가 존재하는 곳이 바로 이 비어 있는 곳입니다. 참으로 묘한 곳입니다. 보이지도, 잡히지도 않는 희미(稀微)한 곳이어서 노자는 이를 홀황(惚恍)이라 했습니다.

예로부터 많은 사람들이 이 묘한 곳을 찾아 각양각색의 방법으로 도를 닦아왔습니다. 기도도 하고 명상도 합니다. 우리는 신이 나거나 분노한 상태에서 기도하지 않습니다. 마음을 안정시키고 정신을 가다듬고 맑게 합니다. 이 조율된 상태로 가기 위해 사람들은 심호흡을 하고, 복식호흡과 단전호흡을 합니다. 기도할 때도 조용히 숨을 내쉬면서 합니다.

이 전통은 오늘날까지 이어져오고 있습니다. 창의력의 아이콘이라는 스티브 잡스도 생전에 매일 명상을 했습니다. 명상은《타임》지에만 나오는 것이 아니라 과학 저널에도 실리는 정보가 되었습니다. 명상은 종교 차원이 아니라 이제 과학의 경지로 받아들여지고 있습니다.

우리가 옛날부터 알고 있었던 심호흡의 효과도 이제는 과학이 증명하고 있습니다. 119로 응급 전화를 하는 사람들은 몹시 흥분되어 밭은 숨을 몰아쉬며 말하게 되고, 그때 119에서 하는 첫마디가 "숨 깊이 들이쉬세요"입니다. 미국 911에서도 가장 먼저 하는 말이 "숨 깊게 들이쉬세요"입니다. 가장 힘들 때 스스로를 안정시키고 조율할 수 있는 최고의 방법이 바로 심호흡입니다.

가수들은 무대에 오르기 전에 심호흡을 하고 관중 앞에 섭니다. 운동선수들은 순간적으로 극심한 스트레스를 느낄 때 심호흡을 합니다. 프로 게이머들도 마찬가지입니다. 이처럼 프로들은 이미 명상이나 심호흡의 중요성을 깨닫고 자신의 현장에서 이를 실천하고 있습니다.

심장호흡, 마음을 안정시키는 방법

이렇듯 다들 하고 있는데 학교에서는 어떤가요?

학교에서 하면 좋을 조금 다른 심호흡이 있습니다. 깊을 '심(深)' 자가 아니라 심장(마음) '심(心)' 자를 쓰는 심호흡입니다. 심장에 초점을 맞추어 호흡하는 것은 마음을 안정시키는 가장 빠른 방법입니다. 이 역시 과학적으로 밝혀진 사실입니다.

스트레스를 받으면 부신에서 스트레스 호르몬이 분비됩니다. 부신은 콩팥 위에 붙어 있지요. 콩팥은 여러 가지 기능이 있지만 특히 혈액의 불순물을 걸러주는 필터 역할을 합니다. 피는 온몸을 돌다가 콩팥에 들어가 깨끗하게 걸러져 나와 가장 먼저 심장으로 들어갑니다. 즉 스트레스 호르몬이 분비되어 가장 먼저 가는 곳이 심장입니다. 스트레스 호르몬뿐 아니라 거의 모든 호르몬이 피를 타고 심장으로 들어간 후에 온몸으로 전달됩니다.

아시다시피 호르몬은 우리의 신체 작동을 조정합니다. 따라서 심장은 단순히 우리 몸에 피를 공급해 주는 펌프가 아닙니다. 온갖 호르몬이 집결하는 심장은 몸에서 일어나는 상태에 대한 정보를 모니터링해 주고, 그 결과물인 모든 호르몬이 뒤섞인 피를 온몸으로 전달하는 역할을 하니 내 몸을 변화시키는 컨트롤센터 역할을 해주는 곳입니다.

옛날부터 우리는 누군가가 스트레스를 받았을 때 마음을 안정시키라는 이야기를 해왔습니다. 마음을 안정시키는 것이 자기조절이고 자기조율입니다. 그리고 예로부터 우리는 마음과 심장을 같은 것으로 생각했습니다. 마음이 심장이고 심장이 마음이지요. 국어사전에는 심장이 '마음을 비유적으로 이르는 말'이라고 정의되어 있고, 영어사전을 찾아봐도 마음은 심장(heart)입니다. 마음 '심' 자 역시 심장을 뜻하는 글자입니다.

자기조율에 필요한 마음을 안정시킨다는 것은 결국 심장을 안정시킨다는 뜻입니다. 그래서 지금 내 심장이 펄떡거리고 있는지, 조용히 움직이고 있는지에 초점을 맞추어 호흡하는 것이 마음을 안정시키는 데 가장 효과적이라는 결론에 도달하게 되는 것이지요.

심장호흡이라는 말에는 또 하나의 비밀이 있습니다. 오장육부를 관리하는 신경계 가운데 미주신경계를 보면, 심장과 허파가 거의 붙은 채 한 다발의 신경계로 움직이고 있습니다. 이렇게 심장과 허파가 한 줄로 이어져 있다는 것은 밀접하게 연관되어 있다는 뜻입니다. 사실 맥박과 숨쉬기는 서로 연결되어 있지요.

숨을 쉬는 가장 중요한 이유는 허파에서 피에 산소를 흡수시키기 위해서입니다. 심장은 그 피를 산소가 필요한 온몸으로 배달하기 위해 펌프질을 하는 것입니다. 생명과 직결되어 있는 이 중요한 일을 우리는 무의식적으로 합니다. 숨을 의식하지 않고 쉽니다. 달리기를 하면 자동적으로 호흡이 빨라지고 편안히 휴식할 때는 호흡이 느려지듯이 두뇌는 우리의 의지와 상관없이 스스로 호흡을 조절합니다.

두뇌는 우리 몸에 산소가 더 많이 필요한지 필요하지 않은지를 판단해서 호흡을 컨트롤하는데, 그러려면 어딘가에 산소량과 이산화탄소량을 측정하는 센서가 있어야 합니다. 그 센서가 위치한 곳은 흔히 생각하듯이 허파가 아니라 심장입니다.

우리는 심장을 의도적으로 컨트롤하지 못하지만 숨은 의식적으로도 쉴 수 있습니다. 숨을 더 빨리 쉬거나 깊이 쉬자고 생각하고 그 생각대로 할 수 있습니다. 피질에서 컨트롤 신호가 나와 숨을 더 깊게 쉬거나 짧게 쉬거나 길게 쉬는 등 호흡을 조절할 수 있습니다. 이 호흡(산소 공급량)에 따라 심장이 조절됩니다. 우리는 의식적으로 숨을 쉬면서 나의 맥박, 심장의 움직임을 의식적으로 조절해 나가는 것입니다.

결론적으로 허파는 오장육부 가운데 유일하게 의식적인 조절이 가능한 기관입니다. 심장, 간, 내장, 위장, 무엇도 우리 마음대로 조절하지 못하지만 허파만은 내 의지대로 조절할 수 있습니다. 그렇게 호흡을 조절함으로써 내 온몸의 상태를 조절할 수 있는 신체 리듬을 만들어내는 것입니다. 심호흡은 내가 나의 몸에 의식적으로, 의도적으로 개입하여 나의 신체 리듬을 조절할 수 있는 유일한 방법입니다.

옛날부터 단전호흡이며 심호흡을 해오고 명상할 때 숨을 조절하는 것은 이런 이유 때문입니다. 우리는 호흡을 하며 나의 심장을 조절하고, 나의 심장은 또 신체 리듬을 조절합니다. 그 신체 리듬에서 '이완하라' '안정시켜라' 하고 온몸으로 지시가 내려지는 것입니다. 감정을 중립적 상태로 옮기는 최고의 방법입니다.

자기조율과 자제력

감정적 중립이란 덤덤한 상태입니다. '덤덤'이란 무감각이 아니고 무관심이 아닙니다. 신체 리듬을 감정적 중립 상태에 유지하는 것입니다. 외부에서 어떤 자극이 왔을 때 반사적으로 행동하는 것이 아니라 자극을 민첩하게 인지하더라도 마치 자극을 받지 않은 양, 아무 감정이 유발되지 않은 상태를 유지하면서 약간의 뜸을 들이는 여유를 부리는 것입니다.

그렇게 해서 어떻게 반응을 할까 두루 여러 선택 사항을 생각할 수 있는 사람이 합리적인 사람이며 이는 자기조율의 핵심적인 결과입니다.

자기조율로 인해 얻어지는 자제력에 대한 유명한 연구가 있습니다. 1960년대 미국 스탠퍼드 대학교 부설 빙 유아원에서 월터 미셸 교수가 시작한 '마시멜로 테스트'는 아이들의 자제력이 미래의 삶에 어떤 영향을 미치는지를 밝혀낸 유명한 종단연구입니다.

4~6세 아이들에게 당장 먹을 수 있는 마시멜로 한 개와 조금 기다리면 먹을 수 있는 마시멜로 두 개 사이에서 선택하게 했습니다. 대부분의 아이들이 달콤한 유혹을 뿌리치려고 온갖 방법을 동원하거나 고안해서 즉각 만족을 지연하려고 애썼지만, 결국 세 명 가운데 한 명꼴로 더 큰 이득을 얻는 데 성공했습니다. 나머지는 욕구에 굴복 하고 코앞에 놓인 이득을 택했습니다.

  실험에 참여했던 아이들이 어떠한 삶을 살고 있는지 추가로 관찰한 결과 놀랍게도 자제력을 보인 아이들은 상대적으로 대인관계를 더 잘했고, 대입 시험 성적도 월등히 높았으며, 더 나은 자존감과 회복탄력성을 발휘했습니다. 심지어 건강과 직결된 체질량지수도 낮았습니다. 즉 유아 때 보여준 자제력이 미래의 삶에 대해 많은 것을 예언해 주며 성공과 행복에 큰 영향을 미친다는 결과가 나왔습니다.

  다행스러운 일은, 자제력은 비록 유아 때 형성되지 못했어도 교육으로 얻어질 수 있는 능력이라고 합니다. 마시멜로 테스트에 참가했던 아이들이 더 큰 것을 얻기 위해 당장 눈에 보이는 이득의 유혹을 뿌리치려고 애썼듯이 우리도 단기 성공에 눈멀지 않고 장기 성공을 위해 애써야 합니다.

  아마 주변에 자기조율을 못해서 욱하는 사람이 한두 명쯤은 있을 것입니다. 부하직원이 실수를 했다고 노발대발하면서 야단을 치고는 겸연쩍은지 "나는 본래 다혈질 성격이야. 솔직하고 직설적이지만 화끈한 사나이답게 뒤끝은 없어"라고 둘러댑니다. 그런 변명의 뒷면에는 자신을 스스로 멋있다고 여기는 생각이 있는 모양입니다.

  만약 욱하는 모습이 정말로 타고난 성격에서 비롯됐다면 아무리 흉해도 이해하고 용서할 수 있습니다. 그러나 상대방이 자신보다 힘 있는 사람일 때는 꾹 참습니다. 부하직원이나 자신의 배우자, 자식에게는 함부로 하는 사람이 자신보다 높은 사람 앞에서는 꼼짝을 못합니다. 과연 이 사람은 본래 욱하는 성질을 타고난 사람일까요?

아니지요. 타고난 성격 때문에 자신의 감정을 조절하지 못하는 게 아니라 할 줄 알면서도 안 하는 것입니다. 상대방에 대한 존중, 배려가 없을 때 그렇게 합니다. 약한 사람한테 강하고 강한 사람한테 약한 사람일 뿐입니다.

저는 그런 행동을 비겁한 행동이라고 합니다. 솔직한 것도 아니고 직설적인 것도 아닙니다. 본래 그런 사람이라서가 아니라 자기도 모르는 사이에 형성된 나쁜 습관인 것입니다. 평상시 지닌 부정적인 감정이 부적절하게 표출되어 옳지 못한 행동이 튀어나오는 것입니다.

감정을 표출하는 것은 본인도 어쩔 수 없는 것이 아닙니다. 우리는 부정적인 감정을 어떤 방식으로 표출할지 선택할 수 있습니다. 우리는 현명한 선택을 해야 하고, 이를 위한 방법이 바로 긍정심을 지니는 것입니다. 평상시 내 안에 긍정심이 가득해야 남에게 호감, 존중, 감사, 배려를 베풀수 있기 때문입니다.

자기조율, 인생의 프로가 되기 위한 첫걸음

프로는 실수를 하지 않는 완벽한 사람이 아닙니다. 프로와 아마추어의 차이는 실수한 후에 어떤 태도를 보이느냐에 달렸습니다. 아마추어는 실수 한 번에 무너집니다. 실수한 사실 때문에 창피함, 굴욕감, 미안함에 시달립니다. 혹시나 다시 실수할까 봐 두려움, 무거움, 초조함에 의기소침 해집니다. 또 그러한 자신의 모습에 대한 실망감, 자기혐오감에 점점 심사가 뒤틀립니다.

부정적 감정이 꼬리를 물고 더 강한 부정적 감정으로 이어지면 결국 사람은 좌절하고 절망하고 포기하게 됩니다. 실수 그 자체가 사람을 망치는 게 아니라 실수에 동반되는 부정적 감정이 독이며 파괴적인 것이지요.

프로는 실수하거나 실패하더라도 곧바로 자기진정하고 평정심을 회복합니다. 김연아가 첫 점프에 엉덩방아를 찧더라도 툭툭 털고 일어나서 나머지 점프를 우아하게 해내듯이 말입니다. 박세리가 공을 물속에 떨어뜨려도 태연하게 양말을 벗고 맨발로 물속에서 샷을 날리듯이 말입니다.

실수를 잊어버리는 게 아닙니다. 그러면 발전이 없겠지요. 예체능계에서 마인드 컨트롤이라고 하는 자기진정은 감정에 매몰되지 않는 자기조율의 시작입니다. 그래야 실수해서 넘어지더라도 다시 일어서는 회복탄력성을 갖추게 됩니다.

이런 반복된 과정을 통해서 경험이 축적되고, 경험이 풍부해져야 위기 상황에서도 마음의 여유가 생기는 법이며, 그제야 비로소 성숙해졌고 중심이 잡혔다고 말할 수 있습니다.

중심은 과거는 돌이킬 수 없음을 인정하고 더 나은 미래를 준비하기 위해 현시점에 충실할 수 있게 해주는 덤덤하고 담담한 중립적 감정상태를 뜻합니다. 중심은 실패로 인한 부정적 감정 에너지를 파괴적이지 않고 건설적으로 발산할 수 있게 해주는, 선택의 여지가 존재하는 지혜의 원천이기도 합니다.

자기조율은 김연아와 박세리 같은 천부적 능력을 지닌 세계 챔피언급 프로들만이 아니라 모든 프로들이 실천합니다. 또한 피겨스케이팅과 골프뿐만 아니라 모든 분야의 프로들이 실천합니다. 가수가 무대에 오르기 전에, 축구선수가 프리킥을 차기 전에, 외과의사가 수술을 시작하기 전에 자기조율을 합니다. 이들은 프로가 되기 위해 자기조율을 연마해 왔습니다. 즉 자기조율은 습득할 수 있는 기술입니다. 배울 수 있는 것이기에 가르칠 수도 있습니다.

자기조율을 배우고 가르쳐야 하는 분야가 하나 더 있습니다. 인생이라는 분야입니다. 자기조율 못하는 사람은 외부 자극에 동물같이 즉각 반응을 보이면서 나중에 후회할 짓을 저지르게 됩니다. 자신의 인생만 망가지는 게 아니라 주변 다른 사람의 인생도 망칠 수 있습니다. 또한 욕망을 조율하지 못하는 소인배의 삶을 살거나 심지어 감정이 단절되어 조율할 수 없는 사이코패스가 될 수도 있습니다.

아이들이 인생의 아마추어가 아니라 프로가 되어서 사회에 진출하면 좋겠습니다. 그래야 실수와 실패를 거듭할 수밖에 없는 변화무쌍하고 예측불허한 세상에서 좌절하거나 절망하지 않을 것입니다. 학교는 아이들이 인생의 프로가 되도록 도와주는 곳이 되어야 합니다. 지식과 더불어 지혜, 정보 처리와 더불어 자기조율 능력을 갖추어주면 좋겠습니다.

19장

긍정심
'그럼에도 불구하고 밝은 미래를 본다'

부부 갈등, 부자 갈등, 사제 갈등, 노사 갈등, 남북 갈등……. 인간 관계에서 우리는 참으로 다양한 갈등을 겪습니다. 그런데 11장에서 언급한 대로 상황은 달라도 갈등 구조는 하나이기 때문에 갈등 상황 하나만 이해하면 다른 상황도 이해할 수 있습니다. 먼저 부부 갈등을 볼까요?

3,600쌍의 부부를 40여 년 동안 연구해서 얻은 어마어마한 데이터베이스를 갖고 있는 존 가트맨 박사는 세계에서 가장 영향력 있는 심리학자 가운데 한 명입니다. 그는 부부를 추적 연구하면서 부부싸움의 내용, 부부가 서로를 바라보는 눈빛, 말하는 억양, 표정, 자세, 혈압, 맥박 등 미세 단위 관찰을 통해 이혼하는 부부와 해로하는 부부의 차이를 밝혀냈습니다.

가트맨 박사의 연구에 의하면, 부부 갈등은 우리가 흔히 생각하는 '성격 차이'에 기인하는 것이 아니었습니다. 성격 차이 때문에 지겹게 싸우다 이혼하는 부부도 있지만 성격 차이 때문에 더 알콩달콩 재미있게 사는 부부도 있다는 것입니다. 성격 차이가 있는 부부 가운데 잘 지내지 못하는 부부와 잘 지내는 부부의 비율은 통계학적으로 50 대 50이었습니다. 즉 성격 차이는 부부 갈등과 상관관계가 없습니다.

그러나 이와 상반되는 이론이 판을 치고 있는 게 현실입니다. 예를 들어 존 그레이의 『화성에서 온 남자 금성에서 온 여자』가 전 세계적 베스트셀러가 되면서 갈등의 원인이 남녀의 차이와 더불어 성격 차이라는 가설이 기정사실로 받아들여졌습니다.

이 어이없는 현실을 염려하여 미국의 대중적 심리학 월간지인 《사이콜로지투데이》는 1997년 1월호에서 존 그레이를 공개적으로 비판하면서 존 가트맨과 노골적으로 비교했습니다.

존 가트맨은 위스콘신 대학교 박사이던 1997년 기준으로 14년간 760쌍의 부부를 비디오로 정밀 분석하여 109편의 학문적(SCI) 논문을 썼습니다. 하지만 존 그레이는 비인증 대학의 원격 박사 학위 소지자로, 직접 연구한 부부가 단 한 쌍도 없고, 학문적 논문 역시 단 한 편도 쓰지 않았다고 합니다.

《사이콜로지투데이》는 '화성 남자 금성 여자'는 검증되지 않는 한낱 가설일 뿐인 데다 갈등의 원인을 남녀의 원초적 차이에서 찾는 것은 서로 책임을 질 필요가 없다는 것을 의미하는 매우 위험한 발상이라고 강하게 비판했습니다.

부부 갈등은 나이 차이도 상관없고, 자녀 문제도 아니고, 돈 씀씀이 문제도 아니며, 고부 갈등 때문도 아니라고 합니다. 가트맨의 연구에 의하면, 갈등을 일으키고 증폭시키는 것은 바로 말이었습니다.

긍정성은 소통의 전제 조건이다

누군가가 말을 걸어올 때 대답하는 방식에는 세 가지가 있습니다. 하나는 다가가는 말로 대답하는 것, 다른 하나는 멀어지는 말로 대답하는 것, 마지막은 원수 되는 말로 대답하는 것입니다.

멀어지는 말, 원수 되는 말은 사람의 마음을 아프게 해서 마음의 문을 닫아버리게 합니다. 마음에 상처를 주는 말들에는 비난, 경멸, 방어, 담 쌓기라는 독소가 들어 있습니다. 그 독소를 제거하고, 다가가는 말로 마음이 열리는 대화를 해야 합니다.

관계조율을 하기 위해서는 이 대화법부터 제대로 알아야 합니다. 대화로 마음이 열려야 서로 통할 수 있습니다. 그리고 소통의 핵심은 공감과 경청입니다. 공감(共感)과 경청(傾聽)에도 마음 '심' 자가 들어 있습니다. 경청은 귀를 열고 말귀만 알아 듣는 것이 아닙니다. 마음을 열고 가슴에 새겨듣는 것이어야 합니다.

이렇게 하기가 쉽지 않습니다. 독을 뺀 말, 공감, 경청으로 마음의 문을 열어야 관계조율이 가능하다는 것, 참 쉬운 이론인데 실천이 잘 안 됩니다. 왜 그럴까요?

비난, 경멸, 방어, 담 쌓기는 독입니다. 부정성이지요. 이렇게 부정성이 있는 한 마음의 문을 열 수 없습니다. 조금만 마음의 문을 열어도 독이 들어와 퍼질 것이기에 자신을 보호하고 방어하기 위해서 문을 꽁꽁 닫고 있어야 합니다.

서로 관계가 좋지 않을 때 흔히들 "우리 대화 좀 하자"고 합니다. 그러나 실패합니다. 독이 퍼져 있는 상태에서 마음의 문을 열기 쉽지 않습니다. 내가 마음의 문을 조금 열어도 최소한 상대방이 독을 퍼붓지는 않으리라는 믿음이 있어야 소통이 가능해집니다.

따라서 마음의 문을 열어 소통이 가능하게 하기 위해서는 먼저 인간관계에서 긍정성을 쌓아야 합니다. 소통하기 때문에 서로 신뢰가 생기면서 관계가 좋아지는 것이 아니라 먼저 관계가 좋아져야 소통할 수 있는 것입니다.

소통은 방법이 아니라 결과입니다. 말을 잘한다고 소통이 되는 것이 아닙니다. 말 잘하기로는 국회의원들이 최고지만 그렇다고 소통을 잘하던가요?

그토록 똑똑하고 말 잘하는 사람들이 소통이 안 되는 이유가 있습니다. 여야가 서로한테 하는 말들을 보면 99퍼센트가 비난, 경멸, 방어, 담쌓기 아닙니까? 그 부정성 때문에 서로 신뢰가 생기지 않고 소통이 불가한 것입니다. 먼저 긍정성을 쌓아야만 그 위에서 소통이 이루어집니다.

긍정성은 관계조율의 시작입니다. 사람과 사람은 서로 호감을 갖고, 배려하고, 존중하는 관계여야 합니다. 그러나 사람인 이상 관계에 부정성이 전혀 없을 수는 없습니다. 가끔 비난도 하고 경멸도 할 수 있습니다. 절대로 하면 안 된다고 해봤자 지킬 수 없습니다. 따라서 중요한 것은 비율입니다. 부정성보다 긍정성이 많아야 하는 것이지요.

성공하는 조직의 특징을 밝혀낸 한 연구가 있습니다. 여기서 조직이란 가정부터 직장, 사회까지 모두에게 적용되는 개념입니다.

가트맨 박사는 이혼을 하는 부부와 화목한 부부 사이의 확연한 차이를 하나 발견했습니다. 바로 긍정성과 부정성의 비율이었습니다. 조직심리학자 마셜 로사다 박사 역시 외부 위기에 잘 대처해 나가고 구성원들의 협업이 활발한 고기능 조직과 망하기 일보 직전에 놓인 저기능 조직에도 똑같은 긍정성과 부정성의 비율 차이가 있음을 확인하였습니다.

망하기 일보 직전의 조직은 부정성이 긍정성보다 세 배 정도 높았습니다. "아, 신난다"라는 말 한마디에 "아, 짜증나"라는 말이 세 번 이상 튀어나오는 상황입니다. "고마워"라는 인사말에 "시끄러워"라는 호통이 세 번이고, 따뜻한 눈빛 교환 한 번에 싸늘한 눈초리 세 번이고, 훈훈한 미소 대신 섬뜩한 경멸을 세 배나 더 보내는 것입니다.

성공하는 조직, 행복한 관계에서는 이 비율이 5 대 1입니다. 긍정성 5에 부정성 1이지요. 부정성이 없는 게 아니라 긍정성이 다섯 배 이상이라는 점이 중요합니다.

위기 상황에서조차 긍정성이 부정성보다 대여섯 배 높아야 하고, 그러려면 평상시에는 이보다 훨씬 더 높아야 합니다. 스트레스가 높을 때는 아주 예민해지기 때문에 조금만 마음에 들지 않아도 짜증이 나고 화가 납니다. 부정성이 매우 높아집니다. 그래서 평상시에 긍정성을 많이 비축해 두어야만 평균 긍정성 대 부정성 비율을 5 대 1로 유지해서 위기를 극복해 나갈 수 있는 것입니다.

정서 통장이라는 게 있다면 긍정성은 통장에 잔금이 있다는 뜻이고 부정성은 통장이 마이너스인 셈입니다. 평소에 통장이 두둑하면 지출이 많아도 끄떡없습니다. 반면 통장 잔고가 달랑달랑하면 위태롭고 약간의 지출에도 문제가 생깁니다.

인간관계도 이와 같습니다. 평소에 둘 사이에 긍정성이 많으면 가끔 티격태격 다투어도 관계가 깨지지 않지만 반대로 겨우겨우 지탱하는 관계는 곧 끝장이 날 것처럼 아슬아슬합니다.

교실 상황을 상상해 봅시다. 학생이 무언가 잘못했습니다. 선생님은 차분히 조리 있게 말씀하시다가 감정이 점점 고조되면서 본의 아니게 학생을 야단칩니다. 이럴 때 학생은 어떤 반응을 보일까요?

만약 선생님이 평소에 학생을 존중하고 호감을 보이고 격려의 말과 배려를 해왔다면, 분명 학생은 정말 자신이 잘되기를 바라는 마음에서 꾸짖으신다고 생각하며 선생님께 고마워할 것입니다. 하지만 평소에 학생을 무시하고 비난하고 호통쳤다면, 즉 관계의 정서통장이 고갈된 상태라면, 학생은 "또 시작이다"라며 마음의 문을 닫고 귀를 닫아버릴 것입니다.

이렇게 소통이 단절되고 인간관계가 단절됩니다. 똑같은 잘못에 똑같은 훈계에도 정서통장 상태에 따라 관계가 천지 차이로 달라집니다. 교사와 학생 사이만이 아니라 부모와 자녀 사이도 똑같습니다.

그렇다면 긍정성을 어떻게 쌓아둘 수 있을까요? 직장에서는 가끔 단합대회로 회식도 하고 2차로 노래방도 가고 술도 함께 마십니다. 그동안 쌓였던 오해도 풀고 앙금도 해소하고 술기운을 빌려 마음속 이야기도 꺼내봅니다. 그러나 긍정성 대 부정성 비율에서 보면 고작 긍정성 한 건입니다. 연말에 보너스 한방 크게 쏘는 것도 긍정성 한 건에 불과합니다. 그 사이에 얼마나 많은 부정성 건수들이 쌓였을까요? 한두 번 긍정성을 쌓은들 턱도 없습니다.

가정의 경우도 마찬가지입니다. 매일 부부가 서로 비난, 경멸, 방어, 담쌓기를 하다가 결혼기념일에 금반지 하나 선물합니다. 그러나 우리는 잘

않니다. 금반지의 효력은 그날 단 하루라는 것을요. 다음 날 또 지지고 볶으면서 싸웁니다.

가트맨 박사의 연구 결과에 의한 긍정성 쌓는 방법은 놀랍게도 매우 간단합니다. '사소한 일을 자주하라(Small Things Often.)'는 것입니다. 호감을 갖고, 존중하고, 감사하고, 배려하는 일들을 매일 양치질을 하듯이 조금씩 하는 것입니다.

우리는 입안에 악취가 나지 않도록 하루에 세 번, 한 번에 2~3분씩 이를 닦습니다. 자주, 간단하게 닦습니다. 그런데 한 달 내내 이를 닦지 않다가 하루 시간을 내서 5시간 동안 이를 닦는다면 어떨까요? 아무리 열심히 닦는다 해도 한 번 닦은 것일 뿐이고 다음 날이면 입안에서 또 악취가 납니다.

마찬가지로 인간관계에 악취가 나지 않으려면 긍정성을 사소하게 자주 나누어야 합니다. 호감, 존중, 감사, 배려는 자주 해야지 한꺼번에 몰아서 하는 것은 효과가 없을뿐더러 시간 낭비, 에너지 낭비입니다. 이 이치를 잘 보여주는 사람이 관계의 달인, 오바마 대통령입니다.

얼마 전 뉴스에서 방영된 유명한 일화가 있습니다. 오바마가 헬리콥터를 타기 위해 걸어가고 있습니다. 헬리콥터 옆에서 보초를 서고 있는 병사가 경례를 합니다. 오바마는 깊은 생각에 빠졌는지 병사에게 시선 한 번 주지 않고 그냥 헬리콥터 안으로 들어갑니다. 그러나 오바마는 곧바로 다시 내려옵니다. 그리고 병사와 악수를 나누면서 한마디 건넵니다. 병사의 얼굴에는 기쁨의 표정이 역력합니다.

한 사람은 졸병, 다른 한 사람은 대통령. 졸병의 경례를 한 번 받지 않은 것은 누구도 문제를 제기하지 않을 매우 사소한 일입니다. 하지만 오바마는 그 사소한 일을 그냥 지나치지 않았습니다. 병사와 악수를 하면서는 아마 고맙다고 말했을 테고 그 사소한 행위에 병사의 얼굴은 활짝 피었습니다. 병사의 얼굴에 큼직하게 씌어 있습니다. 그날 이후 죽는 날까지 오바마에게 충성할 것이라고 말입니다.

리더십이란 이런 것입니다. 최고의 인격, 인품, 인성을 갖춘 사람들이 평상시에 살아가는 모습입니다. 오바마는 병사가 대단하기 때문에 악수를 나눈 게 아닙니다. 그저 인간으로서 인간에게 존중을 보여준 것입니다. 평소 모든 인간은 똑같이 소중한 존재라는 생각을 지녔기에 가능했던 일입니다. 그 병사의 경례가 즉시 감사함을 표시해야 할 정도의 가치가 있다고 평가하고 판단했기 때문이 아닙니다. 평소 오바마의 마음속이 군인에 대한 고마움으로 가득 차 있었기 때문일 것입니다.

상대방이 나의 존중과 배려를 받을 자격과 가치를 따진 후에 예의를 갖추는 건 계산된 행동일 뿐입니다. 남이사 어떻든 내 안에 호감, 존중, 감사, 배려의 마음이 충만하고 넘칠 때 이를 타인과 나누고 베풀 수 있습니다. 긍정심은 나의 평상시 감정 상태입니다. 내 안에 긍정심이 충분하게 축적되어 있기 때문에 남과 긍정적 관계를 만들 때 꺼내 사용할 수 있습니다.

그런데 신이 아닌 이상 인간은 실수를 범할 수밖에 없습니다. 부정성을 없애는 것이 최선이지만, 너무 이상적이고 비현실적입니다. 어느 정도 부정성을 인정하되 긍정성을 높여 일정의 비율을 유지하는 게 현실적인 대안입니다. 그렇게 하려면 알아차림이 있어야 합니다. 자신의 행동을 제3의 눈으로 보고 성찰하고 반성하는 습관을 지녀야 이 모든 것이 가능해집니다. 그래서 또다시 강조합니다. 관계조율의 전제 조건은 자기조율입니다.

"내게는 아직 열두 척의 배가 있습니다"

엄청난 긍정심을 지녔던 리더로 오바마 대통령보다 더 위대한 사례가 있습니다. 바로 이순신 장군입니다. 열두 척의 배로 명량대첩에 나설 때 대부분의 사람들은 절망을 보았습니다. 아직 시작도 안 했지만 패배하리라고 내다봤습니다. 그러나 이순신 장군은 희망을 내다봤습니다. 겨우 열두 척이 아니라 아직도 열두 척이나 배가 남아 있다고 했습니다. 같은 상황이지만 대다수처럼 부정적으로 본 것이 아니라 긍정적으로 보았습니다.

이순신 장군이 눈이 멀었거나 억울한 옥살이로 정신에 이상이 생겼기 때문이 아닙니다. 열두 척의 배가 있다는 것은 객관적인 팩트입니다. "今臣戰船 尙有十二." 그러나 같은 사실에서 일부는 부정적인 시각으로 패배할 수밖에 없는 미래를 내다본 반면 이순신 장군은 긍정적인 시각으로 승리할 가능성을 내다봤습니다.

차이는 시각입니다. 시각이란 누가 나한테 보여주는 모습이 아니라 내가 보는 것입니다. '본다'는 뜻의 한자에는 '시(視)' 자와 '견(見)' 자가 있습니다. 시는 내가 보는 것이고 견은 저쪽에서 나한테 보여주는 것입니다. 견각이 아니라 시각입니다.

상황이 긍정적이기 때문에 긍정적으로 보는 것이 아니라는 뜻입니다. 또는 상황이 부정적인데도 긍정적으로 착각하거나 잘못 보는 것도 아닙니다. 오히려 상황을 정확하게 보는 것입니다.

모든 상황에는 일장일단이 있습니다. 모든 사람에게 장점과 단점이 있습니다. 그 양면을 다 보는 게 정확하게 보는 것입니다. 양면을 다 보되 긍정적인 면을 선호하는 것이지요. 그래서 시각이란 나의 선택입니다.

어떤 사람들은 매사 불평불만을 쏟아냅니다. 이게 문제고, 저게 걸림 돌이고, 이래서 안 되고, 저래서 구제불능이고, 그래서 할 수 없고, 그러 니 어쩔 수 없다고 합니다. 상황의 한 면만 보는 것입니다. 그러나 결론은 허무합니다. 다 남 탓이고 자신은 그저 피해자나 방관자입니다.

이런 사람들은 남의 단점을 기가 막히게 잘 찾아내고 비판합니다. 사 람의 한 면만 보는 것입니다. 그러고는 자신의 그 뛰어난 분석력을 과시 하며 의기양양합니다. 참으로 불쌍하고 초라한 모습입니다.

자신이 부정성이라는 독에 빠져 있기 때문에 모든 것을 부정적으로 보고 있다는 사실을 모르고 있습니다. 알아차림이 없습니다. 그래서 주 변에 있는 사람들에게까지 독이 번집니다. 이런 사람들은 피하는 게 상 책입니다. 이런 사람에게는 좋은 사람들이 모이지 않습니다. 따르는 사람 이 없는데 리더가 될 수 없습니다.

그래서 긍정심은 리더십의 핵심 요소입니다. 리더십은 크게 세 가지 요 소로 이루어집니다. 흔히 카리스마가 있다고 할 때의 리더십은 타고나는 능력, 자질입니다. 여기에 외부 환경도 큰 몫을 합니다. 운도 따라줘야 하니 까요.

이 두 가지는 내게 주어진 것으로 선택할 수도 없고 결정할 수도 없습니 다. 그러나 내가 선택할 수 있는 것이 하나 있습니다. 태도입니다. 주어진 상 황에서 내가 어떻게 대응하고 반응할 것인지가 바로 태도입니다.

리더십은 '리더십 = 능력 × 환경 × (±)태도'처럼 이 세 가지의 곱입니 다. 태도 앞에는 ±가 있습니다. 아무리 타고난 능력이 대단하고 운이 따라 준다 하더라도 부정적인 태도를 가지고 있으면 아무도 따라주지 않습니다.

병사들이 겨우 열두 척의 배밖에 남지 않았다고 한탄하며 원균을 탓하고 선조를 원망하고 왜적을 두려워하면서 패배를 예상하는 장군을 따르겠습니까? 아니면 아직도 열두 척이나 남았다면서 승리의 가능성을 그리고 희망의 비전을 제시하는 장군을 따르겠습니까?

태도는 타고나는 것이 아니라 학습으로 이루어낼 수 있습니다. 배울 수 있기 때문에 가르칠 수도 있습니다. 태도는 가르쳐주어야 합니다. 즉 긍정심은 가르칠 수 있고 배울 수 있습니다.

다시 한 번 강조하면 긍정심이란 있는 그대로를 보는 것이며, 그 객관성에서 좋은 결과를 내다볼 수 있는 비전입니다. 그 비전이 있기 때문에 좋은 결과를 이루어낼 수 있습니다. 비전이 있어야 창의력을 발휘할 수 있고 미래를 만들어낼 수 있습니다. 미래를 만드는 것이 창의력입니다.

리더십에는 비전이 필요합니다. 창의력에도 비전이 필요합니다. 그리고 좋은 미래의 비전이 나오는 원동력이 긍정심입니다. 그래서 리더십의 핵심, 창의력의 핵심 가운데 하나가 긍정심입니다.

창의력에는 도전이 필요합니다. 실패해도 무너지지 않고 다시 도전하고 모험할 수 있는 능력이 있어야 새로운 것을 만들어낼 수 있습니다. 모험이라는 것 자체가 실패와 실수를 염두에 둔 행위입니다.

스티브 잡스의 예를 들어봅시다. 그가 야심차게 내놓은 제품 가운데 일 년이 안 돼 망한 제품들이 여럿입니다. 심지어 역사상 가장 흉측한 제품 1위로 꼽힌 제품도 있습니다. 이만저만한 실패가 아닌 대실패였습니다. 스티브 잡스는 실패를 무척 싫어했습니다. 그러나 두려워하지는 않았습니다. 그랬기에 스마트폰이 세상에 나올 수 있었습니다.

싫어하는 감정과 두려워하는 감정은 다릅니다. 전자는 상당히 공격적이지만 적극적인 반응이고 후자는 도피적이며 움츠러드는 소극적인 반응입니다. 싫기 때문에 실패에 맞서지만 두려우면 다시 도전하기를 피하게 됩니다. 두려움은 싫음보다 훨씬 더 원초적인 강렬한 감정입니다.

실패를 싫어한 스티브 잡스는 직원이 실수하면 호되게 야단을 쳤다고 합니다. 그래서인지 많은 사람들이 그를 인성이 그다지 훌륭한 사람이 아니었다고 평합니다. 하지만 그의 인성이 어디서부터 시작했는지를 알면 다른 평가를 내릴지 모릅니다.

인성의 척도가 0점에서 100점까지 있다고 합시다. 친부모와 함께 화목한 가정에서 자란 아이가 50점에서 시작해서 본인의 노력으로 90점까지 올린 것에 비해, 비록 80점까지만 달성했지만 10점에서 시작한 사람이 있다면 참으로 대견하고 대단하다고 평가할 수 있습니다.

스티브 잡스처럼 친부모에게 버려져 입양된 아이는 기본적으로 인간에 대한 불신과 대인관계에서 불안감에 시달립니다. 안전하고 안정적인 인간관계를 꾸려갈 토대가 없는 상태에서 시작하는 것이기 때문입니다. 인성의 뿌리가 제대로 내릴 수 없는 토대에서 그 정도로 화려한 꽃을 피운 그는 굉장한 긍정성의 소유자였고 대단한 회복탄력성을 지닌 사람이었습니다.

또 하나의 자극, 상상력

긍정성이 행동을 크게 좌우하는 이유가 있습니다. 자극과 반응 사이에 생각과 감정이 개입한다고 했습니다. 생각보다 감정이 훨씬 더 위력적으로 행동으로 이어진다고 했습니다. 그리고 초감정과 감정적 기억에서 볼 수 있듯이 생각과 감정은 명확하게 떼어놓을 수 없는 관계이기도 합니다.

지금까지는 자극을 외부에서 오는 오감(시각, 청각, 후각, 미각, 촉각)으로 설명했고, 행동은 그 외적 자극에 대한 반응으로 이해했습니다. 그런데 또 하나의 자극이 있습니다. 이를 내적 자극이라고 하겠습니다.

오감 이외에 우리는 상상으로 우리 자신을 자극할 수 있습니다. 예를 들어, 머릿속에 애인을 떠올리면 온갖 감정이 생기며 미소를 짓기도 하고 곧바로 전화를 걸기도 합니다. 애인이 눈앞에 보이거나 들리거나 만져지지 않으니 애인의 모습, 목소리, 향기 등을 상상한 것입니다. 상상이 자극이 되어 감정이 생기고 행동으로 이어집니다.

상상에는 두 종류가 있습니다. 애인의 실제 모습을 머릿속에 떠올리는 재생적 상상과 현실에는 없지만 미래에 만나고 싶은 애인을 머릿속에 그리는 창조적 상상입니다. 둘 다 상상이며, 둘 다 자극으로서 신체적·심리적·행동적 반응을 이끌어냅니다.

트라우마 환자는 재생적 상상에 시달립니다. 자동차 사고를 크게 당했던 사람은 실제 사고 현장을 반복해서 머릿속에서 재생합니다. 하고 싶어서가 아니라 그냥 하게 됩니다. 창조적 상상도 트라우마를 가져다줄 수 있습니다. 귀신이 보이거나 음산한 소리가 들리는 등 환상과 환청이 심각한 수준에 이르러 불안감과 공포감에 일상생활을 하기 힘들 지경이 될 수 있습니다. 전문 심리상담사로부터 치료를 받아야 합니다.

반대로 우리는 힘들고 어렵고 절망적인 순간에도 편안하고 즐겁고 희망적인 상황을 상상하고 긍정적인 감정을 느낄 수 있습니다. 이때 재생적 상상과 창조적 상상 둘 다 도움이 됩니다. 힘든 상황에서 날 사랑해 주던 엄마를 떠올리거나(재생적 상상), 성공하고 행복한 미래의 내 모습을 머릿속에 그리면서(창조적 상상) 시련을 견뎌낼 수 있습니다.

아들러가 말한 '더 나은 나와의 비교'란 이런 긍정적 상상이지요. 더 하기 쉬운 '남과의 비교'가 아니라 상상으로 떠올리는 '더 나은 나와의 비교' 하기를 선택하는 것이 용기입니다. 이 용기를 주는 능력이 긍정심입니다.

우리에게는 긍정심이 필요합니다. 모든 일에서 장점과 강점을 보고 희망을 볼 수 있는 눈을 가져야 합니다. 그 마음을 가져야 합니다. 또한 긍정심은 내 안에만 간직하는 것이 아니라 다른 사람과 조율할 때도 발휘해야 하는 어마어마한 에너지의 원천입니다. 바로 이 긍정 에너지를 주고받으며 발전하고 성장하는 것이 관계조율입니다.

긍정심은 관계조율의 핵심

실제로 우리는 긍정적 감정 에너지를 주고받습니다. 심장은 박동하면서 압력파와 전자기장파를 내뿜습니다. 2~3센티미터 이상에서는 감지되지 않는 미약한 뇌파에 비해 심장이 내뿜는 전자기장파는 뇌파보다 5천 배 이상 강하기 때문에 1미터 밖에서도 측정이 가능합니다. 더 정교한 측정기가 생긴다면 더 멀리서도 잴 수 있겠지만 현재의 기술로는 그 정도가 최대치입니다. 함께 있을 때, 사람들은 심장에서 나오는 이 전자기장을 공유하고 있는 것입니다.

정서적인 대화법을 '코디얼 커뮤니케이션(cordial communication)'이라고 하는데, 코디얼의 코드(cord)가 심장(heart)이라는 뜻입니다. 영어뿐만 아니라 한자도 소통에서 마음이 중요함을 강조합니다.

소통의 핵심인 경청과 공감이라는 한자에는 마음 '심' 자가 들어갑니다. 무언가가 통할 때 쓰는 '심금(心琴)을 울린다'는 말에서도 심금의 '심'은 마음, '금'은 거문고를 의미합니다. 심장이 거문고같이 파장을 내뿜는다는 뜻입니다. 그래서 서로 조율이 되면 하모니를 이루게 되겠지요.

그럴 때 우리는 '금슬(琴瑟)이 좋다'는 말을 씁니다. 금슬은 거문고와 비파를 뜻합니다. 즉 금슬이 좋다는 말은 두 악기가 공명하며 조율되고 있다는 뜻입니다. 그러니 우리는 옛날부터 인간 사이는 에너지 파장을 주고받는 관계이며, 좋은 관계란 조율된 상태라고 인식해 왔던 것입니다.

이렇듯 관계조율을 위해서는 긍정심을 지닐 뿐 아니라 긍정심을 발휘해야 합니다. 내 안에 있는 긍정적인 감정을 호감, 존중, 감사와 배려로 표현하면서 상대방에게 나의 긍정심을 전달해야 합니다.

여기에 최고의 모범은 제가 가장 좋아하는 텔레비전 프로그램인 〈생활의 달인〉에 등장하는 주인공들입니다. 그들은 흔히 공장, 작업장, 식당 등에서 일합니다. 편하거나 자랑할 만한 직업이 아닌데도 그들의 얼굴은 환합니다. 넉넉지 못한 경제 수준이지만 그들에게는 넉넉함이 묻어납니다. 온종일 봉투 접는 일, 접시 닦는 일, 타이어 굴리는 일이 따분하고 지겨울 텐데 그들은 지극정성으로 최선을 다합니다.

분명 불운에 불평하고 형편에 불만을 품어도 다 이해가 되는 상황임에도 불구하고 그들은 감사하다는 말을 입에 달고 삽니다. 건강해서 고맙고, 하는 일이라도 있어서 고맙고, 함께하는 이가 있어서 고맙고, 따뜻한 된장국을 먹을 수 있어서 고맙고……

아무리 그들이 남들이 하찮은 일로 여기는 일을 하더라도 그들의 마음마저 하찮게 여길 수 없습니다. 그들의 빛나는 긍정성이 주변 사람 모두에게 전달됩니다. 그들을 보는 이들마저 기분이 좋아집니다. 그들 덕분에 모두가 행복해집니다. 그들은 자신이 가진 최고의 자산인 긍정심을 베풀며 살아가는 훌륭한 인성의 소유자들입니다.

그러나 착각하면 안 됩니다. 인성교육은 어려운 형편에 불평하지 말고 만족하고 살라는 소극적인 행위를 가르치는 게 아닙니다. 그것이 운명이니 받아들여야 한다거나 본분이니 지켜야 한다는 순응과 복종을 가르치는 것은 더욱더 아닙니다.

인성을 현재의 질서 상태를 무조건 유지하기 위한 도구로 보아서는 안 되고 그리되도록 허락해서도 절대로 안 됩니다. 인성은 감정 에너지가 질서를 파괴하는 데에 악용되지 않고 새로운 질서를 창조하는 데에 사용될 수 있도록 해주는 긍정적 요인인 것입니다.

20장

감정코칭
'자신의 감정을 표현하고
타인의 감정에 공감한다'

놀이터에서 노는 아이에게 밥 먹으라고 엄마가 부릅니다. 아이는 더 놀겠다고 떼쓰면서 엄마 말을 들은 척도 안 합니다. 달래보고 타일러 보지만 막무가내입니다. 무시당한 엄마는 맘대로 안 되는 상황에 화가 올라옵니다. 드디어 화가 터집니다. 큰소리로 윽박지르며 아이를 찰싹 때리고 집으로 끌고 들어갑니다. 엄마도 아이만큼이나 미성숙해 보입니다.

화가 나는 것은 감정이고 화를 내는 것은 행동입니다. 공공장소에서 떼쓰는 아이에게 화가 나는 것은 자연스러운 감정일 수 있습니다. 감정은 옳고 그른 것이 없습니다. 그러나 행동에는 옳고 그름이 있습니다. 화난다고 아이를 때리는 것은 적절하지 않고 바람직하지도 않습니다.

감정을 제대로 표출하기 위해서는 즉각 행동하는 것이 아니라 선택의 여지를 두면서 생각이 개입되어야 합니다. 감정이 올라올 때는 그것이 어떤 감정인지 모를 수 있습니다. 그 감정이 분노인지, 두려움인지, 수치스러움인지 알아차린 후에 판단해야 합니다. 어떻게 대응할지, 어떤 행동을 할지 생각해야 합니다.

그러나 생각만으로는 바람직한 행동이 나오지 않습니다. 욱하려는 그 부정적인 감정을 다스리고 긍정적인 감정으로 이동시켜 주어야만 바람직한 행동이 나옵니다. 그래서 관계조율이 이루어지려면 내 안의 자기조율이 필수입니다.

아이는 이러한 조율을 잘 못합니다. 그래서 더 놀고 싶은 욕구(감정) 때문에 안하무인으로 떼(행동)를 씁니다. 놀이터에서만 아니라 온종일 미성숙한 행동을 합니다. 당연한 모습입니다. 아이라는 존재는 미성숙한 사람이니까요.

그래서 아이들은 어른들로부터 하루에 백 번씩 잔소리를 듣고 자라야 합니다. 어른들은 아이들에게 무엇이 바람직하고 성숙하고 책임 있는 행동인지 수시로 알려주어야 합니다. 최소한 어떤 행동이 남을 해치는 것이며, 어떤 행동이 자신을 해치는 것인지를 말해 주어야 합니다. 또한 어떤 행동이 모두에게 이로운 행동인지도 자세히 알려주어야 합니다.

본디 잔소리는 잔잔해야 합니다. 문제는 같은 말을 반복하다 보면 목소리 톤이 올라가고 갈라지고 커지면서 결국 '악소리'가 됩니다. 아이를 위한다고 한 말이 아이에게는 위협적으로 다가갑니다.

만일 이렇게 해서 효과가 있다면 계속 악소리를 해야 합니다. 하지만 연구 결과, 악소리는 스트레스를 일으키며 역효과를 가져옵니다. 감정의 홍수 현상이 아이에게 일어납니다. 그로 인해 아이는 악소리에 담긴 내용(행동에 대한 조언)을 듣지 못하고 악소리와 동반되는 '악'(감정)만을 전달받아 파충류 반응을 보입니다. 결국 소통도 단절되고 관계도 단절되는 것입니다.

그런 행동이 바람직하지 않다는 것만 지적해 주는 사람은 잔소리꾼이고, 무엇이 옳은 행동인지를 가르쳐주는 사람이 도덕 교사이고, 그런 성숙한 행동이 나오도록 도와주는 사람이 인성교육자이며 생활지도자이며 멘토인 것입니다.

그래서 인성교육자는 다른 사람의 감정이 좋은 행동으로 나오도록 길을 안내하기 위해서 감정 세계의 지도를 지녀야 합니다. 그 지도를 지닌 사람을 '감정코치'라고 합니다.

우리는 감정으로 소통한다

최근 페이스북이 사용해 오던 '좋아요' 이모티콘 하나에 사랑, 웃음, 슬픔, 분노, 놀람, 흥분을 나타내는 이모티콘 여섯 개를 추가했습니다.

매달 약 15억 명이 활발하게 사용하는 페이스북의 창시자 주커버그는 긍정적 공동체를 형성하고자 '좋아요' 이모티콘 하나만 고수해 왔지만 다른 감정을 표시할 수 있기를 원하는 사용자들의 요구에 끝내 입장을 바꾼 것입니다. 감정을 어떻게 표현하고 표출하는가는 이토록 중요합니다. 그 이유를 살펴보자면 인류의 역사를 봐야 합니다.

인류가 250만 년을 살아오는 동안 언어를 사용한 기간은 겨우 10만 년 정도입니다. 처음에는 아주 원시적인 소리로 의사를 전달했을 테고, 상당히 정교한 의사 전달이 가능해질 때까지는 다시 수만 년이 더 걸렸습니다. 언어가 정교해져서 문법이 생기고 글자가 만들어진 지는 겨우 5천 년밖에 안 됩니다. 그러나 분명히 언어와 문자가 없던 시절에도 인류는 가족을 꾸리고 부락을 이루며 인간관계를 맺고 살아왔습니다. 그때는 어떻게 의사소통을 했을까요?

언어가 없으니 억양이나 몸동작, 얼굴 표정 같은 비언어적 커뮤니케이션으로 소통하며 인간관계를 맺어왔던 것입니다. 그런데 요즘 세상에서는 서로 얼굴 표정을 보기가 힘듭니다. 컴퓨터에 스마트폰에, 옛날 같으면 직접 얼굴 보고 할 이야기를 문자 메시지로 전달하고 이메일로 전송하면서 비언어적 커뮤니케이션 능력을 상실해 가고 있습니다.

그러나 우리 DNA에 깊숙이 각인되어 있는 감정 표현 욕구가 쉽게 사라질 리 없습니다. 문자만으로는 만족스럽지 않아 이모티콘으로 감정까지 전달해야 의사를 제대로 표현했다고 마음이 편해집니다. 이모티콘 시장이 활성화되어 있는 점만 봐도 비언어적 커뮤니케이션이 얼마나 위력적인지를 알 수 있습니다.

감정이 표정에 나타나는 이유가 있습니다. 얼굴에는 마흔세 개의 근육이 있다고 합니다. 서너 개만 있다면 의식적으로 조절할 수 있겠지만 마흔세 개나 되니 조절이 안 됩니다. 그렇기 때문에 비록 입 밖으로 말을 내뱉지는 않아도 마음속에 비난과 경멸 등 관계를 망치는 독을 마음에 품으면 얼굴에 다 나타나게 되어 있습니다.

스트레스를 받아서 가슴이 답답하고 속이 쓰리고, 속이 상할 때 얼굴이 일그러집니다. 심장이나 위장 등 내장을 관리하는 미주신경계가 얼굴 근육도 관리하기 때문입니다. 그래서 신체에 변화가 생기면 얼굴에 즉각 나타납니다. 몸이 아픈 사람한테 인상 찌푸리지 말고 환하게 웃으라고 해봤자 소용없는 것에는 이런 과학적인 이유가 있습니다.

관계조율에 필요한 소통에서 언어적이고 이론적이고 논리적인 부분은 극히 일부일 뿐입니다. 신체적이고 정서적이고 감정적인 부분이 매우 크게 작동합니다. 말에는 내용과 함께 감정이 전달됩니다. 의도했든 하지 않았든, 의식하든 의식하지 않든 감정이 전달되게 마련입니다. 또한 말은 없어도 감정은 전달됩니다. 이토록 막강한 위력을 발휘하는 감정을 잘 표출하고 표현할 수 없다면 인간관계가 힘들어지겠지요.

그런데 감정 표현 잘하기가 마음대로 되는 일이 아닙니다. 먼저 내 속이 변해야 합니다. 내 가슴이 먼저 긍정심에 머물러 있어야 합니다. 내 속은 썩어가고 문드러지고 있는데 억지로 긍정적인 표현을 하기는 힘들지요. 그래서 억지로 미소 지어야 하는 감정노동자가 스트레스로 인하여 매우 힘들어하는 것입니다.

감정은 인상을 찌푸리게 하는데 그러면 안 된다는 생각은 미소를 지으라고 합니다. 감정(마음)과 생각(배운 매뉴얼)이 엇박자를 내며 얼굴 근육에 상반된 지시를 내리는 비합리적인 상태인 것입니다. 그 상황에서 자기조율을 하기란 쉽지 않으니 당연히 관계조율을 하기도 어렵습니다. 감정을 적절하게 표현하는 것이 중요합니다.

감정에는 무지개만큼 화려한 기본 색깔이 여럿 있습니다. 또한 수천 가지 다양한 혼합 색채가 존재하듯이 감정에도 다양한 스펙트럼이 있습니다. 이처럼 다채롭고 풍요로운 감정의 세계가 있지만 감정 표현에 익숙하지 않은 청소년들은 부정적인 모든 감정을 "아, 짜증나!" 한마디로 일축하는 경우가 흔합니다.

얼굴에 나타나는 표정으로 컴퓨터가 구분할 수 있는 감정은 스무 가지 정도입니다. 그러나 미묘하거나 복합적인 감정은 수백 가지는 됩니다. 우리는 이런 다양한 감정 표현을 순간적으로 읽을 수 있어야 합니다. 이 능력을 갖추는 것이 감정코칭 훈련 가운데 하나입니다.

부모와 교사들이 알아야 할 감정코칭의 5단계

정말 다행스럽게도 교육부는 감정코칭법을 인성교육과 생활지도 우수 프로그램으로 인증했습니다. 인증 사업이 실시된 첫해에 인증을 받았고, 티처빌 연수에서는 수만 명의 유·초·중·고 선생님들이 감정코칭법 강의를 수강했습니다.

감정코칭법으로 부부 사이, 부모와 자녀 사이, 교사와 학생들 사이의 갈등을 극복하는 내용의 다큐멘터리도 여럿 제작되었습니다. 좋은 다큐멘터리들이라 상도 많이 받았습니다. 꼭 한번 볼 만합니다.

아이들뿐 아니라 부모와 교사들에게도 적용되는 감정코칭법은 다음과 같이 다섯 단계로 이루어져 있습니다.

•감정코칭 1단계 : 감정을 포착한다

어른들의 흔한 실수는 아이의 마음속에 있는 감정을 보지 못하고 눈에 보이는 행동에만 초점을 맞추어 지적하는 것입니다. 아이가 삐딱하게 앉아 있으면 "똑바로 앉아" 하고 행동을 수정하려고 합니다. 그렇게 앉아 있을 수밖에 없는 아이의 감정은 전혀 고려의 대상이 아닙니다. 이렇게 감정을 무시당한 아이는 더 격한 감정을 보일 수 있습니다.

그러니 아이와 교사의 관계가 처음부터 삐그덕거리게 되고 점점 멀어지고 원수가 되어 갑니다. 그래서 감정을 포착하는 것이 감정코칭의 첫 단계입니다. 즉 새로운 시각을 지니는 것입니다.

• 감정코칭 2단계 : 좋은 기회로 여긴다

아이가 감정을 보일 때 이를 자신의 감정에 휘말려 스트레스를 받는 부정적인 상황으로 인식할지, 아니면 아이의 성장을 돕는 긍정적인 기회로 인식할지를 선택해야 합니다. 짜증나고 회피하고 싶거나 버릇을 고치기 위한, 행동을 수정하는 귀찮은 일거리로 여길 것이 아니라, 감정코칭으로 아이의 성숙을 돕는 기회로 환영하라는 뜻입니다. 아이에게 적극적으로 관심을 보이고 아이와 긍정적인 관계를 형성할 수 있는 좋은 기회로 여기라는 뜻이기도 합니다.

아이가 강한 감정을 보일수록 더 좋은 기회로 여겨야 합니다. 물론 이때 우리의 감정은 더 크고 심하게 작동할 수 있습니다. 따라서 감정적 중립에 머물기 위해 자기진정을 하여 목소리 크기를 줄이고 톤을 낮추어 아이가 감정의 홍수 상태로 진입하는 것을 예방해야 합니다.

아이의 속마음을 헤아려야 합니다. 아이들에게는 원초적으로 불안감(부모가 자신을 버릴까 봐)과 죄책감(자신이 무언가 잘못하고 있다는 느낌이나 벌을 받을지 모른다는 두려움)이 있습니다.

따라서 우리가 분석하고 따지고 평가하고 판단하는 검사의 역할로 아이를 대하면 부정적 감정이 증폭됩니다. 가급적 대변해 주고 방어해 주고 보호해 주는 변호사같이 한편이 되어주는 역할로 다가가면 아이는 마음의 문을 더 쉽게 열 것입니다.

이렇게 할 수 있기 위해서는 본인의 감정, 특히 초감정을 다스릴 수 있어야 합니다. 그런 뜻에서 감정코칭의 1, 2단계에서 행동을 보는 예전 습관이 나타나지 않도록 다스리고 초감정이 본인의 반응을 지배하지 않도록 하는 것은 결국 자기조율에 해당됩니다.

• 감정코칭 3단계 : 감정을 들어주고 공감한다

이 단계에서 비로소 어른이 아이에게, 교사가 학생에게 능동적으로 개입하면서 긍정적 관계를 만듭니다. 개입의 방법은 소통이며, 소통의 핵심은 경청과 공감입니다. 즉 감정코칭 3단계는 코칭의 기본 도구인 대화(소통)에 대한 방법론입니다.

대화는 다가가는 것이어야 합니다. 그럴 때 상대로부터 대화를 이끌어내고, 스트레스를 줄여주고, 서로 긍정적인 정서를 쌓아갈 수 있습니다. 반대로 원수 되는 대화는 스트레스를 높이고 관계가 나빠지게 합니다. 공감이나 이해 대신 문제 해결부터 하려 들면 아이는 반발심이 들기도 합니다. 그래서 공감은 다가가는 대화의 시작이며, 관계조율의 핵심입니다.

• 감정코칭 4단계 : 감정에 이름을 붙인다

아이의 감정에 이름을 붙여주면 좋은 이유는 여럿 있습니다.

첫째, 불확실한 감정을 구체화하거나 명료화해서 이후 논의가 가능하도록 합니다. 아이가 명료화된 이름(단어)의 의미를 확실하게 몰라도 됩니다. 특히 어린아이가 감정의 이름으로 제시된 단어를 완전히 이해하지 못하더라도 괜찮습니다. 단어가 생긴 후에는 그에 대한 논의가 수월해집니다.

둘째, 감정 표현을 돕습니다. 특히 어린아이의 경우와 감정코칭을 받지 못한 아이들은 감정의 언어를 구사하는 능력이 낮아서 다양한 감정을 획일적으로 "짜증나요" "열 받아요"로 표현합니다.

앞에 놓인 꽃이 오색찬란한데 "어두운 색이에요" "밝은 색이에요"로만 표현할 수밖에 없다면 이는 매우 안타까울뿐더러 아이 또한 혼란스럽습니다. 이름(단어)이 생겨 최소한 자신이 느끼는 감정을 알게 되는 순간 마음이 좀 놓이고 그 감정에 혼란스러워하거나 집착하는 데 대한 대처법에 조금 더 신경을 쓸 수 있는 여지가 생깁니다.

셋째, 이성 쪽으로 이동합니다. 감정은 우뇌에서 처리됩니다. 반면 언어는 이성을 관리하는 좌뇌에서 처리됩니다. 즉 우뇌 현상을 좌뇌를 사용하는 언어로 연결시켜 줌으로써 감정에서 이성으로 건널 수 있는 교두보를 놓는 셈입니다.

넷째, 감정을 행동으로 표출할 필요성을 감소시킵니다. 자신이 느끼는 감정을 말로 표현하지 못할 때 온몸으로 표현하게 됩니다. 영유아들이 그렇게 하지요. 감정코칭을 받지 못한 아기들은 감정 표현 능력이 그 수준에 멈추어서 훗날 어른이 되어서도 계속 미성숙한 행동으로 감정을 표출합니다.

• **감정코칭 5단계** : 바람직한 행동으로 선도한다

바람직한 행동으로 감정을 표출하고 해소하는 방법을 가르쳐주는 게 아니라 선도한다고 했습니다. 해결책을 먼저 알려주거나 지시하는 게 아니라 스스로 생각하고 제안할 수 있도록 지도한다는 뜻입니다.

가장 먼저 행동에 명확하게 한계를 그어주고, 그다음 아래와 같은 질

문으로 생각을 유도하는 것입니다.

- 네가 가장 원하는 것이 무엇이니? — 목표 설정
- 그것을 위해 무엇을 할 수 있을까? — 해결책 탐색
- 그것을 하면 어떻게 될까? — 해결책 점검
- 내가 한번 제안해 볼까? — 대안 제시
- 어떤 게 더 좋겠니? — 대안 선택

"이렇게 해"라고 지시하는 것이 아니라 "네 생각은 어떠니?" 하고 아이의 생각을 묻고 "좋은 생각이구나" 하고 지지해 주며 "네가 선택해 보렴" 하고 선택권을 주어 스스로 자존감을 느끼고 선택감을 느낄 수 있게 하는 것입니다.

나에게 해로운 행동과 남에게 해로운 행동은 안 된다는 한계를 그어 준 다음에 이어지는 가능성에 대한 탐구인 다섯 번째 단계는 결국 공익 조율에 해당됩니다. 누구에게도 해로운 행동은 안 되는 동시에 모두에게 이로울 수 있는 행동은 과연 무엇일까에 대한 고민은 공동체 의식을 강조하기 때문입니다.

하나의 사례를 들어 감정코칭의 핵심을 설명하고자 합니다. 아이가 친구와 싸운 후에 엄마에게 안깁니다. 그리고 슬프게 울며 말합니다.

"친구랑 싸웠어. 마음이 너무 아프고 힘들어."

엄마는 못마땅합니다. 못난이같이 우는 아이의 모습에 짜증이 납니다.

"도대체 왜 울어? 쯧쯧. 그만 울고 이렇게 해봐."

얼른 해결책을 제시합니다.

그러나 아이는 더욱 속이 상해서 엄마로부터 멀어집니다. 다시는 엄마한테 와서 자기 속마음을 털어놓지 않습니다. 마음이 아파서 엄마를 찾았는데 엄마는 오히려 마음을 더 아프게 하고 있으니, 소통이 단절되고 인간관계가 단절됩니다.

엄마의 반응에 문제가 많습니다.

첫째, 엄마는 아이의 우는 행동을 가장 먼저 포착했습니다.

둘째, "도대체 왜"라는 말은 비난입니다.

셋째, 비록 말을 내뱉지는 않았어도 아이를 못난이라고 여기는 경멸의 마음이 표정에 고스란히 담겨 아이에게 전달되었을 것입니다.

넷째, 행동을 코칭하고 있습니다. 아무리 코칭이 훌륭해도 아이에게는 다 잔소리로 들립니다. 앞서 나온 비난과 경멸로 아이는 상처를 입어 이미 마음의 문이 닫혔기 때문입니다. 마음의 문이 닫힌 후에는 아무 말도 귀에 들어오지 않습니다.

감정코치들은 다른 식으로 반응을 보입니다.

"마음이 아프구나."

우는 행동보다 아파하는 감정을 먼저 포착합니다. 아이가 한 말을 그대로 반영해서 경청했다는 사실을 확실하게 전달합니다.

"나라도 그럴 거야."

아이의 감정에 공감합니다.

"이럴 때 기분이 어때? 저렇게 하면 기분이 어떨까?"

감정을 탐색하고 코칭합니다.

이제 아이는 자신의 감정이 수용되었음을 확인하고 안심합니다. 엄마가 자기 맘을 알아주니 더 이상 감정을 보여야 할 필요성이 줄어들었습니다. 엄마가 공감까지 해주니 엄마와 한편이 된 기분입니다. 신뢰가 생깁니다. 우리는 신뢰하는 사람에게 마음을 열고 그들의 말에 귀를 기울입니다. 엄마의 말을 들을 준비가 되었습니다.

"아무리 마음이 상하더라도 친구랑 싸우면 안 돼."

엄마는 명확하게 행동의 한계를 그어줍니다.

"이럴 때 어떻게 하면 좋을까?"

이제 아이의 행동을 수정하는 단계에 접어듭니다. 감정을 코칭하고 있지만 결국에는 행동이 수정됩니다.

물론 감정코칭은 이보다 더 간단할 수도 있고, 이보다 훨씬 더 복잡하게 진행될 수도 있습니다. 그러나 핵심을 잘 보여주고 있는 사례입니다.

아이에게 감정코칭을 하면 아이는 저절로 따라 배웁니다. 관계 맺기의 핵심인 소통에서 상대방의 말을 경청하고 공감하는 법을 배우고, 자신의 의견이 상대방에게 불편하거나 불쾌하게 들리지 않도록 전달하는 방법을 습득하게 됩니다. 그래서 서로 신뢰를 쌓아가면서 관계를 우호적으로 만들어가는 방법을 터득하게 됩니다.

신뢰의 과학

소통은 원한다고 해서 이루어지는 게 아닙니다. 또한 진정한 소통이란 내 생각이 입을 통해 남의 귀로 들어가는 것이 아님을 인정해야 합니다. 소통을 하자면 가장 먼저 신뢰에 대해서 알아야 합니다.

우리는 신뢰를 명사로 사용합니다. 물건처럼 존재하는 개념으로 신뢰가 있다, 없다고 표현합니다. 그래서 신뢰를 주고받을 수 있고, 쌓거나 잃을 수 있습니다. 신뢰를 느낄 수도 있고, 신뢰에 금이 가거나 심지어 신뢰가 깨지기도 합니다.

또한 신뢰를 동사로도 사용합니다. 신뢰한다, 안 한다고 말합니다. 그래서 신뢰할 수 있는 사람, 신뢰할 수 없는 사람으로 구분하는 것도 가능해지지요. 그러니 신뢰는 사람의 품성이나 성질과 같은 '신뢰성', 품질의 수준 같은 '신뢰도', 감각 차원의 '신뢰감'으로 연결됩니다. 결국 형용사 같은 양적, 질적 표현이 가능해지기 때문에 높고 낮은 신뢰, 또는 신뢰가 강하다, 약하다고 하는 게지요.

그러나 '신뢰심'이라는 단어도 존재합니다. 즉, 어느 상대방에게서 발견하고 느낄 수 있는 요인만이 아니라 그 상대방을 대하는 나 자신의 마음자세와 태도를 지칭하고 있습니다. 신뢰란 상대방의 신뢰도와 무관하게 내가 일방적으로, 독립적으로 지니는 일념 또는 신념일 수 있다는 것입니다. 극단적인 예를 들어, 제3자가 볼 때는 영락없는 사기꾼인데 어떤 사람은 무한한 신뢰를 지닐 수 있지요.

이토록 다차원적이고 복합적인 신뢰라는 개념은 이제 과학적인 연구로 분석되고 명료화되고 있습니다. 신뢰가 형성되고, 서로 신뢰하고, 신뢰에 금이 가고, 틈이 벌어지고, 깨지고, 소멸되는 연속적인 과정이 매우 구체적이고 구분 가능한 단계로 정리되고 있습니다.

마치 생애주기처럼 신뢰의 각 단계별 특성과 속성이 있다는 것입니다. 신뢰가 어떻게 한 단계에서 다음 단계로 넘어가는지, 어떤 이유로 중단되거나, 전 단계로 퇴행하는지를 섬세하게 묘사할 수 있습니다. 결국, 신뢰는 과정임을 알아낸 것입니다. '신뢰 프로세스'인 것입니다.

신뢰는 두 사람(또는 개체) 사이의 상호 의존 상태를 뜻하고, 그 상태가 일정한 단계를 거치면서 발전하거나 퇴행하는 과정을 뜻합니다. 신뢰가 해를 입고 해체되는 과정에는 이득 계산, 부정적 비교, 유독한 대화, 배반 등이 개입됩니다. 반면, 신뢰를 형성하거나 회복하는 과정에는 정서적 애착 형성법, 감정적 조율법, 긍정적 소통법, 건설적 갈등 관리법 같은 기술들이 필요합니다. 신뢰는 일련의 과정을 거쳐 나타나는 결과인 것입니다.

세상에는 자그마한 신뢰의 씨앗을 키워가는 기술부터 깨진 신뢰를 회복하기 위한 방법도 있습니다. 과학적 연구에 기반을 두고 임상실험으로 효과성이 입증된 방법입니다.

앞에서 살펴본 바와 같이 행복은 이성이 감성을 이기는 데서 나오는 게 아니라 이성과 감성이 서로 통하고 연결되어 조화를 이루는 결과입니다. 감정을 누르고, 심장이 뛰는 소리를 듣지 못하고, 가슴의 세계를 만나지 못하고는 사랑도 없고, 사람도 없고, 소통도 없습니다.

머리와 가슴이 통하고 일치해서 이성과 감성이 조화를 이루어 융합의 시너지 효과를 내야 합니다. 그래야 희망찬 새로운 내일을 창조하면서 행복할 수 있습니다.

21장

입지
'자신보다 더 큰 곳에 뜻을 두고 혁신한다'

그동안 만나온 수많은 영재와 위기 학생들에게는 두 가지 공통점이 있습니다. 하나는 스트레스가 많다는 점이고 다른 하나는 꿈이 없다는 점입니다. 무엇을 하고 싶은지 물으면 대부분은 이렇게 대답합니다.

"없어요."

"몰라요."

"말하기 싫어요."

물론 하고 싶은 일이 없을 수도 있습니다. 그러나 있어도 말하고 싶지 않다고 합니다. 말해 봤자 야단만 맞을 것 같으니까요.

"꿈 깨."

"너 같은 놈이?"

"그걸 꿈이라고 꾸니?"

아마도 경멸받고 비난받을까 봐 꿈이 있어도 말하지 않는 것이겠지요. 이런 아이들을 많이 보아왔기 때문에 요즘 '꿈과 끼를 살리는 행복한 학교' '꿈과 끼를 찾아가는 행복한 수업' 같은 키워드들이 회자되는 모습이 바람직하다고 생각합니다. 꿈이 없는 아이들, 아주 심각한 문제이기 때문입니다.

환몽과 악몽을 넘어

그렇다면 꿈이란 무엇이고 끼는 무엇이며 이 둘을 찾아가는 공부란 또 무엇일까요? 꿈이란 자신의 재능, 즉 끼를 극대화하는 것입니다. 나의 장점에 나의 미래가 존재합니다. 재능이 없는데 꿈을 꾸면 성공할 확률이 적습니다. 자신의 강점과 장점을 발전시켜 나가는 것, 그 꿈을 이루기 위해서 노력하는 것이 공부입니다.

이런 뜻에서 박지성 선수에게 공부는 영어나 수학이 아니라 공을 차는 일이었습니다. 꿈을 실현하고 자아를 실현하는 데 도움이 되는 활동들, 그것이 공부입니다.

꿈이 없고, 꿈을 모르고, 꿈에 대해 말하기 싫다는 한국 학생들은 꿈을 위해 훨훨 날아다니기는커녕 날개가 꺾여 있습니다. 독수리같이 훨훨 날아다녀야 할 청소년들이 날갯죽지가 꺾인 채 땅바닥에 떨어져 푸덕거리고 있습니다. 참으로 애처로운 모습입니다.

"의사 돼." "공무원 돼." "법대 들어가야 돼."

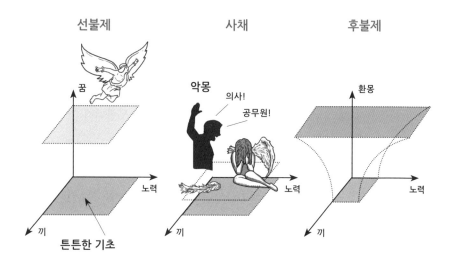

선불제   사채   후불제

진정한 꿈은 선불제, 꿈만 꾸는 것은 후불제

꿈을 주입하고, 꿈을 억압하고 있기 때문입니다. 아이에게 꿈을 강요하고 있는 이유는 이해합니다. 그동안 만나본 많은 학생들은 위태롭기가 이루 말할 수 없었습니다. 이를테면 누가 봐도 음치인데 본인은 가수가 되겠다고 합니다. 부모의 입장에서, 또 교사의 입장에서는 위태롭게 보일 수밖에요.

자신의 끼를 극대화해 나가는 것이 꿈을 향해 가는 것인데 재능도 없는 데다 노력도 별로 하지 않으면서 말 그대로 꿈만 꿉니다. 그것은 꿈이 아니라 환몽(fantasy)이지요. 그렇다고 일방적으로 강요하는 것 또한 꿈이 아니라 악몽입니다.

꿈에는 세 가지 종류가 있는 셈입니다. 악몽과 환몽 그리고 진정한 꿈.

환몽도 문제지만 더 문제인 것은 그렇지 않아도 문제 많은 주입식 교육에 꿈마저 주입하고 있다는 점입니다. 굉장히 위험한 일입니다.

꿈은 선불제입니다. 나중의 영광을 위해서 미리 값을 치르는 것이기 때문입니다. 반면 환몽은 당장은 신나게 쓰지만 나중에는 톡톡히 값을 치러야 하는 후불제입니다. 악몽은 사채입니다. 결국은 갚지 못합니다.

최근 학생들에게 고민이 하나 더 늘었다고 합니다. '꿈을 꾸어라, 꿈을 찾아라, 꿈을 펼쳐라' 공부하라는 말 다음으로 자주 듣는 말이라고 합니다. 그러나 꿈은 머릿속을 샅샅이 뒤져봐도 없고, 아무리 용을 써도 생기지 않으니 스트레스만 더 쌓여갑니다. 그래서인지 일부 학생들은 꿈꾸기를 도와주는 진로학원으로 내몰리고 있습니다.

실로 많은 학생들이 꿈이 없습니다. 자신의 미래에 대해서 그다지 심각하게 생각하지 않는 학생도 있습니다. 그러나 저는 그들이 한심스럽거나 걱정되지 않습니다. 저 역시 어린 시절 변변한 꿈이 없었지만 지금은 사회에서 제 몫을 하며 살고 있기 때문입니다.

제가 어릴 적에 고려했던 미래는 기껏해야 1, 2주일 후였습니다. 그마저도 생일날이나 소풍가는 날을 설레는 마음으로 기다릴 때뿐이었습니다. 10년, 20년 후에 무엇을 하며 살 것인지 고민했던 기억이 없습니다.

대신 어린 시절은 상당히 여유로웠습니다. 거의 매일 밤 부모님은 옛날 이야기를 들려주셨습니다. 부모님의 어린 시절 이야기, 집안과 조상 이야기, 일제 만행과 항일 투쟁 이야기, 6·25 전쟁과 피난 이야기. 그때는 무슨 뜻인 줄도 몰랐지만 재미있었습니다.

특히 위기를 잘 헤쳐나간 슬기롭고 현명한 사람들 이야기에 감탄했고, 남을 위해서 자신을 희생한 정의로운 사람들 이야기에는 깊은 감동을 받았습니다.

　책을 읽을 여유도 있었습니다. 선생님이 추천해 주신 소설책을 읽으면서 주인공이 되어보기도 하고, 배경과 장면들을 상상했습니다. 그때는 완전히 사실과 다르게 상상했습니다. 그러나 탐욕과 오만에 빠진 인간의 모습과 중심이 있고 정도를 아는 사람의 모습이 어떻게 다른지 알게 되었습니다. 증오와 원망으로 서서히 죽어가는 자들을 불쌍히 여기게 되었고, 어려움 속에서 희망을 잃지 않고 살아가는 사람들이 가장 멋있어 보였습니다.

　주말에는 가족과 여행 다닐 여유도 있었습니다. 산에 가서 나물도 캐고 해변에서 조개도 주웠습니다. 소나무 밑의 고사리 밭을 보면 노다지를 발견한 것처럼 황홀했고, 물장난 치다가 새우라도 한 마리 잡으면 마치 온 세상을 손아귀에 잡은 양 소리치며 좋아했습니다. 점심은 삶은 달걀과 김밥이 전부였지만 꿀맛이었습니다. 배부른 후에 그늘 밑에 누워 살포시 조는 게 행복이었습니다. 아직도 그 기억이 꿈같이 새록새록 떠오릅니다.

　그렇습니다. 저는 어릴 적에 꿈은 없었지만 그 대신 꿈 같은 유년기를 보냈습니다. 어떤 사람이 되겠노라고 목표를 세우거나 진로를 정하지 못했지만 고등학교 2학년 때 이미 교육자의 길을 걷고 있었습니다. 야간학교에서 공부할 시기를 놓친 성인들에게 수학을 가르쳤던 것입니다.

　그렇게 하는 게 노블레스 오블리주이고 사회에 봉사하는 것이라고 배워서가 아닙니다. 그저 그런 일을 하는 사람이 멋있어 보였고, 저도 그들을 따라서 멋져 보이고 싶었을 뿐입니다. 비록 머리로 꿈을 의식하지는 못했지만 가슴에 뜻을 품고 있었던 것입니다.

꿈은 꾸겠다고 작정한다고 해서 꾸어지지 않습니다. 꿈에 집착하면 악몽이 되기도 합니다. 반대로 꿈은 엉뚱하게 생기기도 합니다. 한창 멋을 부리는 사춘기에 가슴에 꿈의 씨앗이 심어지기도 합니다. 겉멋으로 유치하게 흉내 내던 것이 점차 성숙한 꿈으로 발전할 수도 있습니다. 평범한 것에서 새로운 뜻이 발견되기도 합니다.

학생들이 뜻을 가슴에 품도록 도우면 좋겠습니다. 꿈과 달리 뜻은 의도적으로 지닐 수 있습니다. 각자 의미를 부여할 수 있기 때문에 스트레스가 동반되지 않습니다. 좋은 일을 하며 살아가는 멋있는 사람들의 이야기와 행복하게 사는 이야기를 들려주어 학생들이 잘사는 것의 의미를 가슴 깊은 곳에서 느낄 수 있었으면 좋겠습니다.

잘하는 일과 좋아하는 일의 조화

자기조율이란 머리 씀과 마음 씀의 조율이고, 이 조율이 깨졌을 때 나중에 후회할 행동들이 나옵니다. 아이들은 진로와 미래에 대해 머리와 마음의 조율이 되어 있지 않습니다. 좋아하는 일과 잘하는 일 사이에서 갈등을 느끼고 있습니다.

무엇을 선택해야 할까요? 좋아하는 일을 하며 살면 행복하겠지만 과연 밥벌이가 될까요? 좋아하는 일을 버리고 잘하는 일을 선택하면 성공은 할 수 있겠지만 과연 행복할 수 있을까요? 행복 없는 삶을 성공했다고 할 수 있을까요?

좋아하는 일과 잘하는 일 사이의 갈등이 행복과 성공 사이의 갈등으로 확대됩니다. 어느 하나 포기하기 어렵습니다.

물론 좋아하는 일과 잘하는 일이 동일하다면 문제가 없겠지만 많은 학생의 경우, 이 두 가지가 일치하지 않습니다. 여전히 많은 학생들은 대학 입시를 앞두고 자신이 좋아하는 것과 무관하게, 자신의 관심사나 꿈과 관계없이 그저 수능 점수와 내신 점수로 학과를 결정합니다. 그래서 많은 학생들이 심드렁한 학창시절을 보내고 있습니다. 일부 학생들은 우울증을 앓거나 불안증에 시달리기도 합니다.

좋아하는 일을 해야 할까요, 아니면 잘하는 것을 추구해야 할까요? 이런 고민을 할 때는 목표와 수단(방법)을 구분해야 합니다. 먼저 목표를 정하고 난 후에 그 목표에 도달할 수 있는 수단을 정해야 합니다. 목표는 자신이 좋아하는 일이어야 하고, 수단은 잘하는 일 가운데에서 찾아야 합니다.

좋아함은 주관적이어서 어느 누가 이래라저래라 할 수 없습니다. 하지만 잘함은 객관적으로 평가할 수 있습니다. 또한 잘할 수 있게 해주는 주변 환경, 조건, 상황 등에 좌우되기에 자신만의 능력이 아니라 알맞은 시간과 장소가 동시에 고려되어야 합니다.

아이돌 가수가 되고 싶은 학생을 예로 들어 설명하겠습니다. 가수가 목표인지 수단인지를 구분하면 과연 이 학생이 적합한 진로를 선택했는지 판단할 수 있습니다. 가수가 되고 싶은 이유가 다른 사람들에게 즐거움을 주는 것이라면 가수는 수단입니다. 만약에 노래를 뛰어나게 잘한다면 가수라는 수단은 목표를 달성하기에 적합할 수 있습니다. 하지만 음치라면 잘못 선택한 수단입니다. 다른 수단을 찾아야 합니다.

다행히 남에게 즐거움을 베풀 수 있는 방법은 꼭 가수가 아니어도 많습니다. 개그맨이나 스포츠맨도 큰 즐거움을 베풀 수 있습니다. 또한 이런 일을 직접 하지 않아도 엔터테인먼트 산업의 다양한 직종에서 일하는 사람들 역시 즐거움을 베푸는 일을 하는 셈입니다.

엔터테인먼트 산업과 전혀 관계가 없어도 괜찮습니다. 한때 최고의 사진기 회사였던 코닥의 회장은 공장 직원들에게 이렇게 말했습니다.

"우리는 사진기를 만드는 조립공이 아니라 많은 사람들에게 추억을 베푸는 사람들입니다."

자신이 하는 일에 어떤 의미를 부여하는지에 따라 시각이 달라집니다.

아이돌 가수를 수단이 아니라 인생의 목표로 삼는 학생들이 적지 않습니다. 유명해지고 부자가 되고 싶어서, 연예인의 라이프스타일이 좋아 보여서 그 목표를 달성하기 위해 수단과 방법을 가리지 않는 경우도 있습니다. 심지어 돈을 뜯기기도 하고 몸을 다치기도 합니다. 목표와 수단을 혼동한 지혜롭지 못한 행동입니다.

좋아하는 일을 할까요, 아니면 잘하는 일을 할까요? 정답은 '둘 다'입니다. 단, 목표와 수단에 따라 잘 조율해야 합니다.

이를 조율해 나가는 방법은 율곡 선생이 『격몽요결(擊蒙要訣)』에서 잘 안내하고 있습니다. 『격몽요결』은 조선 시대의 첫 교과서로 전국 향교에서 교재로 사용된 책입니다. 총 10장으로 이루어져 있는데 그 첫 번째 장이 입지(立志)입니다. '뜻을 세우다'라는 의미인 입지에 이어 두 번째 장은 혁구습(革舊習), 세 번째 장은 지신(持身)입니다.

혁구습이란 옛날의 나쁜 습관을 타파한다는 뜻이지요. 아무리 뜻을 높이 세워도 늦잠 자고 게으름 피우는 습관을 버리지 못하면 승산이 없습니다. 지신은 몸을 지킨다는 뜻으로 표정, 동작, 억양 등에 대한 바람직한 모습을 나열했습니다. 비구어적 커뮤니케이션의 표본이라고 할 수 있습니다.

혁구습의 '혁'과 지신의 '신'을 합치면 혁신(革身)입니다. 몸과 마음을 바꾸어 새롭게 하는 것이지요. 그래서 저는 혁신(革新)을 혁신(革身)으로 이해합니다.

뜻을 세우는 입지에서 자기주도 의지와 원동력이 나옵니다. 상과 벌로써 움직이는 것이 아니라 마음에서 우러나오는 동기에 따라 행동하게 됩니다. 남이 주입시키는 악몽, 허황된 환몽을 꾸는 것이 아니라 합리적이고 의미 있는 꿈을 꾸는 것이지요. 단기 성공에 매달리는 입시 위주의 전략이 아니라 장기 성공의 전략을 세우는 것, 그것이 입지입니다.

그런데 우리는 정작 중요한 입지는 뒤로 한 채 입시에만 매달리고 있습니다. 그렇게 해서 성공한들 그 행복이 얼마나 가겠습니까?

마음을 포기하고 해야 하는 일, 누가 시키는 일, 혹은 그냥 잘하는 일을 선택하면 꿈이 아니라 악몽이 되는 것입니다. 이미 가슴은 죽었습니다. 반면 환몽은 아무 생각 없이 그저 하고 싶은 욕구를 좇는 것입니다. 가슴은 있되 머리는 없습니다. 이 두 가지가 조화를 이루는 것이 꿈입니다. 잘하는 것과 좋아하는 것 사이에 갈등이 없도록 조율해 나가야 진정한 꿈이라고 할 수 있습니다.

22장

어른십
'나눔과 베풂의
리더십을 발휘한다'

꿈을 추구하기 위해서는 뜻을 세우고, 이를 추진해 나가기 위해서는 자기조율이 필요합니다. 잘하는 일과 좋아하는 일을 조율해 나가는 것이 필요한 까닭은, 꿈과 끼만 가지고는 행복해질 수 없기 때문입니다. 아무리 꿈을 지니고 끼를 발산해 성공한들 반드시 행복해지는 것은 아닙니다.

어느 유명한 사람의 이야기입니다. 그는 대단한 끼를 가지고 있었고 꿈도 컸습니다. 예술적인 재능도 뛰어났을 뿐만 아니라 과학적인 재능도 뛰어났습니다. 그가 제작을 지시한 자동차는 세상에서 가장 많이 판매된 자동차가 되었지요. 바로 폭스바겐입니다.

그의 꿈은 참으로 거대했고, 많은 사람들이 그의 꿈에 동참했습니다. 많은 사람들이 그에게 열광했습니다. 그의 이름은 아돌프 히틀러입니다.

히틀러는 꿈과 끼가 대단한 사람이었고, 그것을 발휘하며 살았지만 불행한 끝을 맺었습니다. 게다가 그의 꿈과 끼로 인해 너무나 많은 사람들이 죽었습니다. 너무나 많은 아동들이 고통스러운 인생을 시작하게 되었습니다.

'행복 방정식'

꿈과 끼가 있다고 해서 그것이 행복으로 가는 보장은 아닙니다. 하지만 저는 이 세 키워드에 수학 방정식 같은 정교한 상관관계가 있다고 생각합니다. 제가 미시간 공대에서 학생들이 인재로 성장하여 사회에서 성공하고 행복할 수 있도록 돕는 학생성공센터를 운영할 때에 만든 '행복 방정식'을 소개하겠습니다.

일단 성공하자면 두 가지 기본 요소가 필요합니다. 선천적 요소에 해당되는 '끼(타고난 재능)'와 후천적 요소인 '노력'입니다. 재능은 많지만 노력하지 않는 사람이 있는 반면 재능은 모자라지만 부단히 노력하는 사람도 있습니다. 즉 끼와 노력은 독립적으로 존재할 수 있기 때문에 이 둘을 X와 Y좌표로 구성할 수 있습니다. 여기에 꿈을 Z좌표로 삼는다면 핵심 키워드 셋이 XYZ 삼차원을 이룹니다.

꿈이 끼를 극대화해 나가는 방향일 때 XZ 평면이 채워지고, 그 평면을 입체적인 XYZ 형태로 채워나가는 게 노력(공부)이지요. 국·영·수·사·과만 공부가 아니라 끼가 안내하는 미래를 창조하기 위한 꿈을 이루기 위한 모든 노력이 공부인 게지요.

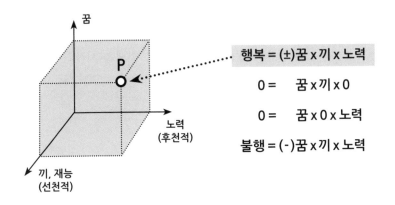

'꿈, 끼, 노력'으로 표현한 행복 방정식

삼차원의 원점(제로 포인트, '빵점')에서 가장 멀리 놓인 포인트를 P라고 하면, P는 세 요소가 극대화를 이룬, 성공과 행복이 있는 곳입니다. 여기에서 주목해야 할 점은 P의 가치(양)는 X, Y, Z의 합이 아니라 곱이라는 점입니다. 즉 P=XYZ 형식으로 '행복=꿈×끼×노력'이라는 '행복 방정식'이 이루어집니다.

이렇게 놓고 보면 세 요소의 연관성이 잘 나타납니다. 아무리 꿈이 있고 끼가 넘쳐난들 노력(Y=0)하지 않으면 결과는 '꽝'(P=0)입니다. 또한 아무리 노력해도 재능이 없으면(X=0) 그 결과 역시 '꽝'입니다.

X좌표에는 재능이 아예 없는 빵점부터 출중한 100점이 있고, Y좌표에는 노력하지 않는 빵점부터 최선을 다하는 100점이 있습니다. 그러나 Z좌표인 꿈은 다르게 평가됩니다.

꿈에는 점수가 없습니다. 요리사가 되겠다는 꿈은 40점짜리, 대통령이 되겠다는 꿈은 100점짜리인 것이 아니지요. 대신 플러스, 마이너스가 있습니다. 소인배의 꿈을 꾸면 불행해집니다. 이것이 마이너스 꿈이고, 플러스 꿈은 나눔과 베풂이 담겨 있는 것입니다.

아무리 재능이 많은들 오로지 자기 혼자 잘살겠다고 아등바등(노력) 하는 건 악몽(마이너스 꿈)을 꾸는 것이며, 결국 불행(마이너스 행복)하게 되는 지름길입니다. 혼자만 불행해지는 게 아니라 주변 사람 모두를 불행하게 만듭니다.

사람은 혼자만 행복해질 수 없고, 행복해지기 위해서는 모두가 서로 이롭게 살아가는 비전(꿈)을 공유해야 합니다. 그럴 때 비로소 모두 행복해질 수 있습니다. 이것이 혼자서 살지 못하고 함께 살아가야 하는 세상의 이치가 아닙니까. '행복 방정식'은 말해 줍니다. 행복과 불행은 선 하나 차이라고요. 마이너스(-) 선에 선(I) 하나 더 긋는 정도라고요. 그 정도라면 마음먹기에 달렸습니다. 선한 마음먹기에 달린 것입니다.

행복은 혼자 누릴 수 있는 것이 아닙니다. 함께 누려야 행복입니다. 그래서 꿈 안에는 나눔과 베풂의 개념이 포함되어야 합니다. 그것이 바로 공익조율입니다.

어른은 기버, 어린아이는 테이커

공익조율이란 나를 희생하고 다른 사람들만 위하는 것이 아닙니다. 나도 좋고 남도 좋은 윈-윈할 수 있는 능력이 공익조율입니다. 이런 공익조율의 능력을 가진 사람이 바로 어른십을 발휘하는 사람입니다.

제가 '어른십'이라는 말을 만든 데는 배경이 있습니다. 2011년 글로벌 인재포럼이 열리는 2박 3일 동안 많은 참가자들이 글로벌 인재의 새로운 개념들을 제안했습니다. 그 가운데 10가지 주요 개념을 포럼 마지막 날 선정했는데 그 가운데 어른십이 포함되었습니다.

포럼에서 저는 이렇게 말했습니다. 인재라면 집단지성뿐만 아니라 집단 지혜를 발휘할 수 있는 사람이어야 하고, 그런 사람이야말로 어른입니다. 지혜(wisdom)에 'i'를 빼고 'we'를 넣어야 합니다. 나를 빼고 우리를 넣어야 합니다. 지혜는 나 혼자 잘 먹고 잘살기 위해서 필요한 덕목이 아닙니다. 모두를 이롭게 하는 지혜가 우리에게 필요합니다. 이 집단 지혜를 발휘하는 사람이 어른십을 발휘하는 사람입니다. 어른십이란 하고 싶은 일과 해야 하는 일을 조율해 나가기 위해서 필요한 성숙한 사고방식이며, 책임 있는 행동 습관입니다.

어른과 어린아이를 구분하는 방법은 무엇일까요? 부모는 어른, 자녀는 아이, 선생님은 어른, 학생은 아이일까요? 나이로 구분합니까? 키로 구분합니까? 키로는 더더욱 구분할 수가 없지요. 요즘은 어른보다 키가 큰 초등학생도 있습니다.

제가 어른과 어린아이를 구분하는 방법은 굉장히 간단합니다. 어린아이는 그저 얻을 것만 생각하는 존재입니다. 대표적인 경우가 갓난아기이지요. 온종일 그저 자신이 얻을 것만 생각하고 요구합니다. 아무리 엄마가 피곤해서 옆에 쓰러져 있어도 전혀 개의치 않습니다. 온종일도 부족해 밤새도록 '젖 달라, 안아달라, 기저귀 갈아달라, 추우니 이불 덮어달라, 더우니 옷 벗겨달라' 끊임없이 요구합니다. 그것이 어린아이입니다.

이런 어린아이가 나이가 들면서 조금 성숙해지면 육체적으로, 정신적으로, 사회적으로 차츰 독립해 갑니다. 그러나 그렇다고 해서 어른이 되는 것은 아닙니다. 어른은 어린아이 같은 존재에게 베푸는 사람입니다. 자녀가 그렇고 노부모가 어린아이 같은 존재입니다. 그래서 자녀를 키우고 노부모를 봉양합니다. 이럴 때 어른이 완성되는 법입니다.

어린아이는 테이커(taker), 어른은 기버(giver)입니다. 어린아이가 자기 것만 챙기고 얻을 것만 생각하는 것은 야단칠 일이 아니라 그냥 어린아이다운 모습입니다. 야단맞아야 할 사람은 나이는 먹었는데 그저 자기 것만 챙기고 받을 것만 생각하는 사람입니다.

몇 년 전 어느 대기업의 신입사원 오리엔테이션에서 특강을 한 적이 있습니다. 대학교 체육관에 모인 약 2천 명의 젊은이들에게 저는 질문을 던졌습니다.

"축하합니다. 한국 대학교 졸업생 대다수의 꿈인 대기업에 입사했으니 축하드립니다. 그러나 질문 하나 하고 싶습니다. 여러분은 왜 대기업에 들어왔습니까?"

들떠 있던 행사장 분위기가 순식간에 가라앉고 조용해졌습니다.

"대기업의 후광을 업고, 다른 곳보다 많은 월급을 타고, 안정된 생활을 획득하고, 그래서 보다 나은 배우자를 얻기 위해서입니까? 그렇다면 저는 여러분의 미래를 정확하게 예측합니다. 빠르면 5년, 늦어도 10년 안에 젊음을 송두리째 빼앗기고 진이 쏙 뽑힌 채 쫓겨날 거예요."

직설적으로 말했습니다. 그것이 오늘날의 현실이기 때문입니다. 청중들은 어안이 벙벙해졌습니다.

"세상에 어느 조직이 어린아이 같은 존재들을 인재로 인정하고 리더로 우대해 주겠습니까? 존중받고 우대받는 인재로 살아가고 싶다면 무엇을 얻을 것인가를 생각하지 말고 무엇을 기여할 것인가를 생각하십시오."

어떤 부모는 자녀에게 말합니다. 내가 다 먹여주고 입혀주고 태워주고 사주고 돈 줄 테니 넌 그저 네 할 일(즉, 국·영·수·사·과 공부)만 하라고 합니다. 평생 오로지 자신만을 위해 초·중·고와 대학을 다닌 사람들에게 안정된 직업을 얻은 후 갑자기 남을 위해 일하기를 기대할 수 없습니다. 수십 년 동안 받는 데만 익숙해져 거지 근성을 지니게 된 사람이 하루아침에 남에게 베푸는 성숙한 사람이 되지는 않겠지요.

그래서 그저 오래 살았다고 저절로 어른이 되지 않습니다. 공부를 많이 하거나 돈을 많이 벌거나 높은 지위에 오른 사람이라고 다 어른이 아닙니다. 그런 '어르신'들 가운데 태반이 남들로부터 대우 받고 서비스 받고 아부 받기를 좋아합니다. 그러나 오늘 우리 사회에는 높으신 어르신이 아니라 최고의 리더십인 어른십을 발휘하는 사람이 필요합니다.

어린아이와 어른의 차이는 평상시에는 잘 구분되지 않더라도 응급시에는 확연하게 나타납니다. 남의 안위는 뒷전이고 자신의 몸부터 사리는 사람, 봉사하러 왔다가 인증 샷만 찍고 가는 사람, 팔 걷어붙이고 일하는 대신 입만 놀리는 사람, 해결책 대신 남 탓만 잔뜩 늘어놓는 사람……다들 어린아이 같은 사람들입니다.

어른십을 발휘하는 사람은 자신의 편안함보다 남을 먼저 배려합니다. 비록 자신이 저지른 잘못이 아니어도 남 탓하지 않고 자신의 부족함에 용서를 구합니다. 고맙다는 말을 듣기 좋아하기보다는 먼저 고맙다는 말을 건넵니다. 사랑 받기보다는 사랑을 보냅니다. 평상시에는 숨은 듯 보이지 않아도 응급 상황이면 돌연 나타났다가 자신을 베푼 후에 흔적 없이 사라집니다.

어린아이 같은 사람들 때문에 분통이 터지더라도 우리 사회에 이렇게 어른십을 발휘하는 사람이 여전히 있음에 큰 위로를 받습니다. 그래서 아직 한국에 희망이 있나 봅니다.

이제 우리는 학생들이 어른스럽게 살아가도록 돕는 교육을 하면 좋겠습니다. 인성교육이란 바로 어린이를 어른으로 만드는 교육입니다.

힐링은 작은 배려에서 시작한다

저는 자기밖에 모르고 남을 배려하지 않는 사람을 '어린아이'라고 치부해 왔습니다. 그러다가 얼마 전에 제가 심한 감기에 걸린 적이 있었습니다. 몸이 아프니까 세상만사가 다 귀찮고 애꿎은 제 아내를 보채게 되었습니다. 온종일 물 떠달라, 주물러달라, 죽 끓여달라 했고, 밤새도록 끙끙대며 아내의 신경을 곤두서게 했습니다. 평상시에는 제가 아내를 주물러주고 커피도 타주고 했지만 몸이 아프니 그저 받기만을 원하는 어린아이가 돼버렸지요.

그후 저는 한국의 교육 현실에 대해 새롭게 인식하게 되었습니다. 그전까지 저는 '어른이 아니라 어린애를 양성해 내는 한국의 교육 시스템'을 비판해 왔습니다. 성인이 되었지만 계속해서 자기가 얻을 것과 받을 것만 챙기는 어린애처럼 구는 대학생들을 많이 봐왔기 때문입니다.

그러나 이제 제 생각이 짧았다고 판단합니다. 우리는 미성숙한 게 아니라 그냥 아픈 게 아닌가 싶습니다. 그래서 어쩔 수 없이 관심이 온통 자신에게 쏠리고 남이 돌봐주기를 바라는 게 아닌가 싶습니다.

사실 우리는 할아버지 시대부터 오늘날까지 줄곧 아파왔습니다. 일제에 국가를 잃은 수모와 서러움, 수많은 사상자를 낸 전쟁의 처참함, 부모형제와의 생이별을 초래한 분단의 비애, 굶주림에 시달리던 참혹함, 비민주적인 억압에 대한 분노, 국가 부도를 막기 위해 결혼반지마저 내놓아야 했던 비통함, 그리고 실업자로 살아가야 하는 젊은이들의 불안과 절망. 이 모두 견디기 어려운 고통이며 아물지 않는 상처입니다.

이런 트라우마를 줄줄이 겪고도 여태껏 잘 살아온 우리 자신이 대단하고 자랑스럽고 앞으로도 기대됩니다. 하지만 동시에 우려되는 면도 있습니다.

세계 최고의 이혼율, 최저 출산율, 최고 자살률은 우리가 소중한 관계를 파기하고, 가정을 기피하고, 삶 자체를 포기하고 있음을 보여줍니다. 우리의 심기가 불안하고 체력이 고갈되고 생활이 궁핍해졌다는 뜻입니다. 우리가 심하게 아픈 것입니다. 모두가 아프기 때문에 남을 돌보거나 배려할 여력이 없습니다.

학생들은 새벽부터 밤까지 책상 앞에 구부리고 앉아 있는 고행으로 심신이 지친 나머지 친구를 배려할 여지가 없습니다. 몸이 심히 아플 때는 신음 소리만 내는 게 아니라 고래고래 소리 지르게 되듯이 학생들도 짜증만 내는 게 아니라 욕설에 폭언까지 일삼는 게지요. 나 좀 살려달라는 애원입니다.

선생님들도 마찬가지 아닐까 싶습니다. 행여나 학생에게 봉변을 당할까 두렵고, 집무 대신 잡무에 지치고, 스승의 날이 사라져가는 삭막한 현실이 아프고 허무한 나머지 학생 개개인에 관심을 쏟을 여력이 없는 게지요. 백년 앞이 아니라 코앞도 내다볼 상황이 아닌 게지요. 우리도 누군가의 돌봄이 필요합니다.

그러나 모두가 아픈 마당에 남이 나를 돌봐주기만 기다릴 수 없겠지요. 그러니 우리가 서로 아껴주고 배려해야 합니다. 모든 교사가 매달 한 번씩만 다른 교사를 위한 자그마한 배려를 베풀면 좋겠습니다. 사과 하나 책상에 올려놓거나 커피 한 잔 타드리거나 동료 교사의 장점 두어 가지를 포스트잇에 적어 컴퓨터 화면에 붙여놓을 수도 있습니다.

겨우 이것이 무슨 소용 있으랴 싶겠지만 해보면 압니다. 별것 아닌 일의 대단함을 말입니다. 그리고 별것 아니기에 누구나 쉽게 할 수 있다는 점을 말입니다.

힐링은 작은 배려에서 시작합니다. 우리부터 먼저 건강해집시다. 그래야 다른 이들을 돌볼 수 있습니다.

인재는 공익조율을 할 수 있는 사람

인성교육의 필요성이 대두된 시작 포인트는 학생들의 자살 사건이고, 티핑 포인트(tipping point)는 세월호 참사입니다. 그렇다면 인성교육의 엔딩 포인트(ending point)는 무엇일까요?

우리 사회 전체가 더 성숙해져 어른스러운 존재가 많아지는 때, 아이들한테 모범이 되고 규범이 되고 모델이 될 수 있는 어른들이 많아지는 때가 엔딩 포인트입니다. 그럴 때 인성교육은 수면 아래로 들어가도 괜찮습니다.

굿 워크 프로젝트 연구 결과에 따르면, 장기적으로 성공하고 행복한 사람들의 공통점은 모두 세 가지입니다. 그 첫 번째가 자신이 추구하는 일에 자신보다 더 큰 의미를 부여하는 것입니다.

두 번째, 성공하고 행복한 사람들은 최소한 한두 명의 멘토가 있습니다. 아무리 성공하고 행복하고 싶다 해도 성공하고 행복한 사람을 보지 못한다면 그렇게 될 확률이 매우 낮습니다. 그러나 내가 살아가고자 하는 그 방향, 내가 하고자 하는 그 분야에서 성공하고 행복한 사람의 모습을 보고 배울 수 있다면 그렇게 될 확률이 훨씬 더 높아집니다.

연구 결과, 실제로 성공하고 행복한 사람들한테는 그런 멘토가 최소한 한두 명은 존재했습니다. 우리는 바로 그런 모습을 보여주는 어른이 되어야 합니다.

세 번째는 일과 사생활 사이의 조화입니다. 가정에 소홀한 채 일에만 몰두해 온 사람의 말년은 행복할까요? 아마 배우자와의 관계도 소원하고 자녀들에게도 외면당할 확률이 높습니다.

이 세 가지 공통점을 요약하면 의미, 멘토, 조화입니다. 일과 사생활 사이의 조화란 내가 스스로 이루어야 하는 조화입니다. 그리고 멘토란 인간관계에서 나오는 모습이고, 추구하는 일에 자신보다 더 큰 의미를 두는 것은 나를 초월하는 것입니다. 즉 이 세 가지는 바로 자기조율, 관계조율, 공익조율인 것이지요.

서양의 방대한 종단 연구 결과뿐만 아니라 우리 동양 사상에도 이런 개념이 있습니다. 바로 '수신제가치국평천하(修身齊家治國平天下)'입니다. 수신이 자기조율이고, 제가가 관계조율이며, 치국이 공익조율입니다. 그러고 난 다음에 평화가 있는 것입니다. 모든 것에는 순서가 있다는 말이 여기에서도 확인됩니다.

인성교육의 삼율과 육행		平天下	인간다운 삶		홍익인간
공익조율	'어른십' '입지'	治國	안락 빌리빙 영적 빈곤	의미 가치 비전	초월 도덕 자아실현
관계조율	'긍정심' '감정코칭'	齊家	안정 힐링 정신적 빈곤		존중 사랑 소속감
자기조율	'합리' '자율인'	修身	안전 웰빙 물질적 빈곤		생리적·본능적 욕구

서양의 종단 연구 결과와 동양 사상이 녹아 있는 인성교육의 삼율과 육행

우리의 전통적인 개념에는 '홍익인간(弘益人間)'이 있습니다. 그저 전통적인 개념이 아니라 대한민국교육법 제1조에 명시되어 있는 교육의 목적입니다. 교육은 홍익인간의 이념 아래 모두를 이롭게 하기 위한 것이라고 법에 명시되어 있습니다.

이는 자기조율이 없고, 관계조율이 없고, 공익조율이 없으면 불가능한 일입니다. 구호만 외친다고 되는 일도 아니고 강요한다고 되는 일도 아닙니다. 상을 주고 벌을 준다고 되는 일이 아닙니다.

차곡차곡 지속적으로 장기간 체험하면서 몸에 녹아들어야만 가능한 일입니다. 교사 한 명이 한 시간 교육한다고 해서 되는 일도 아닙니다. 학부모를 포함해 모두가 함께 나서야 하는 일입니다.

인성교육의 스승으로서

홍익인간의 이념으로 모두를 이롭게 하는 교육의 주체로서 우리 교사들은 어떤 마음을 가져야 할까요?

얼마 전 꽃다발을 한아름 받았습니다. 꽃과 함께 받은 학생들의 감사 편지에서는 진심이 느껴졌습니다. 참으로 행복한 하루였습니다. 그러나 스승의 날은 아니었습니다. 멘토의 날이었습니다.

한국장학재단이 운영하는 코멘트데이(KorMent Day)는 전국에서 활동하는 멘토와 그들의 멘티가 다 함께 만나는 축제의 날입니다. 분명 아름다운 날이지만, 왜 스승과 제자라는 좋은 말을 두고 멘토와 멘티라고 하는지 아쉽기도 했습니다.

그러나 곧 알게 되었습니다. 스승의 날이 그다지 기다려지지 않는 날이 되었다는 사실을요. 검색창에 스승의 날을 쳐보고 깜짝 놀랐습니다. "선물 추천 바랍니다. 선물 때문에 엄청 고민이네요." "빤한 선물 지겹더라고요." "담임쌤이 이번이 마지막이라 해서 선물을 사줄까 합니다."

아니, "사줄까"라니요! 어쩌다가 스승의 날이 이토록 불편한 날이 되었는지 모르겠습니다. 이들에게 교사와 교수는 더 이상 하늘 같은 스승이 아닌가 봅니다. 어버이 같은 존재도 아닌가 봅니다.

갑자기 생각이 났습니다. 어버이 같았던 스승. 고등학생 시절 수학을 가르쳐주셨던 그분 덕에 수학에 재미를 붙였고, 그분 따라 하느라 저도 교육자의 길을 걷게 되었지요. 혹시나 싶어 검색창에 성함을 쳐보니 은퇴하시면서 국가가 주는 교육자상을 받으셨다는 기사가 나왔습니다.

선생님께서는 정말로 학생들에게 많이 주셨습니다. 이론을 명쾌하게 설명해 주시고, 학생을 존중해 주시고, 어려운 학생들에게 용돈도 주셨습니다. 제게는 멋있게 사는 인생의 비전을 주셨고, 그분을 닮고 싶다는 간절함도 주셨습니다.

그분은 제게 지식을 전달해 주신 지식 중간도매상이 아니라 지혜도 전해주신 멘토였습니다. 삶을 위한 교육만이 아니라 삶을 위한 교육을 베푸신 스승이셨고, 무엇을 하며 사는가와 동시 어떻게 살아야 하는가에 대한 모델이 되어주신 분입니다.

선생님이 그리워졌고 찾아뵙고 싶어졌습니다. 꽃다발 사들고 감사하다는 말, 존경한다는 말, 선생님께서 베푸신 은혜를 영원히 간직하겠다고 직접 말씀드리고 싶어졌습니다. 그러나 또 하나의 정보가 검색되었습니다. 이미 고인이 되셨다는 슬픈 소식이었습니다. 눈물이 났습니다. 진작 찾아뵙지 못한 죄송함에 가슴이 미어졌습니다. 선생님께서는 사람이 어떻게 살아야 하는가를 가르쳐주셨지만 부족한 제자는 어리석게도 인간의 도리를 뒤늦게 깨닫고 말았습니다.

제 자신은 선생님 살아생전에 꽃 한 송이 드리지 않았으면서 제자로부터 꽃다발 받고 좋아하는 제 모습이 참으로 한심하고 창피했습니다. 부끄러움과 그리움을 달랠 길 없어 또 한참 울었습니다.

그러나 아직 건재하신 다른 선생님이 계시다는 사실에 위안을 얻었습니다. 이번 스승의 날에는 제자들 손잡고 스승을 찾아뵙고자 합니다. 제 제자들 앞에서 스승의 가슴에 꽃 한 송이 달아드리고자 합니다. 제가 존경하는 스승을 제 제자들에게 자랑하고 싶습니다. 닮고 싶은 스승을 둔 저의 기쁨을 제 제자들과 함께 누리고자 합니다. 스승을 어버이같이 여기는 모습을 제자에게 보여주고 싶습니다. 스승의 날, 스승의 진정한 의미를 되찾고자 합니다.

우리가 교직원으로 산다는 의미는 무엇일까요? 나와 나의 학생 사이의 관계에는 어떤 의미가 있나요? 한때 이 질문에 모두가 공감했던 확실한 정답이 있었습니다. "학생은 제자고 우리는 스승이며, 스승은 어버이와 같은 큰 존재"였습니다.

교사는 한 아이의 인생을 뒤바꿀 수 있는 중추적 역할자이며 국가의 기틀을 다지는 사회건설자이기도 합니다. 교직은 한 사람의 미래에 지대한 영향을 미치는 일이기 때문에 아무나 할 수 없는 일이며 아무나 해서도 안 되는 일입니다.

그러나 요즘엔 이러한 숭고한 의미가 퇴색되는 것 같습니다. 학생이 교사를 자신과 동급으로 보는 경우가 흔해졌고, 교사 스스로도 학생 앞에서 겁먹고 작아지는 경우도 있습니다. 교사가 하는 일이 잡무라고 허무해하고 입시라는 거대한 괴물 앞에서 무기력해지기도 합니다.

많은 교직원이 말합니다.

"솔직해집시다. 교직이라고 특별합니까? 다른 직업과 마찬가지로 먹고 살기 위한 밥벌이잖아요!"

교직을 숭고한 일로 보는 시각은 솔직하지 않은 위선이라고 아예 못을 박아버리기도 합니다.

교직이 월급을 받는 직업이라는 점은 사실입니다. 이로 인해 내 가족의 안녕을 확보할 수 있는 것도 사실입니다. 그래서인지 오로지 경제적 부분만이 유일한 의미라고 보는 게 현실적인 시각이라고 생각하는 모양입니다.

저는 이에 조금도 동의하지 않습니다. 이러한 주장은 이성적 판단이라기보다는 자기비하에 위안을 삼는 패배주의적 사고방식에서 비롯한 게 아닌가 싶습니다. 여러 가지 의미가 가능하다면 저는 이왕이면 숭고한 의미를 선택하겠습니다.

어떤 의미를 부여하는지에 따라 내가 달라지고 우리가 달라집니다.

저도 말하고 싶습니다.

"솔직해집시다. 교직은 특별합니다. 다른 직업과 달리 숭고한 일입니다. 교직에 숭고한 의미를 담아낼 용기를 가집시다."

저는 인성과 인성교육을, 꽃과 꽃 가꾸기에 비유합니다. 인성이 우리 모두 원하는 꽃이고, 인성교육이 꽃을 피우기 위해 물을 주고 거름을 주는 일인 셈입니다. 우리는 물과 거름을 꽃에 직접 주지 않습니다. 뿌리에다 줍니다. 그렇다면 인성이라는 꽃을 피우기 위해서 인성교육의 물과 거름은 어디에 뿌려야 할까요?

저는 인성의 뿌리는 자기조율, 관계조율, 그리고 공익조율을 할 수 있는 능력이라고 생각합니다. 이 삼율을 실천할 수 있는 능력을 갖추어주는 게 효과적인 인성교육의 방법이라고 생각합니다.

4부

어떻게
인성을 가르칠 것인가

23장

'인성'이라는
꽃을 어떻게
피울 것인가

  인성교육이라고 해서 흔히 인성의 덕목이라고 하는 '효, 예, 정직, 책임, 존중, 배려'를 이행하도록 학생들에게 요구한다면 그다지 효과적이지 않을 것입니다. 그럼 효과적인 인성교육 방법은 무엇일까요?

  저는 인성과 인성교육을, 꽃과 꽃 가꾸기에 비유합니다. 인성이 우리 모두 원하는 꽃이고, 인성교육이 꽃을 피우기 위해 물을 주고 거름을 주는 일인 셈입니다. 우리는 물과 거름을 꽃에 직접 주지 않습니다. 뿌리에다 줍니다. 그렇다면 인성이라는 꽃을 피우기 위해서 인성교육의 물과 거름은 어디에 뿌려야 할까요?

  저는 인성의 뿌리는 자기조율, 관계조율, 그리고 공익조율을 할 수 있는 능력이라고 생각합니다. 이 삼율을 실천할 수 있는 능력을 갖추어주는 게 효과적인 인성교육의 방법이라고 생각합니다.

간단하게 자기조율을 예를 들어보겠습니다. 사람들은 화가 나면 '욱'합니다. 그리고는 욕설, 폭언, 심지어 폭행을 하거나 나중에 후회할 행동을 저지릅니다. 그래서 인성교육에서 화를 참으라고 하고 학생들에게 인내심을 가르칩니다. 말은 좋지만 그게 어디 쉽나요?

인성교육은 참는 걸 가르치는 게 아니라, 화가 나는 것과 화를 내는 것의 차이를 가르치는 것입니다. 화가 나는 것은 감정이고 화를 내는 것은 행동이며, 행동에는 선택의 여지가 있다는 것을 알려주어야 합니다. 느껴지는 화를 어떻게 표현하고 어떤 바람직한 모습으로 표출할 것인가를 가르치는 게 자기조율에 해당하는 인성교육입니다. 그래서 인성교육의 활동은 이 세 가지 능력을 키워주는 활동이어야 한다는 뜻입니다.

지금부터는 아주 구체적인 사례를 통해 인성교육 실천 방법들을 논하겠습니다. 제시되는 방법들은 당연히 인성교육 방법의 전부도 아니고 대표적인 방법들도 아니고 새로운 방법들도 아닙니다. 이미 자주 실천해 온 방법들이 어떻게 '삼율과 육행'에 연관되는지를 설명하기 위함입니다. 또한 쉽고 효과적으로 실천할 수 있는 방법들 위주로 제시하고자 합니다.

운동과 음악, 최고의 인성교육

앞서 미국과 유럽은 이미 많이 망가져 있는 상태이기 때문에 그들을 벤치마킹해서는 안 되고 그들의 현재 모습을 뛰어넘어야 한다고 말했습니다. 그러나 미국과 유럽의 모든 것이 다 망가지고, 모든 것이 다 문제라는 뜻은 아닙니다. 우리가 배우고 닮아야 할 우수하고 훌륭한 모습도 있습니다. 그 가운데 하나가 운동입니다.

스트레스로 위축된 신경계를 회복하는 데 운동은 가장 좋은 방법 가운데 하나라고 이미 소개한 바 있습니다. 그러나 운동은 인성 회복만이 아니라 인성 구축에도 매우 효과적이고 매력적인 방안입니다. 특히 팀 스포츠가 정말 좋습니다.

제가 알고 있는 한 미국 고등학생을 예로 들겠습니다. 그 학생은 프로 선수가 될 만큼 잘하지는 않지만 운동을 좋아해서 중학생 때부터 꾸준히 운동했습니다. 고등학생이 된 후 농구와 축구에서 학교 대표팀 주장으로 활약했습니다.

대표팀 학생들은 매일 연습합니다. 방과 후에 학교에서 두 시간 정도 땀을 흘립니다. 집에 가면 샤워하고, 저녁 먹고, 숙제하고 나면 곧바로 곯아떨어집니다. 그래서 상대적으로 딴짓할 기회가 없고, 사고 칠 기회도 없고, 소위 문제 행동을 할 기회가 적습니다.

아주 피곤한 상태에서 잠자리에 드니 잠을 깊이 자게 되고 충분히 회복된 몸과 정신력으로 아침을 맞이합니다. 빠듯한 일정이어서 스스로 시간 관리를 잘해야 합니다. 엄격한 행동 규범이 있어 자기 관리도 철저히 해야 합니다. 단지 운동할 때만이 아니라 평소에도 행실이 좋아야 합니다. 성적이 떨어지면 대표팀에서 탈락하니 공부도 열심히 해야 합니다. 자기조율에는 운동이 최고인 것 같습니다.

농구, 축구, 배구 같은 팀 스포츠의 경우 혼자만 조율 잘하고, 혼자만 운동 잘해서는 소용이 없습니다. 그래서 팀원들과 조율해 나가는 일을 배우게 됩니다. 자연히 관계조율을 체득하게 됩니다.

대표팀으로 활동하는 일은 쉽지 않습니다. 특히 다른 학교와 시합하기 위해서 타 지역으로 원정경기를 가는 경우에는 하루가 매우 길고 힘듭니다.

어렵고 힘든데 그리고 프로 선수가 될 것도 아닌데, 왜 할까요? 물론 재미있으니까 하겠지요. 그러나 학교와 동네의 명예를 위한다는 의식도 크게 작동합니다. 즉 공익조율을 체득하게 됩니다.

공동체를 위해 일방적으로 희생하거나 이용당하는 게 아닙니다. 미국에서는 학교 운동 대표팀원들에게 대학 입시 때 상당한 혜택이 주어집니다. 공익조율은 윈-윈이어야 한다고 했습니다.

여러 명문대학에서 등록금 외에 생활비, 용돈, 책값까지 제공하는 최고의 장학금을 주면서 이 학생을 서로 선발하려고 했습니다. 운동 선수로 선발하려는 게 아닙니다. 이 학생이 자기조율, 관계조율, 공익조율을 할 수 있는 인재임이 확실히 입증되었기 때문입니다.

한국에서도 아이들에게 운동할 수 있는 기회를 좀더 많이 만들어주면 좋겠습니다. 개인 운동과 팀 스포츠가 확산되고 체계화되고 조직화되어 아이들이 자기조율, 관계조율, 더 나아가서 공익조율까지 할 수 있는 최고의 인성교육의 장이 펼쳐지기를 바랍니다. 건강하고 건전한 인재가 스포츠를 통해 많이 양성되기를 기대합니다.

운동과 함께 음악 역시 인성교육에 큰 도움이 되는 영역입니다. 음악은 엄청난 감정의 세계로 우리를 초대하지요. 저는 가수가 부럽습니다. 강의 한 시간 해봤자 감동은커녕 졸림만 유도하기 일쑤인데, 노래는 단 1~2분 만에 큰 감동을 이끌어내지 않습니까. 눈물도 나고, 환호도 하고, 심지어 온몸을 들썩이게 합니다. 음악은 행동으로 나오게 하는 감정의 위력을 가장 잘 보여주는 경우입니다.

개인 음악 활동도 좋지만 팀으로 하는 오케스트라, 밴드, 합창단 등의 활동은 관계조율에 좋습니다. 특히 즉석에서 서로 맞추어나가는 재즈그룹은 더할 나위 없습니다.

독서 또한 좋습니다. 고전이나 시, 동화 등 아름답고 영감을 주는 이야기는 언제나 읽어도 좋습니다. 여러분 상황에 적합한 인성교육을 고려해보시기 바랍니다.

함께하는 놀이 속에서 성장하기

놀이도 효과적입니다. 혼자 하는 컴퓨터 게임이나 스마트폰 게임이 아니고 여럿이 함께 모여 어울리는 놀이와 보드게임이 좋습니다. 특히 제가 어릴 적 친구들과 함께했던 놀이들을 되돌아보니 이것이 참으로 훌륭한 인성교육의 기회가 아니었나 싶습니다.

어릴 적 놀던 생각이 납니다.

"무궁화 꽃이 피었습니다."

고개를 홱 돌려봅니다. 아무도 움직이지 않습니다. 그런데 몇몇 아이는 술래에게 조금 더 다가와 있습니다.

"무~궁~화~꽃~이 폈습다."

하아, 걸렸다. 천천히 말하다 갑자기 속도를 내는 꾀에 두 명이나 걸려들었습니다. 그러나 한 아이가 자기는 움직이지 않았다고 딱 잡아뗍니다. 술래와 한참 서로 우기다가 다른 아이들의 판결로 말다툼이 끝납니다.

"아휴, 속상해. 내가 걸음을 재빨리 멈췄는데."

억울하지만 참았습니다. 다수의 의견을 인정하고 따르기로 했습니다. 괜히 생떼 쓰다가 다음번 놀이할 때에 빠지게 될 수 있으니까요. 자기조율의 시작입니다.

"와, 재밌다. 내일 저녁때 또 하자!"

해는 이미 저물었고 코앞이 보이지 않을 정도로 어두워졌을 때에야 놀이가 끝났습니다. 그러나 서로 내일을 약속합니다. 이제 막 놀이가 끝났는데 벌써 내일의 놀이가 기대되고 기다려집니다. 아이들은 행복한 마음으로 각자 집으로 뛰어갑니다.

'무궁화 꽃이 피었습니다'는 제가 어렸을 때 친구들과 했던 수많은 놀이 가운데 하나입니다. 그 당시 놀이에 매뉴얼은 없었지만 규칙은 모두가 알았고 모두가 존중했습니다. 관계조율을 가르치는 놀이였습니다.

아이들은 정해진 규칙 안에서 별의별 꾀를 다 쏟아냈습니다. 구호의 박자를 예측불허하게 바꾸는 술래, 마이클 잭슨이 문 워크를 하듯 미끄러지는 아이, 순간 이동한 후 얼음조각상같이 얼어붙는 아이, 술래가 고개를 돌리는 순간을 노리는 아이, 그런 아이를 잡으려고 고개 돌리는 흉내만 내는 술래……. 서로 온갖 지략과 꾀와 창의력을 동원했습니다.

"너 움직이는 것 봤다."

"난 발가락도 안 움직였어."

아이들은 서로 주장했습니다. 그러나 다른 아이들이 심판 역할을 했습니다. 어른이 개입해서 판단해 주지 않아도 문제를 함께 해결해 나갔습니다.

"실은 내가 좀 움직였지."

함께 고민하는 과정에서 남 탓하지 않고 남을 원망하지 않고 스스로 실수의 책임을 졌습니다. 다음에 더 잘할 수 있는 방법을 연구하고 노력했습니다.

"그래, 다음번에 잘하지 뭐."

실수와 실패가 끝이 아님을 배웠습니다. 회복탄력성이 생기고 긍정성이 쌓였습니다. 물론 계속해서 술래가 되는 아이도 있었습니다. 그럴 때는 그 아이 대신 다른 아이가 술래를 자청했습니다. 보호하려는 마음이 발동한 이유도 있지만 모두의 재미를 위해 약자를 배려했습니다. 행복은 나 혼자만 누릴 수 없고, 모두가 함께 누리는 것이니까요. 그래서 술래가 되어도 마냥 즐거웠습니다. 공익조율을 실천하는 셈입니다.

그러나 어느덧 '무궁화 꽃이 피었습니다'라는 놀이 소리가 들리지 않습니다. 많은 놀이가 사라졌습니다. 그 대신 휴대전화 게임의 전자음과 컴퓨터 게임의 총소리, 폭탄 터지는 소리, 비명 소리만 들립니다.

한국 학생에게 인성이 상실되었다고요? 인성은 말로 가르치는 게 아니지요. 인성은 살아가는 방식입니다. 살면서 터득하는 것이지요. 온종일 현실세상에서 남을 적으로 여기고 경쟁하고, 온종일 컴퓨터 가상세계에서 남을 깨부수거나 죽이고, 온종일 오로지 자기만을 위한 세상을 꿈꾸면서 살아가는 아이에게 인성을 기대할 수는 없습니다.

놀이, 그룹 스포츠, 오케스트라, 토론수업, 협동수업 등 무엇이든 함께 자기조율을 하고 관계조율을 하고 공익조율을 하며 만들어가는 활동은 최고의 인성교육이지요. 학습의 즐거움을 맛보게 해주는 인생 최고의 공부이며 행복한 교육의 핵심입니다.

9장에서 이미 설명했듯이 인성은 '남과 더불어 행복하게 살기 위해 필요한' 것입니다. 그리고 각자 행복해야 행복한 관계를 만들어갈 수 있습니다. 이제 다시 듣고 싶습니다. 아이들이, 학부모들이, 우리 선생님들이 다 함께 외치는 소리, "행복한 꽃이 피었습니다."

5분 일기 쓰기로 행복의 습관을 몸에 새긴다

인성은 내 몸에 체화돼야만 합니다. 인성교육은 꾸준히 시행되고 습관화되어야 합니다. 특히 긍정심은 내면화되어야 하기 때문에 머리로 깨닫는 것만으로는 부족합니다. 호감, 존중, 감사, 배려는 평상시 지니는 긍정적 감정 상태에서 비롯하기 때문에 끊임없이 연마해야 합니다.

이렇게 긍정심을 배양하는 데 최고의 방법 가운데 하나가 행복일기 쓰기입니다. 짧게는 2~3분, 길어야 5분이면 끝낼 수 있는 '최성애 박사의 행복일기'를 권장합니다.

하루를 보내고, 자기 전에 써보는 이 일기는 각자 할 수 있지만 함께하면 더 좋습니다. 집에서는 가족이 잠자기 전에 모여서 5분 안에 할 수 있을 정도로 간단합니다. 교실에서는 학생들이 담임 조례 시간에 할 수 있습니다. 가족의 경우를 사례로 들어 설명하겠습니다.

잠들기 전에 가족이 모여 둘러앉습니다. 각자 돌아가며 짧게 말합니다. "오늘 내가 가장 좋았던 것은~" 한 바퀴 돈 후에 다시 반복합니다. "오늘 다행이었던 것은~" 그다음에는 "오늘 감사한 것(사람)은~" 단출한 가족이라면 2분도 채 안 걸립니다.

"오늘 저녁에 닭고기를 맛있게 먹어서 좋았어요."

"오늘 선생님께서 칭찬해 주셔서 좋았어요."

하루를 보내는 가운데 일어난 수많은 좋은 일과 궂은일 가운데 좋은 일들을 기억하고, 그중 가장 좋은 일 하나를 선택하고, 그것을 추억으로 간직하는 것입니다. 매일 이렇게 하루를 마감한다면 훗날 나의 인생은 참으로 좋은 인생이 되어 있을 것입니다.

그러나 좋지 않은 일을 내 기억 속에서 삭제해 버리고 없었던 일처럼 여겨서는 큰 우를 범할 수 있습니다. 역사를 망각하거나 왜곡해서 진실로부터 멀어지면 더 큰 문제가 발생할 수 있지요. 아무리 좋지 않은 일이 마음을 아프게 해도 잊지 말아야 하는 경우도 있습니다. 그래야 성찰이 있고, 반성이 있고, 발전이 있는 법이니까요.

어쩔 수 없는 힘든 일이 벌어져도 자신의 태도만큼은 선택할 수 있습니다. 태도는 외부 자극에 대한 나의 반응입니다. 이래서저래서 좋은 게 아니라 그럼에도 불구하고 좋은 것을 발견할 수 있어야 행복합니다.

"오늘 폭우가 쏟아졌지만 비에 젖지 않아서 다행이었어요."

"오늘 친구와 싸웠지만 곧바로 화해할 수 있어서 다행이었어요."

억울하거나 화를 낼 수 있는 상황에서조차 다행인 점을 생각해 냄(비전)은 긍정적 결과(미래)를 만들어낼 수 있는 능력(창조력)입니다.

"오늘 내가 좋아하는 닭고기 요리를 해주신 엄마가 고마웠어요."

감사함을 안다는 것은 세상에 나 혼자가 아니라는 깨달음이고, 안전함과 따스함을 만끽하는 정서적 풍요로움입니다. 매우 중요합니다.

예를 들어, 왕따를 당해서 자살하는 경우가 있지 않습니까? 자살하는 사람들은 그 상황이 단지 힘들고 어렵기 때문에 자살하는 게 아닙니다. 내가 힘들고, 어렵고, 절망적인데 아무도 내 감정을 이해해 주는 사람이 없고, 나서서 날 도와줄 사람도 없다는 고립감을 느끼기 때문입니다.

행복일기에 감사함을 매일 써온 사람들은 위기가 닥쳤을 때 '내가 정말 힘들고 절망적이지만 나를 걱정해 주고, 도와주고, 내가 감사해야 할 사람이 이렇게 많은데' 하는 생각을 하며 고립감에서 벗어날 수 있습니다. 이처럼 행복일기를 쓸 당시에는 그 힘을 의식하지 못하지만 위기 때 위력을 발휘합니다.

좀더 여유가 있다면 감사함에 이어서 "오늘 내가 한 선행은~"을 추가하면 좋습니다.

"오늘 나의 선행은 엄마 어깨를 주물러드린 거예요."

나도 누군가에게 감사함을 느끼게 했다는 흐뭇함을 얻습니다.

그러나 선행일기까지 쓰려면 두 가지를 먼저 해야 합니다. 첫째가 운동입니다. 몸을 건강하게 만드는 운동은 긍정심을 담을 그릇을 만드는 작업입니다. 아무리 의도가 좋고 의지가 크다 해도 그것을 담아낼 그릇이 없으면 말짱 헛것입니다.

몸이 아프면 모든 것이 다 귀찮고, 좋지 않게 보입니다. 남 생각 못하고, 오로지 나한테만 집중할 수밖에 없습니다. 그래서 몸을 먼저 건강하게 만들어야 합니다.

둘째는 장점 찾기입니다. 매일 한 가지씩 자신의 장점을 적어보면 자신에 대한 긍정적인 마음가짐을 가질 수 있고, 그래야 다른 좋은 것도 눈에 들어옵니다.

우리는 어릴 때부터 너무 부족한 점에 대한 지적을 듣고 살았습니다. 그래서 위축되고, 자기 자신에 대해서 뭔가 부족하고 아쉽게 생각합니다. 따라서 나의 장점, 강점을 찾아가는 능력을 키워야 합니다. 이 작업은 최소한 석 달 동안 매일 지속할 때 효과가 있습니다.

자신의 장점을 찾은 후에 남의 장점 찾기를 합니다. 한 명을 정해놓고 나머지 사람이 돌아가며 장점을 한 가지씩 말해 줍니다. "내가 생각하는 소영이의 장점은~" 다음 날에는 다른 한 명에 대한 장점을 말합니다. 장점을 듣는 사람의 입가에 큰 미소가 번집니다. 자신감과 자존감이라는 희망의 씨앗을 얻으니 얼마나 기쁘겠습니까.

장점을 말해 주는 사람 역시 미소를 환하게 짓습니다. 뿐만 아니라 그 두 사람을 보는 나머지 사람들조차 기분이 좋아집니다. 행복은 서로 주고 베풀 때 무럭무럭 자랍니다.

이처럼 행복일기는 평상시 감정상태를 긍정적으로 만들뿐만 아니라 아이들이 감사함을 알고 고마움을 표현하는 기술을 터득하도록 훈련시키는 방법입니다.

하루가 이렇게 시작된다면 아무리 힘들어도 그 하루를 버텨낼 힘이 솟구치겠지요. 하루가 이렇게 마무리된다면 그날은 좋은 날입니다. 행복은 이처럼 자그마하게 시작합니다. 행복일기 쓰기는 단순히 기록하기가 아니라 행복의 씨앗 심기입니다.

올바른 방법으로 용서 구하기와 용서하기

올바르게 살기 위해 반드시 가르쳐야 하는 생활의 기술에는 용서 구하기와 용서하기도 포함됩니다. 쉬운 일이 아니기에 어릴 때부터 제대로 가르쳐야 합니다.

"사과하라, 사과해라." 요즘 자주 듣는 말입니다. 아마 마음에 상처 받은 사람들이 많은가 봅니다. 잘못을 했으면 곧바로 사과하는 게 도리이며 갈등을 해소하는 현명한 길이겠지요.

그러나 아무리 사과해도 상대방은 진정성이 느껴지지 않는다며 더 화를 내기도 합니다. 그래서 머뭇거리다가 때를 놓치는 경우가 있습니다. 사과는 어떻게 하느냐에 따라 뒤틀린 관계가 회복되기도 하고 악화되기도 합니다. 학교에서 학생들에게 제대로 사과하는 방법을 가르치면 좋겠습니다.

저는 효과적으로 사과하기 위해서 하지 말아야 할 것 네 가지와 해야 할 것 네 가지를 제안합니다. 하지 말아야 할 말은 "……했다면" "그러나" "용서해 달라" "이제 잊자"입니다. 이런 말은 역효과를 불러일으킵니다.

"저 때문에 섭섭하셨다면 죄송합니다." 고개 숙이며 정중히 말했지만 상대방의 심기는 더 불편해집니다. "아니, '섭섭했다면'이라니! 그러지 않을 수 있는 상황에서 그러한 내가 옹졸한 인간이라는 뜻인가?" 이처럼 조건부 발언은 불쾌함을 줍니다.

"사과드립니다. 그러나 이런저런 사정 때문에 어쩔 수 없었어요." 해명하는 것 같지만 '그러나'라는 접속부사가 앞서 한 사과를 무효화합니다. 또한 본인이 책임질 이유가 없다는 뜻으로 들립니다. 그래서 회피성 발언의 뒷맛은 씁쓸합니다.

"정말 미안합니다. 용서해 주세요." 상대방의 심기를 건드려놓고는 되레 본인의 죄책감을 덜어달라고 요청합니다. 본인의 감정적 욕구를 먼저 챙기는 자기중심적인 발언은 괘씸합니다.

"송구스럽습니다. 이제 지나간 일은 잊고(뒤로하고, 정리하고) 앞으로 잘 지냅시다." 더 이상 과거에 얽매이지 말고 미래로 나가자는 뜻입니다. 논리적이고 이성적이지만 사람의 심리와 감정은 그렇게 쉽게 매듭지어지고 일정한 스케줄에 따라 움직여지는 게 아니지요. 일방적인 재촉 때문에 마음이 더 심란해집니다. 아무쪼록 사과는 합리적이어야 합니다. 이성과 논리가 있어야 하지만 동시에 감정과 마음을 담아야 합니다.

"아니, 이 정도로 사과했는데 여전히 마음을 풀지 않아? 참, 어린애도 아니고 말이야!" 드디어 짜증나고 상대방이 경멸스러워집니다. 문제는 비록 말을 내뱉지 않아도 짜증은 억양에 묻어나고 경멸은 얼굴 표정에 고스란히 나타나 상대방에게 비구어적으로 전달됩니다. 경멸당한 상대방의 심기는 불편함이 아니라 심한 분노로 변합니다. 혹 떼려다 혹 붙인 꼴입니다. 관계가 부정성의 악순환에 들어가 있어서 상대방이 하는 행동이 부정적 시각으로 보이기 쉽다는 사실을 알아차려야 합니다. 긍정심을 최대로 전달해야 경청이 가능해집니다.

사과는 상대방의 감정이 몹시 상해서 상대방이 자기조율을 하기가 쉽지 않은 상황입니다. 그래서 효과적인 사과는 상대방이 자기조율을 할 수 있도록 도와야 합니다. 그렇게 하려면 네 가지 실행이 있어야 합니다. 진정성을 듬뿍 담아서 사과하고, 간단하게 해명하고, 고마움을 표시하고, 상대방의 기분이 풀어질 때까지 기다리는 것입니다. 필요하면 이 네 가지를 반복해야 합니다.

진정한 해명은 상황을 설명해서 적어도 상대방의 마음을 불편하게 만들 고의성은 없었음을 밝혀야 합니다. 그리고 왜 그렇게 되었을까에 대한 상대방의 궁금증을 해소해 주어야 합니다. 해명은 간단해야 합니다. 사과한 후에 말이 장황하게 이어지면 자신의 입장을 앞세우는 것처럼 오해받기 쉽습니다. 특히 핑계로 변질되지 않도록 조심해야 합니다.

"늦어서 죄송합니다. 길이 많이 막혔어요. 서둘러 나온다고 했지만 평소보다 훨씬 더 막히는 바람에……" 핑계처럼 들립니다. 그래서 상대방은 마음속으로나마 "그래도 난 시간 맞췄는데, 넌 뭐야!" 하며 항의하게 됩니다.

"늦어서 죄송합니다. 길이 많이 막혔어요. 제가 좀더 서둘러 출발하지 못한 게 불찰이에요. 기다려주셔서 고맙습니다." 이런 사과에 마음이 풀립니다. 약속 시간을 지키지 못한 책임을 자신이 확실하게 지기 때문입니다. 잘못의 책임을 본인이 지면 해명이고 남에게 전가하면 핑계가 됩니다.

제대로 사과하는 방법을 알고 나면 한동안 힘듭니다. 나는 남에게 제대로 사과하지만 아직 방법을 터득하지 못한 남은 나에게 그렇게 하지 않으니까요. 그래서 학생들에게 당부하세요. 제대로 된 사과는 내가 남에게 하되 남이 나에게 해줄 것을 기대하지 말아야 하는 것이라고요.

그리고 용서는 남을 위해서 하는 게 아니라 자신을 위해서 하는 것임을 알려주세요. 증오를 가슴에 품는 것은 독을 품고 있는 것과 같으며, 과거에 매몰되는 것이며, 남이 자신의 감정을 지배하도록 허락하는 것이니까요. 용서를 해서 독을 해독하고, 자신의 진정한 주인이 되어야 미래로 나아갈 수 있습니다. 사과하는 것은 자율인으로 살아가는 방법인 게지요.

스토리텔링과 지구시민 이야기로 삶의 의미를 일깨우기

스토리텔링은 인류가 사용한 가장 흔하고 오래된, 매력적이고 위력적인 인성교육 방법입니다. 제가 어릴 적에는 학생들이 영웅전을 많이 읽었습니다. 영웅들의 모습에서 감동을 받고 인생의 모델로 삼기도 했습니다. 그러나 요즘 세상에 걸맞지 않은 가치관도 상당히 많기 때문에 그들의 스토리가 꼭 인성교육에 도움이 되는 것은 아닙니다.

세계를 통일하겠다는 알렉산더 대왕의 절개가 멋있다 하더라도 침략과 정복의 과정이 미화되고 아이들의 모델이 되어서는 안 되겠지요. 그렇다고 아이돌 가수들이 아이들의 최고의 모델이 되는 것을 우두커니 바라만 보는 것도 문제입니다. 우리는 아이들에게 인류 보편의 가치가 담긴 사람들의 스토리를 많이 들려주어야 합니다.

스토리텔링이란 말이나 이미지나 소리로 어떤 일을 전달하는 방식입니다. 인류 역사에 책이 등장한 건 아주 최근이지요. 문자가 없던 시대에는 스토리텔링을 통해서 교육도 하고, 오락도 하고, 문화도 전승시켜 왔습니다. 더 중요한 것이, '나는 누구인가' 하는 정체성과 '어떻게 살아야 하는가' 하는 삶의 방식을 전해주었습니다.

스토리텔링은 교육 효과뿐만 아니라 고위험군에 있는 아동, 청소년을 비롯해 심리적인 문제가 큰 성인에게도 힐링 효과가 있습니다. 연구 결과에 의하면 특히 듣기 능력과 집중력이 향상되고, 이야기를 들으면서 자연스럽게 자신과 전혀 다른 사람에게 관심을 갖게 되며, 다른 사람과 연결도 할 수 있게 됩니다. 이야기 속에 나오는 다양한 감정들을 이야기 속에서 안전하게 느껴볼 수 있는 기회를 얻습니다.

창의력, 상상력, 그리고 회복탄력성도 매우 발달합니다. 삶에 난관이 있거나 도전이 있을 때 어떻게 이를 극복하는지 그 방법도 배울 수 있습니다. 또 이야기를 듣는 사람뿐 아니라 하는 사람과 보는 사람 모두 자기

표현력과 상상력이 향상된다고 합니다.

최성애 박사는 이같은 스토리텔링의 사례를 보여줍니다. 심한 스트레스를 받고 자랐지만 무너지지 않고 더 큰 사람으로 성장한 사람들에 대한 이야기입니다. PTSD가 아니라 PTSG로 거듭나게 한 인성에 대한 이야기입니다. 동시에 이를 통해 자기조율, 관계조율, 공익조율이 무엇인지를 잘 설명해 줍니다.

샘, 조지, 라멧이라는 고등학생들이 있었습니다. 이들은 미국의 뉴저지의 빈민가에서 자랐습니다. 창문도 제대로 붙어 있지 않은 집, 아버지가 없는 집, 할아버지나 삼촌이나 이웃이나 목사님마저 없는 동네, 역할모델이 없는 지역, 그런 처참하게 빈곤한 환경에서 자랐습니다.

있는 것이라곤 마약, 범죄, 가난뿐이었습니다. 세 친구들 가운데 한 명은 어머니가 마약 중독이었고, 두 명은 이미 범법 행위를 일삼으며 소년원을 드나들었습니다. 미래는 암담했습니다. 그래서 이들은 부모를 원망했습니다. 특히 낳기만 하고 사라진 아버지를 증오했습니다. 얼굴도 모르지만 무책임한 인간에 대한 배신감을 느꼈습니다.

이 세 명이 고등학교에서 만나 친구가 되었습니다. 처음으로 따뜻한 인간관계를 맺었습니다. 그리고 변화가 생겼습니다.

"우리가 지금같이 계속 산다면 우리 부모와 똑같은 방식으로 사는 거야. 그런 미래를 맞고 싶냐? 우리 같이 공부해서 대학에 가자."

이렇게 뜻을 모았습니다. 마약을 벗어나고, 가난과 범죄를 벗어날 수 있는 유일한 길은 공부밖에 없음을 깨닫고 서로 굳게 약속했습니다. 그날 이후 죽기 살기로 공부를 했지만 기초가 없어서 힘들었습니다. 포기하고 싶은 생각이 매일 들었습니다. 그러나 서로 지지해 주고 도와주면서 결국 모두 대학에 진학했습니다.

산 넘어 산이라고, 대학에서도 고전을 면치 못했습니다. 충분한 뒷받침을 받고 자랐던 동기생들과 실력에서 너무나 차이가 났습니다. 많이 울고 절망도 했지만 세 친구는 계속해서 서로를 격려하며 함께 노력했습니다. 그렇게 무사히 대학을 마치고 셋 다 의사가 되었습니다.

스토리텔링은 여기서 끝나지 않습니다. 이 셋은 꿈같이 성공적인 새 삶을 시작했지만 자신의 과거를 잊지 않았습니다. 그 바쁜 의사 생활에도 쉬는 날 틈틈이 빈민촌에서 봉사활동을 했습니다. 아버지도 없고 역할모델도 없는 곳의 아이들에게 다가갔습니다.

"우리는 이렇게 성공했어. 그러나 우리도 한때 너희 같았지. 어떤 희망도 없고, 깜깜한 미래밖에 없었단다. 우리처럼 노력하면 이렇게 의사도 될 수 있어."

그들이 봉사하는 모습은 감동적이었습니다. 그들은 근사한 양복에 넥타이를 매고 의사 가운을 입고 가지 않았습니다. 그 동네 아저씨들이 입을 만한 평범한 옷차림으로 가서 아이들에게 가장 필요한 형, 오빠가 되어주었던 것입니다. 자신들의 성공 스토리를 들려주었지만, 몸을 낮추고 겸손한 마음으로 아이들의 입장에 서서 그들을 이끌어주었습니다.

이런 일을 하는 와중에 세 친구들은 자신의 아버지들에게도 아버지라는 존재가 필요했지만 없었다는 사실을 깨달았습니다. 조상들은 4백여 년간 노예로 살며 팔려가면서 가족이 뿔뿔이 헤어지게 되었고, 그래서 대대로 아버지 역할모델이 없었던 것입니다. 그제야 아버지를 이해하고 용서하게 되었습니다. 그러면서 함께 책을 썼습니다. 부모와 자식 간의 아주 든든한 유대감과 애착을 뜻하는 『BONDS』라는 제목의 책이었습니다.

우리는 아버지를 용서했다. 그들은 아버지 역할을 본 적도 배운 적도 없어서 몰랐기 때문이다. 하지만 우리는 이제 아버지의 역할을 배웠고, 그것이 얼마나 필요하고 중요한지를 알기 때문에 우리 다음 세대에게는 정말 좋은 아버지가 되려고 한다.

책이 던진 핵심 메시지였습니다.

이들은 시련을 극복해서 본인만 잘살고자 하지 않았습니다. 오히려 시련으로 인해 더 큰 사람으로 성장했습니다. 이들은 자신보다 더 큰 의미를 추구합니다. 최성애 박사는 이들을 지구시민이라 합니다.

24장

가정, 학교, 사회에서
함께 실천해야 할
공동체 인성교육

아이들은 어른 하기 나름이라고 했습니다. 아이들이 문제 행동을 하는 원인에는 흔히 부정적 감정을 유발하는 가정환경이 있다고 했습니다. 그 중심에는 부모님이 계십니다. 그래서 아이의 문제 행동만 없애려 하면 밑 빠진 독에 물 붓는 식으로 한도 끝도 없습니다. 문제 행동의 증상에 매달리지 말고 원인에 접근해야 문제가 빨리 풀립니다.

인성교육은 가정에서 시작해야 하고, 학교는 가정의 연장선에서 인성교육을 지속해야 합니다. 그러려면 가정과 학교가 함께 협력해야 합니다. 최소한 인성교육에 관해서는 부모와 교사가 함께 협력하고 일치된 모습을 학생들에게 보여주어야 합니다. 정말로 학교가 부모의 역할을 대신해 주는 공간임을 학생들이 느껴야 합니다. 그래야 학교가 '부모 같은 스승'

이 계신 곳이 되는 것이지요.

부모는 아이의 베이스캠프가 되어야 한다

2015년 2월에 방영된 SBS 다큐멘터리 〈연예하는 아이들, 불편한 부모〉는 연예인이 되고 싶은 여덟 명의 아이들과 그런 아이들을 걱정하는 부모 이야기였습니다. HD행복연구소 전문가들은 2박3일 간의 캠프에서 아이들에게 진학, 진로, 꿈에 대해 지도하는 효과적인 방법을 제시해 주었습니다. 이 프로그램에는 자기조율, 관계조율, 공익조율 요소들이 내재되어 있습니다. 다큐멘터리에 출연한 대안교실 전문가 김민정 선생님의 사례를 통해서 2박3일 간의 프로그램을 들여다보고자 합니다.

캠프에 참여한 아이들 중에는 개그우먼의 꿈을 본격적으로 추진하기 위해 고등학교를 그만두겠다는 고2 여학생, 교실에 왜 있는지 모르겠다는 기타리스트 지망생, 명석한 두뇌를 지녔지만 영상 제작에 매달리는 재수생, 밴드 활동비를 벌기 위해 온종일 아르바이트를 하는 자퇴생도 있었습니다.

이들 부모는 억장이 무너집니다. 아이가 절벽으로 내달리는 것 같아 불안합니다. 아이를 달래보고, 애원해 보고, 야단도 쳐보고, 옥박도 질러 보지만 전혀 효과가 없습니다. 그러는 사이에 아이와 관계만 나빠집니다. 아예 집 밖으로 뛰쳐나가는 아이도 생겼습니다. 위태로운 상황입니다.

캠프는 아이들이 시장에서 직접 저녁거리를 사오고, 요리하고, 부모님께 식사 대접을 하면서 시작합니다. 여태껏 남이 해준 것을 먹기만 한 아이들이 함께 식단도 짜고, 주어진 예산 내에서 지출을 책임지고, 남을 위해 요리하고, 서빙까지 합니다.

이 과정에서 많은 자기조율과 관계조율이 일어납니다. 자기가 좋아하고 하고 싶은 일만 하던 아이들이 생각을 하고 남들과 조율을 하게 됩니다. 신기하게도 아이들은 조율하기를 좋아하고 재미있어 하고 더 하고 싶어 합니다.

따지고 보면 그리 신기할 것도 없습니다. 매일 인스턴트 음식만 먹다가 제대로 준비된 요리를 먹으면 더 훌륭한 음식이 있다는 사실을 알게 되고 좋은 요리를 더 먹고 싶어집니다. 조율되지 않은 악기가 정상인 줄 알다가 악기가 조율된 후 그 소리를 들어보면 그 이전으로 되돌아갈 수 없습니다.

생활도 마찬가지입니다. 혼자 막 살아온 아이는 그게 인생의 전부인 듯 착각합니다. 하지만 조율의 경험을 한번 하고 나면 그 맛을 알게 됩니다. 요리와 놀이는 그런 면에서 매우 안전하고 효과적인 첫 조율의 경험입니다.

또한 캠프에서는 물풍선 놀이를 했습니다. 둘씩 짝을 지어 마주 서서 물이 반쯤 찬 풍선을 주고받는 게임입니다. 성공하면 한 발씩 물러서서 둘 사이가 좀더 멀어집니다. 도전 수준이 높아짐에 따라 불안감도 높아집니다. 이런 놀이를 통해 아이들은 두려움, 스트레스, 성공의 기쁨과 실패의 아픔을 안전하게 경험하는 기회를 얻습니다.

이렇게 감정적으로 안전한 상태에서 다양하고 즐거운 놀이 경험을 통해 슬픔, 좌절감, 당혹감을 극복하는 방법들을 배우고 자기조율에 대한 기본적인 준비가 되면, 부모와의 관계조율로 나아갑니다.

부모들도 아이들과 새롭게 만나기 위해 먼저 자기조율과 관계조율 기술을 배웁니다. 그리고 아이를 볼 때 자신의 감정과 맞닥뜨리게 된다는 사실을 깨닫습니다. 자신의 초감정 때문에 걱정되고 불안해서 본의 아니게 잔소리하고 윽박지르게 되고 결국 스스로 아이와 적대적인 관계를 만들고 있었음을 알아차립니다. 그래서 자신의 감정부터 다스리는 기술을 배웁니다. 아이의 감정을 만나고 아이와 한편이 되는 대화 기술을 배웁니다. 그런 다음 아이를 지지해 주는 기술을 배웁니다.

아이의 꿈이 무엇인지 알기 위해서 아이들이 5년 후, 10년 후, 20년 후의 자기 모습을 그려보게 합니다. 그다음에 치러야 할 대가를 계산해 보고 그 대가를 치르고 싶은지를 따져보게 합니다. 감정과 생각을 일치시켜 보게 하는 것입니다. 꿈이 일시적인지, 감정(욕망)적인지, 계산(생각)적인지, 일관성이 있는지, 흐름이 있는지, 지속가능한지 스스로 알게 합니다. 그리고 좀더 책임 있는 선택을 하도록 유도합니다.

이 과정에서 아이들의 꿈은 현실과 더불어 더 넓어지고 깊어집니다. 꿈을 이루기 위해서는 하고 싶은 일만 아니라 해야 하는 일도 있다는 사실을 깨닫습니다. 남을 배려하는 데 기쁨이 있음을 경험합니다.

부모나 교사의 입장에서는 세상 어려운 줄 모르고 환상에 사로잡힌 아이의 미래가 걱정됩니다. 아이에게 연예계 쪽으로 재능이 확실히 있고 성공하기 위해 충분히 노력하고 있다면, 진정한 꿈입니다. 전폭적으로 지지해 주어야 합니다.

반면 아이에게 그 방향으로 재능이 부족하다면 허황된 꿈, 즉 환몽일 확률이 높습니다. 그래도 지지해 주어야 합니다. 아이의 환몽이 아니라 아이를 지지해 주어야 합니다.

환몽을 지지해 줄 수는 없습니다. 그렇다면 무책임한 행동이지요. 아이는 어른의 지도가 필요한 존재입니다. 환몽은 지속가능하지 않기 때문에 아이는 언젠가는 환몽에서 깨어나게 됩니다. 물론 또다시 다른 환몽에 빠져 허우적거릴 수도 있습니다. 이런 실수를 여러 차례 반복하고 나서야 자신의 재능을 발견하고 진정한 꿈을 추구하게 되는, 긴 여정이 될 수도 있습니다. 바로 여기에 우리가 아이를 지지해 주어야 하는 이유가 있습니다.

만약에 아이의 환몽을 못마땅하게 여기고 반대하는 바람에 아이와 관계가 나빠지거나 관계가 단절되어 버린다면, 나중에 환몽에서 깨어난 아이가 의지할 곳이 없어집니다. 심한 실망감, 고립감, 절망감으로 결국 긴 여정을 완주하지 못하고 꿈 만나기를 포기하게 됩니다.

그러나 누군가 한 명이라도 지지해 주는 사람이 있다면 훗날 환몽에서 깨어났을 때 의견을 묻고 논의하며 좀더 성숙한 꿈을 추구하는 새로운 시작을 할 수 있습니다.

꿈을 찾는 긴 여정을 등반에 비유한다면, 인생의 베이스캠프가 존재하는 셈입니다. 눈보라 때문에 엉뚱한 산을 헤매다가도 언제든지 되돌아가 재정비할 수 있는 따뜻한 보금자리와 지지해 주는 사람들이 있으면 등반에 성공할 수 있습니다. 마찬가지로 아이들에게도 긴 여정에 춥고 힘들면 되돌아가 회복할 수 있는 곳과 전폭적으로 지지해 주는 어른이 필요합니다. 지지자는 한 명만 있어도 된다는 연구 결과가 있습니다. 그 한 명이 꼭 부모가 될 필요도 없습니다. 외할머니도, 이웃도, 선생님도 될 수 있습니다.

가족이란 부모나 아이나 평생 처음 겪는 경험입니다. 매일 새로운 상황이 벌어집니다. 이 경험을 성공적으로 행복하게 치러내기 위해서 아이와 부모는 함께 성장해 나가야 합니다. '꿈을 추구하는 아이의 인생 베이스 캠프, 회복하고 재충전할 수 있는 기회.' 이것이 부모와 같은 스승이 제자에게 해줄 수 있는 최고의 배려가 아닌가 싶습니다.

학교에서 함께 감정코칭을 실천할 때

이번에는 자기조율과 관계조율에 매우 효과적인 감정코칭에 대한 사례입니다. 감정코칭은 개개인이 배워서 실천하는 것이지만 한 사람이 할 수 있는 일에는 한계가 있지요. 이 사례는 공동체가 함께 실천하면 변화가 빨리 일어날 수 있다는 것을 보여줍니다. 한 아이를 키우려면 온 마을이 필요하다는 말이 있습니다. 인성교육은 공동체가 만들어나가는 것입니다.

일반 교사의 경우 개인 차원에서 아이를 위한 인성교육 프로그램을 실시하는 게 어른으로서의 책임입니다. 조직의 어른은 조직 차원에서 프로그램을 실시하는 게 바람직합니다. 신정초등학교 박영순 교장선생님은 학교의 어른으로서 그 바람직한 행동을 실천하셨습니다.

신정초등학교는 교사 100명, 학생은 약 2,100명으로 세계에서 가장 큰 학교이자 여건이 어려워 교육복지 특별지원을 받는 학교입니다. 박영순 교장선생님이 신정초등학교에 부임한 첫날 받은 보고가 "교장선생님, 누가 떼어가서 교문이 없어요"였다고 합니다. 교내에는 쓰레기들이 여기저기 눈에 띄었고, 많은 사람들이 왔다 갔다 하고, 어수선하다는 느낌을 주는 학교였습니다.

그래서 쾌적한 환경을 만드는 일부터 시작했습니다. 이러한 배경에서 전교 선생님들을 대상으로 감정코칭 교사연수를 실시했습니다.

감정코칭 및 회복탄력성 연수에 30시간씩 총 106명의 교직원이 참여했습니다. 수업 후 피곤했을 텐데 모두 열심히 연수에 참여했습니다. 교사들의 카페에 올라온 글을 소개합니다.

우리 반 아이들은 왜 이렇게 고집이 세고 자기 멋대로 할까? 교사인 나는 정상인데 얘들은 왜 그럴까? 감정코칭을 배우면서 차츰 그 원인을 알게 되었다. 교사인 내가 문제였다. 아이들의 감정을 읽어준 적이 없었던 것이다. 학생들과 함께 심장호흡을 해보니 5분은커녕 1분도 안 되어 진정이 되는 모습을 보았다. 그러면서 학교 분위기도 차분해졌다. 지금은 아이들의 감정을 읽어주고 공감을 표현하는 감정카드를 사용하고 있다. 고집부리고, 심술부리고, 주변 아이들을 때리고 다니는 학생에게 "많이 화났구나" 하고 다독다독 해줬더니 싸움이 많이 줄어들었다.

학생들과 소통할 때 긴 호흡으로 한 걸음 뒤로 물러섰다가 마음으로 한 걸음 다가갈 수 있는 작은 힘이 생기면서 마음의 상처가 조금씩 치유되는 듯하다. 감정코칭을 통해 교사로서 내가 성장함을 느끼게 되었고, 아이들을 대하는 마음에도 한결 여유가 생겼다.

그동안 아이들의 행동만 보고 놀라기만 했던 교사들이 어느새 학생들의 감정을 읽어주었습니다. 교사가 변하자 학생들도 변했습니다.

감정을 읽어주니 학생들도 더 푸근해지고 부드러워졌습니다. 교장실에 앉아 있으면 학교가 절처럼 조용하고, 부드러운 기운이 느껴집니다. 2천 명이 넘는 아이들이 있는 학교 같지 않습니다.

연수와 동시에 서울대 심리학과 연구팀이 독립적으로 실시한 연구 결과를 조금 소개하면, 대다수의 학생이 "나는 요즘 학교 가는 것이 좋다" "우리 선생님은 좋다" "내 친구들은 좋다" "나는 공부가 좋다"고 설문에 응답했습니다. 특히 우리 선생님은 "좋다"가 90.1퍼센트로 가장 큰 호응을 얻고 있었습니다. "싫다"는 0.5퍼센트밖에 나오지 않았습니다.

교과학습 부진아수와 보건실 사용 아동수 통계에도 변화가 감지되었습니다. 두 수치 모두 전년보다 감소했습니다. 전반적으로 학교가 안정되고 정서적인 분위기를 형성하게 되자 교육 활동에도 성과가 나타났습니다.

교사들의 사기는 진작되었고, 이제 자긍심이 느껴진다며 기뻐합니다. 학부모들도 "학교가 정말 깨끗해지고 안정감 있게 변했다"고 종종 말합니다. 작년에 학년 행사를 하는데 부장교사가 "교장선생님, 제가 이 학교에 6년째 근무하고 있는데 올해는 아이들이 특히 순해진 거 같아요. 무엇 때문인지는 잘 모르겠는데 확실히 달라졌어요"라며 고개를 갸우뚱했다고 합니다.

모든 선생님들이 조금씩 변하니 학생들은 많이 변하게 되었고, 그것이 학교 전체에 시너지 효과를 낸 것이라고 생각합니다.

학부모를 위한 감정코칭 아카데미반도 운영했습니다. 오전반과 맞벌이 부부를 위한 야간반을 개설해 총 16시간의 학부모연수를 실시했습니다. 이렇게 감정코칭을 통해 학생, 교사, 학부모 모두가 행복한 학교를 만들어가고 있습니다.

박영순 교장선생님이 부임할 때 학교 평가와 학교 성과 상여금이 계속 하위권이어서 교사들의 사기가 저하되어 있었습니다. 하지만 이 학교는 작년에 우수학교로 교육감 표창은 물론 장관상 등 다섯 개 영역의 교육 활동 우수상을 받았습니다. 그리고 2년 연속 학교 성과 상여금 최상의 등급인 S등급을 받고 있습니다.

멘토링과 멘토라이징,
모든 어른은 모든 아이의 선생이다

인성교육은 가정과 학교 이외에 사회 전체로도 확산될 수 있으며, 확산되어야 합니다. 모든 인생의 선배는 인성교육의 선생이 될 수 있습니다. 그런 뜻에서 모든 어른은 모든 아이의 선생이며, 선생답게 인성의 모델이 되어야 합니다. 어른스러운 모습을 보여주는 방법 중에 멘토링이 있습니다.

다행스럽게 한국 사회 곳곳에서 멘토링이 실시되고 있습니다. 기업체에서는 선임을 신규직원과 일대일 매칭해서 경험과 지식이 많은 선배가 지도와 조언으로 후배가 업무를 잘 익히고 잠재력을 향상시킬 수 있도록 멘토링합니다. 사회복지 시설에서도 어려운 환경에 놓인 아이들에게 형이나 누나처럼 애정과 관심을 주는 봉사자가 멘토 역할을 합니다. 대학, 심지어 중·고등학교에서도 멘토링을 실시하는 곳이 있습니다.

여성가족부에서는 갈 데 없고 방황하는 학교 밖 청소년들을 만나서 그들의 고민도 들어주고 꿈도 지펴주고 따뜻한 손길을 주는 멘토링을 운영하고 있습니다.

이 많은 멘토링 중에 저는 한국장학재단이 진행하는 '나눔지기' 멘토링을 좋아합니다. 기업체 대표 또는 임원, 전문가 등 사회 지도층 인사들이 7~8명으로 구성된 대학생 팀과 매칭되어 일 년 동안 정기적으로 만나면서 교류합니다. 평균적으로 한 달에 한 번 정도 만납니다. 각 멘토의 특성과 장점을 활용해서 다양한 방법과 과정으로 진행됩니다. 실제로 멘토링 전후로 멘티들의 자기성찰 능력, 관계협업 능력, 갈등관리 능력 등이 향상되었습니다.

그러나 제가 이 프로그램을 좋아하는 특별한 이유는 대학생들이 중·고등학생들에게 멘토링을 실시한다는 것입니다. 대학생 멘티들에게 멘토링을 주기만 하면 결국 그들은 받기만 하는 존재로 머물게 됩니다. 그러나 장학재단의 멘토링은 대학생을 멘토로 만들어주며 베푸는 존재로 성장시키고 있습니다.

저는 이러한 과정에 "멘토라이징(mentorizing)"이라는 신조어를 만들어 붙입니다. '멘토로 만들다'라는 의미 이외에 '멘토 라이징(mentor rising)'이라는 새로운 해석이 추가됩니다. 'sun rising' 즉 해돋이를 연상하는 말입니다.

동틀 녘에 해가 떠오르듯이 통일을 앞둔 한국에 청년들이 우뚝 일어서야 합니다. 청년실업이 심각해서 청년들이 힘들어하고 있지만 그들은 통일한국을 건설하고 이끌고 갈 소중한 존재들입니다. 그들이 일어서야 우리가 계속 성장하여 성숙한 사회를 이루어낼 수 있습니다. 그래야 인성교육진흥법이 더 이상 필요하지 않는 사회가 될 것입니다.

기성세대는 산업화와 민주화를 달성해 낸 훌륭한 주역들입니다. 간혹 정보화마저 잘해낸 세대라고 언급하는 경우도 있습니다. 저는 이에 전적으로 동의하며 추가로 창조화를 잘 시작한 세대라고 말하고 싶습니다.

대한민국 특허출원을 보면 세계 4위입니다. 중국, 미국, 일본 다음에 우리나라입니다. 인구 대비 국가로 비교하자면 압도적인 1위에 해당합니다. 특허출원 수는 창의인재의 잠재력과 직결되며, 전 세계 어느 국가를 봐도 대한민국 국민처럼 창의적인 국민은 없다는 증거입니다. 즉 우리나라가 농경화에서 산업화로, 그다음에 민주화와 정보화를 성공적으로 이루어냈고, 이제는 창조화의 씨도 잘 뿌렸다는 뜻입니다. 이제 청년들이 창조화의 꽃을 피워야 합니다.

꽃은 누군가가 계속 거름을 주고 물도 뿌려주어야 합니다. 우리 청년들이 'rising' 하기 위해서는 기성세대가 도움을 주어야 합니다. 하지만 퍼주기 식은 곤란합니다. 응급일 때는 필요하지만 그들에게 기댈 곳을 제공하는 게 아니라 그들이 스스로 일어설 수 있도록 도와야 합니다. 그게 멘토라이징입니다.

25장

‘디톡스, 힐링, 라이프코칭’
인성 회복 프로그램

앞에 소개된 사례들은 인성 구축을 위한 사례들이었습니다. 이번에는 문제 행동을 하는 학생들을 대상으로 한 인성 회복 프로그램에 해당되는 사례를 소개합니다.

2013년에 KBS 청소년 특별기획 〈위기의 아이들, 330일의 작은 기적〉에 소개된, 전북의 한 공립중학교에서 운영했던 프로젝트입니다. 당시 프로그램에 참여했던 HD행복연구소의 전문 심리상담사 김혜빈 선생님의 사례를 소개합니다.

인성 회복에서는 자기조율, 관계조율, 공익조율 이전에 ‘디톡스, 힐링, 라이프코칭’이라는 세 가지 프로그램을 먼저 진행하는 게 순서라고 했습니다.

학교에서 실천한 인성 회복 프로그램

이 학교에 다니는 상당수의 학생들은 붕괴된 가정환경 속에서 여러 가지 복합적인 트라우마에 노출되어 있는 상태였습니다. 학교에 적응하지 못한 학생들이 많았으며 가출, 폭행, 기물 파손 같은 문제 행동으로 학교에 경찰차가 자주 드나들었습니다.

이러한 위기 학생들의 심리적 상처 회복을 돕고, 내적 자원 발굴을 통해 아이들 스스로 꿈을 찾아서 건강한 삶을 살아갈 수 있도록 인성 회복 프로그램인 디톡스, 힐링, 라이프코칭이 진행됩니다.

먼저 디톡스로 아이들이 느끼는 높은 스트레스를 완화하고, 안정감과 편안함을 느낄 수 있도록 합니다. 매일 아침 아이들은 교사와 함께 심호흡을 하면서 하루를 시작합니다. 첨단 IT 피드백 장치를 활용해 신체의 변화를 즉각 눈으로 볼 수 있도록 해주니 아이들이 흥미를 느끼고 따라 합니다. 체육 활동도 병행합니다.

공부에 흥미를 잃고 교실에 들어오는 것조차 거부하는 아이들을 다시 모으기 위해 교실에서 보드게임을 합니다. 즐겁게 몰입하고 규칙을 지키면서, 안전한 경계 안에서 승리의 희열, 실수의 아쉬움, 불운의 억울함을 맘껏 누리는 체험을 합니다. 십자수도 하고 뜨개질도 합니다.

결과물을 만들어내 성취감과 자신감을 맛보게 하는 것보다 감정적 중립 상태에 장시간 머물게 하는 것이 더 큰 목표입니다. 즉 자기조율이 목표입니다.

신뢰통장도 활용합니다. 아이들이 자신의 행동을 스스로 확인하는 방법입니다. 존댓말 하기, 수업시간에 참여하기, 지각하지 않기 등 아이들이 지켜야 할 기본적인 생활수칙을 점검한다는 면에서는 상벌점카드 또는 그린마일리지와 유사합니다. 하지만 아이들의 서술에 선생님이 코멘트를 달아준다는 면에서 매우 다른 활동입니다. 선생님의 관심과 지지와 보살핌이 전달되기 때문입니다.

매일 하기 때문에 쉽지 않은 일이지만 교사의 응원 한마디가 아이에게 큰 힘이 된다는 점을 잘 알기 때문에 우선적으로 실시합니다. 선생님에 대한 인간적 신뢰가 구축된 후에 과거의 심리적 상처를 치료할 수 있는 힐링 단계로 나아갑니다.

힐링은 전문 심리상담사가 해야 할 부분도 있지만 누구나 할 수 있는 일도 있습니다. 예를 들어 간식을 챙겨줍니다. 하지만 인스턴트 빵이나 과자가 아니라 직접 만들어 예쁜 그릇에 진심을 담아서 줍니다.

옷에 단추가 떨어졌으면 손수 바느질해서 달아주기도 하고, 상처 난 곳에는 밴드만 붙여주는 것이 아니라 엄마가 해주듯이 상처 부위를 호호 불어가며 정성껏 보살핍니다. 성숙한 양육의 경험을 제공해 주는 사람과의 관계조율로 정서적 빈곤함을 메우고 애착 손상을 치료하는 것입니다.

아이들이 하는 말을 진심으로 경청하고 아이들이 느끼는 감정에 공감하는 것도 상당한 힐링 효과가 있습니다. 경청과 공감에서 아이들은 자신의 존재를 인정받고 존중받는 느낌을 얻습니다. 이에 자존감이 회복되고 자신감이 생겨납니다.

라이프코칭의 방법으로 지구시민 이야기를 자주 들려줍니다. 삶의 고난과 역경을 오히려 디딤돌 삼아 딛고 일어서서 개인적인 성공뿐만 아니라 타인의 행복을 위해서 기여하는 실존 인물들의 이야기를 들려줍니다. 선생님이 전해주기도 하고 지구시민이 방문해서 자신의 이야기를 직접 들려주기도 합니다. 이야기를 들으면서 아이들은 울기도 하고 눈빛이 반짝거리기도 합니다.

"선생님 강의를 듣고 나도 할 수 있겠다는 생각이 들었어요. 그리고 선생님처럼 많은 곳을 돌아다니면서 저도 봉사를 하고 싶어요."

지구시민 이야기를 통해서 아이들은 '나도 할 수 있겠다'는 용기를 얻고 '나도 하고 싶다'는 내적 동기를 찾게 됩니다.

그러나 인성 회복은 매우 더디게 진행됩니다. 밀물과 썰물이 반복되듯이 좀더 발전된 모습을 보이다가도 또다시 후퇴합니다. 선생님들은 지치기도 하고, 막막하기도 하고, 때로는 '아, 진짜 도망가고 싶다'는 생각을 합니다. 그럼에도 불구하고 계속할 수 있게 해준 힘은 교사들이 서로 나눈 지지였습니다.

아이들에게 가르친 대로 교사가 먼저 자기조율을 하고 교사들 사이에서 관계를 조율해 나갑니다. 학생들과 똑같이 매일 심호흡하고, 서로 장점을 찾아주고, 오늘 가장 잘했던 일이나 동료 선생님의 가장 좋은 점들을 말하면서 신뢰와 긍정심을 쌓아갑니다. 교사의 정서통장에 긍정심을 매일 재충전해야 아이들에게 나눠줄 수 있기 때문입니다. 교사가 육행을 먼저 실천하기에 모든 것이 가능했습니다.

3개월이 지나면서 아이들이 변합니다. "선생님, 저도 공부해 볼게요. 저도 해보고 싶어요. 저도 고등학교 좀 가야겠어요" 하는 아이들이 생깁니다. 실제로 학기 말에 성적이 많이 향상되었습니다. 두 달간 열심히 뜨개질을 한 남학생이 담을 쌓고 지내던 아버지에게 손편지와 함께 선물을 합니다.

이 과정이 고스란히 방송으로 소개되었습니다. 정말 기적과도 같은 일이지만 다른 곳에서 이미 여러 차례 재현했습니다. 이 같은 인성 회복 프로그램을 사용하면 다른 분들도 해낼 수 있으리라고 믿습니다.

26장

기존 인성교육 방법을
분석하고 새롭게
디자인하기

여러분들께서 이미 실천하시는 다양한 인성교육 요소들을 아래 질문 사항들을 염두에 두고 분석해 보십시오.

1. 이미 하고 있는 인성교육 방법이 있다면 무엇을(구체적인 활동) 어떻게 (언제, 어디서, 얼마 동안 등의 방법) 왜(얻고자 하는 결과) 하고자 하나요?
2. 자기조율, 관계조율, 공익조율 가운데 최소한 한 가지 요인이 포함되어 있나요?
3. 아이들의 신체적 안전과 심리적 안정 위에서 행해지고 있습니까? 혹시 이를 염두에 두지 않은 채 요구만 하고 있는 것은 아닌지 생각해 봅시다.

4. 인성교육이 혹시 아이들에게 더 큰 스트레스를 주고 있나요, 아니면 스트레스를 줄여주고 있나요?

5. 어떤 학문적 이론에 입각한 것입니까? 인성교육을 위한 방법으로 캠페인과 슬로건, 칭찬과 상, 규율과 훈육, 엄격한 훈육, 그외 방법 가운데 무엇을 쓰고 있습니까?

6. 현재 하고 있는 인성교육이 이미 문제 행동을 하는 학생들에게도 효과가 있나요? 현재 하고 있는 인성교육이 인성 구축 교육용인가요, 아니면 인성 회복 교육용인가요? 또는 두 가지를 모두 효과적으로 적용하고 있나요?

7. 안전감, 안정감 등 자기조율과 관련되어 있습니까?

8. 관계조율과 관련되어 있습니까? 만약 그렇다면 친밀감, 유대감, 신뢰 등 애착 형성과 관련되어 있습니까?

9. 인성교육에 감정을 개입시키고 있나요? 바람직한 행동을 할 때 어떤 감정이 나오도록 유도하고 있습니까? 초감정이 개입되고 있습니까?

10. 어떤 평상시 감정 상태를 만들고자 하는가요?

11. 장기간 진행되는 프로그램입니까?

12. 반복적으로 지속되는 프로그램입니까?

13. 체험적(온몸으로 배우게 하는) 프로그램입니까?

14. 어떤 감정을 체험하는 프로그램입니까?

15. 나는 긍정적인 감정 상태에서 아이들의 존재를 환영하고 아이들을 나의 긍정적인 세계로 초대하고 있습니까?

16. 나는 성숙한 어른입니까?

17. 이성과 감성의 조화를 강조하고 있는지 생각해 봅시다.

18. 아이를 나의 긍정심으로 초대하고 있습니까? 호감과 존중과 감사와 배려를 전달하고 있습니까?

19. 해야 하는 일과 하고 싶은 일 사이의 갈등을 조율하는 방법이 포함되어 있습니까?

20. 어른십을 발휘하도록 돕고 있나요?

아래는 현장에 있는 선생님들의 실제 경험입니다. 위 질문을 토대로 여태껏 해오던 인성교육 방법을 되돌아보고, 그로 인한 고민과 지혜를 함께 나누는 게 목표입니다.

다음 사례에서 보여드리는 내용은 최고의 인성교육 방법들이기 때문에 선정된 사례들이 아닙니다. 분명히 잘되지 않은 요소도 있고 잘된 요소도 있을 것입니다. 두 종류의 사례를 다 보여드리겠습니다.

작은 것 자주 하기

인성교육은 결코 복잡하고 어려운 게 아닙니다. 우리는 인성교육을 평생 받아왔고 지금은 하고 있습니다. 집에서는 자녀들에게 하고 있고, 학교에서는 학생들에게 하고 있습니다. 아마 그래서 별로 의식하지 않고 체계적으로 생각하지 않았을 것입니다. 무엇이 효과적인지 비효과적인지 또는 역효과적인지에 대해 큰 고민을 하지 않았을 것입니다.

그렇다면 결국 인성교육을 운에다 맡기는 것과 같습니다. 이는 한국의 미래를 운에다 맡기는 셈입니다. 그러면 안 됩니다. 그래서 지금 사례

소개를 하는 것입니다.

그렇다고 새로운 사례를 만들어 발표하는 게 아닙니다. 평소 해오던 인성교육 사례를 의식적으로 생각하고, 학문적 이론과 연구 결과에 비추어 보자는 것입니다. 효과와 효율을 높이고, 역효과를 없애자는 뜻입니다.

다음의 중학교 사례는 '간단하고 작은 것을 자주 하기' 방법으로, 인성교육의 좋은 예라고 생각합니다. 간단해야 자주 할 수 있고, 자주 할 수 있어야 효과가 있습니다.

'작은 것 자주 하기'의 예로, 매일 교실에서 달걀을 삶아 학생들에게 주는 것입니다. 일단 학생들이 좋아합니다. 돈이 많이 들지 않습니다. 점점 학생들이 도와줍니다.

담임선생님이 직접 삶아 주는 달걀을 먹어본 학생들이라면 나중에 힘들 때 "내가 과연 뭘 받아본 경험이 있을까?"라고 사회를 원망하기 전에 "아, 그래도 그때 한 번쯤은 내가 받아본 경험이 있구나"라는 걸 느끼지 않을까 합니다.

긍정적 태도는 긍정적 감정을 느껴본 경험에서 나옵니다. 남을 위한 배려는 남에게서 배려를 받아본 경험에서 나옵니다.

또다른 방법으로 감사일기 쓰기가 있었습니다. 그런데 이 경우는 실패한 사례가 되었습니다. 검사하기도 만만치 않고, 아이들의 저항도 많았습니다. 하지만 감사일기는 원하는 학생 위주로 하면 좋습니다. 그러나 한 명의 학생이 바뀌면 그 학생으로 인해서 다른 학생도 바뀔 수 있기 때문에 모든 아이들에게 실천하려고 하는 것보다 한 명이라도 할 수 있도록 하는 게 좋습니다.

학생들과 함께 걷는 것도 좋습니다. 특히 아이들이 사고 쳤을 때 잔소리하거나 청소시키는 대신 그냥 함께 운동장을 한 바퀴 돕니다. 가끔 학교 인근에 있는 산에 올라가고, 하천을 따라 걷습니다. 재래시장이나 경복궁에 가서도 걷습니다. 걷기는 자기조율할 수 있는 쉬운 방법 중에 하나입니다. 안정감을 느낄 수 있고, 감정적 중립에 들어가고, 호흡에 리듬을 주는 가장 효과적인 방법입니다. 함께 걸으면 비록 말이 없어도 상당한 관계조율이 이루어집니다.

어디서나 언제나 하기

인성교육은 담임선생님 주도하에 교실 안에서만 이루어지는 게 아닙니다. 또는 교과 선생님들이 수업을 할 때 그 수업에 녹여내야만 하는 것도 아닙니다. 복도에서, 식당에서, 운동장에서, 교문에서 어디서나 언제나 학생과 마주치면서 실시하는 게 인성교육이지요.

우리는 의도하지 않아도 매 순간 학생들에게 인성교육을 하고 있습니다. 우리의 일거수일투족이 인성교육이니까요. 어떨 땐 좋은 인성, 어떨 땐 좋지 않은 인성의 모습을 학생들에게 보일 수도 있습니다.

초등학교 보건 선생님의 사례를 소개합니다. 보건 교사는 교과 특성상 학생들을 한시적으로 불규칙적으로 만납니다. 그럼에도 불구하고 인성교육을 위해 할 수 있는 것이 있습니다. 학생들을 위한 것만이 아니라 선생님 자신에게도 좋을 수 있습니다. 특히 관계조율을 목표로 삼으면 관계를 이루는 양쪽 다 수혜자가 되는 것입니다.

많은 교사들이 학교에서 하는 일이 정말 많습니다. 그래서 학생들과 만날 때 여러가지 일을 하다 보면 학생을 쳐다보지 않은 채 대화를 나누는 경우가 흔합니다.

그래서 이 보건 선생님은 아이들이 보건실을 찾을 때 특히 눈을 맞추고 대화하려고 노력했습니다. 눈을 맞추고 대화를 나누면 엄청난 효과가 있습니다. 아이들은 자신이 정말 존중받는 사람이라는 좋은 느낌을 받게 됩니다.

또한 먼저 아이들에게 인사합니다. 어떤 아이가 보건실에 들어오든지 "응, 왔어" 하고 인사하면 아이들이 들어올 때 무척 편안해합니다. 특히 교실에서 다른 학생하고 싸웠다면 격앙되어 씩씩거리면서 들어옵니다. 심지어 문을 차고 들어오는 학생들도 있습니다. 그러나 선생님이 먼저 인사하고, "그래 앉아"라고 말하며 눈을 맞추며 편안히 기다려주면 학생들의 감정이 점점 안정됩니다. 그리고는 차분하게 대화를 나눌 수 있게 됩니다.

역시 어른이 먼저 감정적 중립에 있고 긍정심을 베푸니 부정적 감정에 씩씩거리던 아이의 감정이 안정되고 이성을 찾습니다.

아이들의 이름을 부르는 것도 효과적입니다. 특히 보건실을 단골처럼 다니는 아이들의 경우에는 이름을 사전에 파악하고 이름을 불러줍니다. 이럴 경우, 유대감이 생성되고, 신뢰감이 생기고, 친밀감이 생기며 학생들이 선생님을 믿고 기다려줍니다. 심지어 학생들이 보건실 일을 도와주기도 합니다. 결국 자기조율에서 관계조율로 이어지고, 더 나아가서 공익조율로까지 발전합니다.

물론 이 정도 개입으로 학생들이 공부를 더 열심히 한다든지 진로와 진학을 잘 선택하게 되는지는 모르겠지만 최소한 학생들이 보건실에 와 있는 동안에는 좀더 편안해하고 행복해합니다. 가장 좋은 것은 간단한 세 가지(눈 맞추고 대화하기, 먼저 인사하기, 이름 불러주기)만을 실천해도 학생들을 만나는 게 즐겁고 의미 있고 다음 날 학교 가는 게 기대된다는 것입니다.

나의 수업에서 미처 몰랐던 인성교육 요소 발견하기

다시 한 번 말하지만 사례 분석의 목표는 최고의 인성교육 프로그램을 소개하는 게 아닙니다. 각자 실천해 온 인성교육 프로그램을 새로운 눈으로 보고 스스로 분석하고 평가하는 계기를 마련하는 것입니다. 더 큰 효과를 얻기 위해 보완하고 수정할 부분을 살피는 것이 목표입니다.

그러나 이미 실시하고 있는 본인의 프로그램에서 미처 인식하지 못했던 인성교육 요소를 발견해 자부심과 자신감을 얻는 것도 중요하고 의미 있는 일입니다. 자신감이 있어야 인성교육이라는 장기전을 치를 수 있으니까요.

다음은 아침마다 학생들과 함께 심장호흡을 하고 자신의 경험을 점검하고, 모둠 활동을 하고 모둠 일기를 쓰는 사례입니다.

한 교사는 학생들이 각자 '오늘 하루를 시작하며'를 적으며 자신한테 주는 한마디, 또 해야 될 일을 말할 수 있는 장을 마련해 줍니다. 이런 활동들이 자기조율의 기회였음을 알게 되었습니다.

그다음에는 학생들이 둥글게 둘러앉아서 어떤 문제, 또는 주제에 대해서 이야기를 나눕니다. 이는 문제가 발생했을 때는 그 문제에 대해서 자신이 겪은 것을, 또 그것을 겪으면서 들었던 생각을, 앞으로 어떻게 하면 좋을지 대안을 서로 이야기해 보는 기회입니다. 마지막으로는 이제 그로 인해 배운 것들을 이야기 나눠보도록 합니다. 중요한 점은 규칙을 지킨다는 것과 안전한 장소를 제공하는 것입니다. 모든 학생이 이야기를 하고, 모든 학생이 들어야 합니다.

또한 학교에서 있었던 일을 모둠원끼리 하루에 한 명씩 돌아가면서 게시판에 쓰고, 나머지 모둠원들은 댓글을 달면서 서로 관계를 맺습니다. 마지막으로는 선생님이 댓글을 달면서 또 아이와 선생님과의 관계도 맺을 수 있습니다. 여기서 관계조율 능력을 키워나가는 인성교육 활동이라고 볼 수 있습니다.

이런 활동이 가능하도록 평상시 교실의 긍정성을 쌓아 올립니다. 매달 한 번씩 생일파티를 합니다. 간단히 노래를 부르고, 생일을 맞은 친구들에게 메시지를 써줍니다. 또한 다치거나 어려움에 처해 있는 학생들을 위한 편지쓰기 등 관심과 긍정심을 보내는 일도 합니다. 또한 'want 카드'라는 것에 자기 삶을 계획해 보는 활동을 합니다. 이러한 활동들이 공익조율임을 알게 되었습니다. 내가 어떤 삶을 살아야 될 것인가? 어떤 도움을 주며 살아야 될 것인가? 이런 활동으로 인하여 학생들이 좀더 성숙한 생각을 하게 됩니다.

할 수 있는 것을 할 수 있는 만큼 하기

우리가 인성교육 프로그램을 디자인할 때 삼율과 육행을 모두 실현하려고 할 필요는 없습니다. 한 프로그램에 최소한 한 요소가 들어가야 한다는 것이며, 학교 프로그램을 통틀어 볼 때는 모두 들어가야 한다는 뜻입니다.

또한 학년에 따라 각각의 비율이 달라야 합니다. 초등학교에서는 좀더 자기조율과 관계조율에 머물고, 중학교에서는 계속해서 자기조율과 관계조율을 해야 하지만 공익조율의 비중이 좀더 커져야 합니다.

다음은 한 초등학교에서 '행복한 대화모임'을 실시한 사례입니다. 최성애 박사가 개발한 행복일기의 새로운 버전이라고 할 수 있습니다. 학생들의 평상시 감정상태를 긍정적으로 머물게 하는 데 초점을 맞춘 사례라고 생각됩니다.

수업을 시작할 때마다 학생들에게 자신의 감정을 표현할 수 있는 기회를 줍니다. "얘들아, 오늘 기분 어떠니? 한번 나의 기분을 과일로 표현해 볼까?"

"좋아요. 나빠요. 그저 그래요. 몰라요. 말하기 싫어요"로 일관하던 학생들이 "선생님, 저는 포도 같아요. 입에 들어갈 땐 약간 새콤하지만 알갱이를 먹으면 먹을수록 달콤해요. 지금 기분이 그래요" 등 점점 다양하게 표현합니다.

평소에 자기가 느낀 감사함에 대해서도 이야기합니다. 그러고 나서 "그 얘기하고 나니까 기분이 어때?" 하고 물으면 자기표현을 적극적으로 잘하는 일부의 아이들은 "속이 시원한 거 같아요. 내가 지금 이런 기분인지 알아차리게 됐어요" 하면서 좋아합니다.

학생들과 좀 깊이 있는 이야기도 나눕니다. "학교에 오면 어떤 시간이 가장 즐거워요?" 하고 물으면 아이들이 급식시간, 쉬는 시간을 제일 좋아한다고 답합니다. 하지만 그런 것을 이야기할 수 있음을 좋아합니다. 그리고는 "학교에서 들었던 말 중에 너를 속상하게 하는 말은 뭐가 있었어?" 등 좀더 깊이 있는 대화를 나눕니다. 그후 "얘들아, 서로 속상해야 하는 말들을 좀 조심해 보자" 하고 당부합니다.

대화모임에는 모두가 지켜야 하는 규칙이 있습니다. '토킹 스틱'이라는 것을 가진 사람만 말할 수 있고, 끼어들 수 없고, 몸을 이야기하는 사람 쪽으로 기울이고, 그 사람을 바라보고, 내용을 비밀에 부쳐야 합니다.

이 대화모임은 간단하지만 인성교육의 삼율과 육행에 상당히 부합합니다. 자기의 내면을 통찰하고, 자신의 감정을 담담하게 표현하고, 다른 사람의 이야기를 존중해 주는 부분들이 자기조율입니다. 남의 말에 경청하고 공감하면서 상호존중과 신뢰를 바탕으로 네트워크를 구성하는 게 관계조율입니다. 그리고 모두를 위해 허락된 행동의 한계를 긋고 규칙에 따라 활동하면서 행복한 교실 공동체를 만들어내는 의식적 목적이 공익조율에 해당됩니다.

이 과정에 안전한 공간이 제공됩니다. 활동의 중심에 감정이 개입되어 있습니다. 자신의 감정도 알아차리고, 타인의 감정도 알아차리고, 긍정적인 감정은 서로 나누고, 부정적인 감정에 공감하여 편안하게 해줍니다. 학생들의 평상시 감정을 좀더 부드럽고, 따뜻하고, 포근하게 만들어줍니다.

필요에 따라서는 칵테일 게임 등 게임도 합니다. 게임에는 평소에 소외된 학생들도 참여합니다. 작은 활동이지만 아이들이 이런 활동을 통해서 상당히 행복해합니다. 이런 활동들이 학생과 선생님 모두를 더 웃게 합니다.

체계화된 운동

운동 자체가 삼율을 잘 이루어냅니다. 모든 운동은 자기조율을 돕습니다. 또한 팀 스포츠는 관계조율에 무척 효과적입니다. 그렇다고 해서 학교에서 체육시간에 그냥 학생들이 운동만 하도록 하는 것은 아니지요.

수업인 만큼 학습 목표가 있고, 규칙이 있고, 평가가 따라야 하고, 팀원이 아닌 교사와의 상호작용도 있습니다. 이 하나하나에 인성교육의 요소를 포함시킨다면 훨씬 더 풍요로운 결과를 얻을 수 있습니다.

그런 면에서 고등학교 체육수업의 사례를 보겠습니다. 인성교육을 최대화하기 위해 어떤 규칙을 어떻게 만들었고, 어떻게 시행했으며, 어떤 상호작용을 이끌어냈는지 보겠습니다.

체육시간에 농구 학습 목표는 "첫째, 경기를 통하여 기초체력을 향상시킬 수 있다"와 "경기 방법의 규칙을 이해하고 적용할 수 있다"입니다. 체력적으로 힘든 상황을 극복함으로써 인내심을 기를 수 있고 규칙을 존중함으로써 자신의 행동에 대한 책임감을 가진다는 목표는 자기조율에 해당됩니다.

두 번째 목표는 "소통과 배려를 이해하고 실천할 수 있다"이니 관계조율입니다. 공익조율를 포함시키기 위해서 "경기를 실시한 후 팀은 팀의 문제점을 찾고, 팀원들과 함께 해결책을 찾을 수 있다"를 포함시켰습니다.

기존의 인성교육 방법은 학습 목표가 좀 딱딱하고 단절되고 협소하였지만 이렇게 새로운 인성교육 방법으로 바꾸고 보니 좀더 통합되고 넓어졌습니다.

지각, 체육복 및 운동화 미착용, 건강상 불참에 대한 수업규칙은 교사 스스로 적용하여 모범을 통해서 학생들에게 가르쳐줍니다. 교사가 수업 5분 전에 먼저 들어갑니다. 그리고 학생들과 중간에 이야기를 나누는 여유를 지닙니다. 잘못을 한 학생에게 말할 기회를 충분히 주어서 자신의 생각이 짧았다는 걸 스스로 깨닫게 하고 학생과 교사 간의 신뢰도 쌓습니다.

교사의 지시에 의한 일방적인 수업을 지양합니다. 교사에 의해서 한 줄로 세워서 실시는 경우, 학생들이 억압적인 분위기에서 수업을 하게 됩니다. 교사 또한 학생들의 개인차를 구별하기 어렵습니다. 팀들 간에 친구들 간에 소통을 하는 친구가 없습니다. 팀별 연습시간을 자율적으로 좀더 주면 팀들끼리 모여 소통하고 서로 가르쳐 주기도 하고 팀 전체의 전략을 함께 짜기도 합니다.

선수로만 역할을 평가하는 대신 다양한 역할을 부여합니다. 감독, 코치, 점수 기록원, 심판, 도우미 등 육체적 능력이 부족하더라도 체육시간과 팀에 기여할 수 있게 합니다.

경기 시작 전에 서로 인사를 하며 경쟁을 부추기기보다 긴장감을 줄여 더 즐겁게 경기를 할 수 있게 합니다.

자신의 감정을 표현할 수 있는 기회를 줍니다. "너 오늘 레이업 할 때 어떤 느낌이었어? 이렇게 친구 공 빼앗았을 때 어떤 느낌이었어?" 인터뷰하는 형태를 취합니다.

칭찬 릴레이를 통해서 수행 평가를 합니다. 선생님이 "희망이는 오늘 레이업 할 때 순서를 잘 했어. 친구가 넘어졌을 때 손잡아줬을 때 그게 되게 좋았던 거 같아" 하고 먼저 시작합니다. 그다음 희망이는 다른 친구한테 칭찬을 합니다. 그러면 경기 결과보다는 경기 그 자체를 조금 더 즐기게 됩니다.

원칙 지키기

그러나 수업에서는 단지 활동만 하는 게 아니니 추가로 고려할 사항들이 있습니다. 예를 들어, 모둠활동은 인성교육에 있어서 최고의 도구 중 하나인데, 모둠 구성 방법에 세 가지 원칙이 있습니다.

첫 번째, 구성원 능력에 상관없이 무작위로 구성해서 능력이나 선입견에 따른 역할에서 벗어나게 합니다.

두 번째, 같은 모둠이 된 구성원들을 서로 긍정적으로 받아들이는 시간을 갖습니다. 원하지 않는 학생들과 모둠이 되어 실망이나 부정적 반응을 보이는 대신 모두 환하게 웃고 박수치면서 서로를 환영하는 시간을 가집니다. 소외되는 학생들이 없도록 하는 좋은 배려의 방법입니다.

세 번째, 각 모둠에 소그룹 리더를 뽑습니다. 평가에 대해서 예민한 아이부터 전혀 관심 없는 아이들도 있기 때문에 평가를 위해서 본인의 역할과 배운 점을 쓰게 합니다. 각자 자신의 점수를 적어내게 합니다. 자기 알아차림과 객관적 시각을 지니는 연습인 것입니다. 놀랍게도 아이들은 순수하게 자기가 한 만큼을 적습니다.

원칙을 세우고도 지켜내지 못했다면 학생들에게 무엇이 바람직한 행동인지에 대해 오히려 혼란을 줍니다. 일관성 있는 행동을 보여줄 때 책임 있는 행동을 기대할 수 있습니다.

실패한 프로그램에서 배우기

이번에는 실패한 프로그램과 개선된 프로그램을 소개합니다. 한 초등학교 교사는 다양한 방법들을 교실에서 사용해 왔습니다.

자신을 알아야 된다는 생각에 여러 유료 검사를 실시합니다. 다중지능, 성격유형 등에 대한 검사 결과에 학생들이 재미있어하지만 일회성이다 보니 어떤 지속적인 효과가 있는지 알 수 없습니다.

그런 결과를 알게 되었다고 해서 무엇을 어떻게 해야 그 결과에서 가치를 이끌어낼지, 책임 있는 후속 조치가 없습니다. 앎 자체가 유익한 행동으로 이어지지 않습니다. 그저 재미있는 활동일 뿐, 삼율과 육행과 관계가 없습니다.

또한 초등학교 선생님은 장점과 단점 광고하기를 했습니다. 단점마저 공개하는 목표는 자신의 모든 면을 인정하고, 수용하고, 표현하는 자신감을 확보하기 위해서입니다. 그러나 이런 활동이 과연 목표를 달성했는지에 대한 결과는 없습니다. 단점 광고는 오히려 부정성을 부추기는 위험성마저 있습니다.

이번에는 행복출석부를 교육청의 요청으로 시작하였는데, 매우 유용합니다. 그러나 아이들이 다소 지루해 하기에 최성애 박사의 감정날씨로 바꾸고 감정카드를 활용합니다. 자신의 감정을 아는 게 중요하기 때문에 매일 사용합니다. 특히 아이들과 상담할 때에 감정날씨 포스터와 여러 가지 감정을 표현한 감정카드로 시작하면 아이들의 감정 상태를 쉽게 알 수 있고 대화를 시작하기가 쉽습니다.

이미 우리가 실천하고 있는 인성교육 방법들

다시 말씀드리지만 위 사례는 몇몇 선생님들이 이미 실천하고 있는 인성교육 방법들을 이 책이 제시하는 인성교육 삼율과 육행에 따라 분석해 본 한정적인 사례일 뿐입니다. 인성교육의 대표적인 사례로 제시되거나 인성교육의 범위를 보여주기 위함도 아닙니다. 이외에도 다양하고 많은 방법들이 존재합니다.

예를 들어, 모든 봉사활동이 인성교육의 핵심으로 포함될 수 있습니다. 교내에서 쓰레기를 줍고 청소하는 것부터 복지시설을 방문해서 남을 돕는 일은 특히 효과적입니다. 단, 도장을 받기 위한 활동은 포함시키고 싶지 않습니다.

물론 봉사를 받은 사람도 좋고 봉사활동으로 인정받아서 봉사자에게도 좋으니 윈-윈에 해당하는 공익조율이 아니냐고 반문할 수 있습니다.

하지만 애초에 왜 봉사를 했느냐가 중요합니다. 학교제출용으로 도장 받기 위해서 봉사했다면 봉사자의 마음에는 봉사 받는 사람이 없습니다. 봉사활동은 그저 사익을 추구하는 수단이었고 도움은 그 과정의 부산물일 뿐입니다. 봉사하는 동안에 긍정적 감정 교류와 관계는 없었을 것이며 그로 인한 성장 또한 없을 것입니다.

텃밭 가꾸기와 동물 기르기 등 생명을 존중하고 보살피는 활동도 훌륭한 인성교육 프로그램입니다. 단, 활동이 지속적이고 책임을 지는 것이어야 합니다. 그저 재미 삼아 한번 해보는 것은 오히려 해가 됩니다. 꽃이든 강아지든 생명을 그저 나의 즐거움을 위한 한순간의 관심 대상으로 여겨서는 안 되기 때문입니다. 여기에는 관계조율도 없고 자연과 더불어 산다는 공익조율도 없습니다. 자신의 욕구만 채우려 하는 마음을 조금이라도 자제하는 자기조율조차 없습니다.

모든 수업이 인성교육의 장이다

다시 한 번 말하지만 인성교육은 꼭 인성교육이란 이름으로 이루어질 필요는 없습니다. 모든 수업에 인성교육의 요소를 녹여낼 수 있습니다. 사실 그래야 가장 효과가 있습니다.

생물수업을 예로 들어보겠습니다. 학생들이 인체의 부위와 기능을 재미없게 외우거나, 동물을 해부한 후에 사체가 징그럽다며 아무 생각 없이 버린다면 인성교육의 기회를 잃는 것입니다. 그러나 생명의 신비함과 고귀함을 느끼고, 그 앞에서 생명체에 대한 존중과 감사를 느끼는 기회로 만든다면 훌륭한 인성교육의 기회가 된 것입니다.

국어수업에서 글쓰기도 마찬가지입니다. 자신의 감정을 거침없이 쏟아내면서 남을 비방하거나 선동하거나 중상모략한다면 글이 아무리 창의적이거나 논리적이어도 인성교육의 사례가 될 수 없습니다. 반면 글에 실린 감정이 부정적이든 긍정적이든 글을 쓰는 동안 감정이 한 번 걸러지고, 자신을 성찰하고, 글을 정성껏 다듬는다면 좋은 자기조율의 시간이 될 것입니다.

역사시간은 더할 나위 없이 좋은 인성교육의 장입니다. 내가 이 세상 흐름의 연장선상에 놓여 있음을 알아차리게 하고, 나보다 훨씬 더 큰 공동체를 인식하게 하는 공부이니까요. 단 그저 연도와 장소와 사람 이름만 지겹게 외우는 공부라면 인성교육과 전혀 관계없는 활동입니다.

이처럼 우리가 하는 모든 수업 활동에 조금만 신경을 써서 자기조율, 관계조율, 공익조율과 관련된 요소를 포함시키면 다 훌륭한 인성교육이 될 수 있습니다.

심지어 교내에 불량식품 판매를 금지시키고 건강한 급식을 제공하는 조취도 동반되어야 합니다. 학생이 설탕, 카페인, 화학조미료가 듬뿍 든 간식과 음식을 먹게 내버려두고서는 아이가 그 음식들로 인해 흥분하자 교실에서 자기조절 시키려고 애쓰는 것은 소 잃고 외양간 고치는 식이기 때문입니다.

인성교육 프로그램을 고안하거나 실행한다면 앞에서 제시한 질문사항을 고려해서 판단해 보시기 바랍니다. 그러나 가장 중요한 인성교육은 아이들에게 주변 어른들이 진심으로 최선을 다하며 베풀면서 살아가는 모습을 보게 하는 것입니다. 그래서 인성교육 프로그램을 만들 때 오직 아이만을 위한 프로그램을 만들기보다 어른 스스로 실천하고 아이들에게 보여줄 수 있는 기회도 만들기를 바랍니다.

내 아이의 최고의 멘토가 되어라

인성과 인성교육에 대해 많은 이야기를 했습니다. 이제 간략하게 요약하고자 합니다. 먼저 인성과 인성교육을 분리해서 생각해야 합니다. 인성은 예나 지금이나 하나도 다를 것이 없지만 인성교육은 시대의 흐름에 맞춰서 달라져야 합니다. 배려, 정직, 책임, 존중, 협동, 소통에 유효 날짜가 있을 리 만무합니다. 하지만 이런 내용물을 어떻게 전달할 것인지는 상황에 따라 달라야 합니다.

인성교육을 아이들의 정신적 빈곤과 영적 빈곤을 채워주는 개념으로 인식해야 합니다. 국·영·수·사·과 위에 인성이라는 새로운 지식을 추가해서 높게 쌓아주는 식으로 생각하지 말아야 합니다. 쌓아주는 것과 채워주는 것은 근본적으로 다릅니다. 높게 쌓다 보면 당연히 무너지고 흘러내리겠지요. 빈곤이라는 것은 비었다는 뜻입니다. 그 빔 안에 우리가 담을 수 있을 만큼 담아서 국·영·수·사·과와 함께 녹여내야 합니다.

과학적인 교육 방법을 추구해야 합니다. 학교에서는 가정이나 교회나 절에서는 매우 적절한 철학적·종교적 방법과는 다른 방법을 적용해야 합니다. 인성을 객관적으로 관찰하고, 측정하고, 수정할 수 있는 자기조율, 관계조율, 공익조율의 능력으로 보아야 합니다.

자기조율의 목표는 선택의 여지를 만들어내는 것입니다. 이것이 바로 인간과 동물의 차이이며 자율인과 노예의 차이입니다. 이 여지에서 생각과 감정이 통합되고, 조율되는 것입니다.

관계조율은 어른이 아이에게 보여주어야 가능합니다. 아이에게는 보호해 주고, 지지해 주고, 코칭해 주는 어른이 옆에 필요합니다. 이런 긍정적인 상호작용에서 아이들은 관계를 조율하는 능력을 보고 배웁니다.

공익조율은 모든 인간관계에 존재하는 갈등을 관리해 나가는 기술입니다. 우리 사회가 다양성을 존중하고, 개인의 독창성과 유일함을 권장하기 때문에 갈등은 더 증폭되고 해결되기 어렵습니다. 우리 사회가 억압적이고 획일적인 전체주의가 아닌 이상 갈등은 해결이 아니라 관리해 나가야 합니다.

저는 이 세 가지 조율의 기술을 가르치는 것을 인성교육의 과제로 보았고, 구체적으로 여섯 가지 기술을 제시합니다.

첫째, 자율인으로 살아갈 수 있도록 알아차림을 가장 먼저 가르쳐야 합니다. 특히 자신의 감정과 생각과 행동을 알아차리는 연습을 시켜야 합니다.

둘째, 합리적으로 살아갈 수 있도록 감정과 생각을 연결하는 연습을 시켜야 합니다. 스스로 선택의 여지를 창조하고 선택할 수 있는 기회를 많이 만들어줘야 합니다. 이것이 민주주의의 기본 자유이며, 이 자유를 누리는 민주시민의 책임입니다.

셋째, 긍정심을 지니고 나눌 수 있도록 도와야 합니다. 외적 자극에 따라 자연스럽게 생기는 감정을 알아차리는 것만이 아니라 긍정적 감정과 생각을 상상해서 내적 자극을 유발하는 것도 아이가 갖춰야 할 능력입니다.

넷째, 감정코칭으로 감정을 포착하고 표현하고 잘 표출하는 기술을 가르쳐야 합니다. 타인의 감정을 긍정적으로 이동시켜 주는 기술도 필요합니다. 그것이 바로 신뢰를 쌓아가는 기술이며 우호적인 인간관계를 맺어가는 기술입니다.

다섯째, 뜻을 세워야 합니다. 자신보다 더 큰 곳에 의미와 비전, 뜻과 꿈을 담아내야 합니다. 이것이 공익조율입니다.

여섯째, 공익을 위함이 결국 모두에게 이롭다는 진실을 깨닫도록 도와야 합니다. 부모, 스승, 군자가 그렇듯이 가정, 학교, 사회에서 어른이 되도록 돕는 것입니다.

인성교육은 어린이를 어른으로 만드는 교육입니다. 교사가 전달해야 할 것은 지식에 앞서 지혜입니다. 지식은 책과 인터넷에서 언제든지 얻을 만큼 얻을 수 있지만 지혜는 오로지 사람에서 사람으로 전해집니다. 먼저 어른이 된 사람이 그 어른스러운 모습을 보여주어야 합니다. 먼저 살아서 어른이 된 사람을 '선생'이라고 합니다. 부모, 교사가 선생이고, 아이에게 그 어른스러운 모습을 보여주는 최고의 멘토입니다.

우리가 이렇게 어려운 일들을 해야 하는 이유가 있습니다. 한국은 지금 큰 한계에 부딪혔습니다. 여태까지 우리가 해온 교육이란 위로 올라가는 교육이었습니다. 이렇게 해서는 더 이상 희망이 없습니다.

한국에는 교육이 사회계층 이동을 위한 최고의 수단으로 오랜 기간 작동해 왔습니다. 물론 소수 양반들에게나 적용되었지만 고려시대부터 이어져온 계층 상승 수단으로서의 교육이 현대에 와서는 모든 사람들에게 확대되었습니다. 결과적으로 한국은 물질적 빈곤에서 벗어나고 삶이 더 풍요해졌습니다.

그러나 고학력자가 쏟아져 나오는 요즘, 교육을 통한 계층 상승이 예전만큼 용이하지 않게 되었습니다. 이런 세상에서 경쟁은 점차 더 치열해지고 치졸해지고 있습니다. 남을 끌어내리고 짓밟고 누르고서라도 서로 위로 올라가려 합니다. 그 때문에 모두의 삶이 좀 더 피폐해졌고 정신적 빈곤에 허덕이고 있습니다.

위로 올라가서 무엇을 어떻게 하겠다는 생각도 없고 비전도 없고 목표도 없습니다. "공부해서 남 주나." 어른이 아이에게 흔히 하는 격려의 말이 옹색하기 짝이 없습니다. 지극한 이기주의를 부추기는 말입니다. 그저 남 위로 올라가 군림하며 나 혼자 배부르고 나 혼자 편하고 나 혼자 즐기기 위해서인가 봅니다.

그러나 타이타닉호의 호화판 일등실 손님과 갑판 밑 삼등실 손님의 운명은 같습니다. 침몰하는 배에서 서로 먼저 위로 올라가겠다고 아우성쳐봤자 무용지물이지요. 이제 위로 올라가기보다 앞으로, 미래로 나아가기 위한 교육이 필요합니다.

앞으로 나아가기 위해 안주 대신 모험을, 포기 대신 도전을, 취함 대신 베풂을 선택해야 합니다. 남이 심어놓은 나무의 열매를 따 먹기 위해 위로 더 높이 올라가는 대신 앞으로 나아가 새로운 나무를 심어야 합니다.

그래서 뒤따라오는 사람에게 더 풍요로운 열매를 얻을 수 있도록 해줘야합니다. 자신의 삶을 창조하면서 많은 사람에게 미래를 열어주어야 합니다. 경쟁과 제로섬, 승자독식으로 얼룩진 계층 상승용 교육이 아니라 협력과 나눔으로 새로운 세상을 여는 미래 창조형 교육을 실천하고자 인성교육이 필요한 것입니다.

우리 아이들이 앞으로 나아가며 해야 할 일이 참으로 많습니다. 우리는 한반도의 반쪽 안에서 살아왔습니다. 우리 아이들은 통일된 나라에서 살아가야 합니다. 더 큰 세상을 만들어나가야 할 아이들입니다. 우리가 해왔던 식으로는 불가능한 일입니다. 좀더 크게 좀더 모두를 위한 생각과 행동을 할 수 있는 아이들이 많이 필요합니다.

우리는 받는 자에서 주는 자로 거듭날 시기에 도달했습니다. 해외 원조를 받던 나라에서 이제 원조를 하는 나라가 되어가고 있습니다. 어린아이가 어른이 되는 것과 마찬가지입니다. 이에 걸맞은 옷을 입어야 합니다. 한두 명이 아니라 우리 아이 모두가 다 그리 할 때 어린아이 같은 국가가 아니라 어른스러운 국가가 될 수 있습니다.

'나'가 아니라 '우리'라는 생각을 회복해야 합니다. 너무 많은 곳에서내 아이, 나의 자녀라는 말을 쓰고 있지만 우리 전통의 개념이 아닙니다. 우리는 '우리'라는 가장 중요한 가치관과 개념이 담긴 말을 사용해 왔습니다. 우리 엄마, 우리 학교, 우리 동네, 우리 나라……. 이 개념을 회복하는 일 역시 인성교육의 중요한 목표입니다. 또 '우리'라는 개념에는 사람만이 포함된 것이 아니라 자연과 더불어 우주 만물이 다 포함된 큰 사고방식입니다. 이를 품을 때가 되었습니다.

결국은 원점으로 다시 되돌아옵니다. 우리 대한민국의 교육법 제1장을 보면, 교육은 홍익인간의 이념 아래 모든 국민이 인격을 완성하고 그래서 인류에 기여하는 것을 목표로 하고 있습니다. 그러니 인성교육이란 특별한 교육도 아니고 국·영·수·사·과 이외의 교육도 아닙니다. 우리 교육의 본질이고, 우리 민족의 본질이고, 대대로 교육의 핵심으로 내려온 교육입니다. 대한민국이 수천 년 동안 건재할 수 있었던 가장 큰 이유이고, 대한민국을 앞으로 또 수천 년간 존재하게 할 가장 큰 힘이 될 것입니다.

인성교육을 회복해서 대한민국만 잘사는 것이 아니라 세계를 이롭게 할 수 있는 많은 아이들이 나오기를 바라고 기대합니다.

감사의 글

　인성교육에 대한 책을 쓰는 일이 여태껏 했던 어느 일보다 힘들고 두려웠습니다. '인성은 이런 것이다'라고 말해야 하는 입장에서 '과연 나는 그렇게 하고 있는가?'라는 질문을 끊임없이 던지게 되었기 때문입니다. 지금은 그리 하고 있다고 말할 수 있어도 예전에는 그리 하지 못했던 사례가 아주 많습니다. 그래서 젊었을 적 제 모습을 기억하시는 분들이 이 책을 읽으실까 두렵습니다.

　또한 지금은 그리 하고 있다고 자신 해도 제가 미처 알아차리지 못한 부분이 있을까 걱정되었습니다. 분명 실수한 적이 이것저것 있기 때문입니다. 제 실수로 크고 작은 피해를 보신 분들이 이 책을 보실까 참으로 마음이 힘듭니다. 그러나 노력하던 중 일이니 부족함을 이해해 주시고 고의가 아닌 실수를 너그러이 용서해 주시리라 감히 믿어봅니다. 그리고 죄송하다는 사과의 말씀과 고맙다는 감사의 말씀을 드립니다.

이 사과와 감사의 말씀을 특히 전하고 싶은 이들이 있습니다. 먼저 저희 아이들이 고맙습니다. 나름대로 최선을 다한다고 했지만 아버지는 무릇 엄해야 한다는 믿음 하에 쓸데없이 야단도 많이 치고 우매하게 잔소리도 했습니다. 그러지 않아도 된다는 사실을, 아니지요, 그러지 말아야 한다는 사실을, 그리고 훨씬 더 좋은 방법이 있다는 사실을 나중에 알았습니다. 다행히 아내가 아이들을 너그럽고 따뜻하게 품어줬기에 망정이지 뒤돌아보니 참으로 미안하고 부끄러울 때가 있습니다.

아내가 고맙습니다. 결혼한 직후 남부러워하는 교수직을 얻었지만 미국의 신임교수 생활은 한국의 고3 같은 생활의 연속이었습니다. 연구 실적이 없으면 인정사정없이 쫓겨나게 되고, 잘해서 정년 보장을 받더라도 계속 잘하지 못하면 승진하지 못한 채 만년 부교수로 은퇴하는 수모를 당하기도 합니다.

조교수에서 정교수로 승진하는 동안 제가 받은 스트레스를 아내가 다 담아냈습니다. "그런 경험이 축적되었기에 당신이 지금 최고의 심리상담사가 되었잖아"라는 저의 실없는 농담을 받아주는 아내가 고맙습니다.

또한 아내는 시어머니와 친정아버지를 동시에 모시고 살았습니다. 흔치도 쉽지도 않은 상황이었습니다. 두 분 다 거동이 불편하셔서 더욱 세심한 돌봄이 필요한 상황이었는데도 늘 다정다감하게 두 분을 대하던 제 아내가 고맙습니다.

그러나 가장 고마운 분들은 제 부모님입니다. 선친은 일제시대 말기에 일본에서 유학 생활을 하던 중 반일 운동으로 체포되어 후쿠오카 형무

소에서 복역하였고 현재 현충원 애국지사 묘에 안장되어 있습니다.

저는 선친으로부터 많은 가르침을 받았습니다. 제가 열한 살 때 외국으로 출국하던 날, 제 가슴에 태극기 배지를 달아주며 비록 개인 신분이지만 외국에서는 항상 대한민국 대표같이 행동하라고 당부하였습니다.

어머니로부터는 매사 진실 되게 최선을 다하며 베풀고 사는 모습을 보고 자랐습니다. 집에는 많은 손님들이 오갔습니다. 친지들은 물론 아버지 병원의 동료 의사들과 직원들, 고위공직자와 뱃사람들, 장사꾼과 학자들, 각계각층의 다양한 직업을 가진 사람들이 방문했습니다. 어머니는 매번 지극정성으로 식사를 대접했습니다.

거실에는 시대와 국적을 넘나드는 이야기꽃이 피었습니다. 제가 그 다채로운 만남과 만담의 최대 수혜자인 것 같습니다. 살아 있는 교육의 장을 만들어주신 부모님께 감사합니다.

제 누이들도 무척 고맙습니다. 다섯이나 되는 누이들인데, 부모님이 돌아가신 후에도, 매해 배우자까지 동반하여 다 같이 가족여행을 떠납니다. 저희 부부까지 총 열두 명이나 되는 대부대가 함께 여행을 다닐 정도로 모두 건강하고 우애가 돈독한 것을 큰 행복과 즐거움으로 여깁니다. 참으로 다행이고 고마운 일입니다.

카이스트 자연과학대 학장인 이순칠 교수가 고맙습니다. 대학원 시절 함께 자취방을 꾸렸던 친구인데, 제 실수로 자동차가 폐차되는 큰 사고에서 뼈가 골절되는 부상을 입었던 적이 있습니다. 그 친구는 그때나 그 후로나 단 한 번도 싫은 소리를 하지 않을뿐더러 아예 없었던 일처럼 언급조차 하지 않습니다.

죽을 수도 있었던 사고에 대해 그토록 태연하고 대수롭지 않게 여기는 태도의 가치를 당시 저는 알지 못했습니다. 살면서 사람들이 얼마나 옹졸하고 비열하고 계산적인지를 경험하고서야 이순칠이라는 사람을 제대로 알게 되었습니다. 제가 인성에 대해서 뒤늦게 깨달은 바를 그 친구는 이십 대에 이미 실천했던 것입니다. 저는 그 친구를 존경합니다.

제가 존경하는 친구가 한 명 더 있습니다. 대학교 일 학년 때 룸메이트였던 노먼(Norman Yau)입니다. 그 친구는 말도 많고 탈도 많아 대학을 졸업하는 데 7년이나 걸렸지만 붕우유신이 무엇인지를 제게 확실하게 보여준 친구입니다. 매사에 적극적이며 철저한 경제관과 강인한 생활력을 지녔음에도 불구하고 저에게는 무척 너그러웠고 자기 것을 생색내지 않고 많이 나누어주었습니다. 이 역시 저는 흉내마저 내지 못한 어른스러움이었습니다.

이런 가족과 아내와 친구들이 있었기에 제가 인성에 대한 글을 쓸 수 있었습니다. 감사합니다. 또한 이 책을 집필하는 데 도움을 준 해냄출판사의 이혜진 편집장을 비롯하여 박신애 편집자와 그 동료들에게 진심으로 감사합니다. 여태껏 책을 여러 권 써오면서도 편집부가 얼마나 노력하고 고생하는지 이번에 처음으로 알게 되었습니다. 고생하더라도 전혀 내색하지 않는 사람이 한 명이면 그저 그 사람의 성격이라고 치부하겠지만 해냄출판사 직원 모두가 그러합니다. 아마도 송영석 대표님의 성품 때문에 그런 인재들이 모였고, 그들이 모여 긍정적인 환경과 문화를 만들어가지 않나 싶습니다.

또한 이 책 구상에 자극이 되어주신 티처빌의 이형세 대표님을 비롯하여 김지혜 이사님, 김지현 담당자에게도 감사합니다. 인성교육 실천 방안을 함께 논해주신 박영순 교장선생님과 김경신, 김금주, 김민정, 김석우,

김은경, 김혜빈, 박하연, 송인화, 이미화, 조현경, 최혜경, 허점이 선생님들께도 감사합니다.

(사)감정코칭협회 회원들과 HD행복연구소 관계자들에게 감사합니다. 이 책에 녹아 있는 감정과 인간관계에 대한 이해와 이론들은 HD행복연구소에서 진행하는 감정코칭, 회복탄력성, 가트맨 부부상담 과정과 심리학 과정을 가르치면서 다듬어지고 독창적인 체계로 발전시켜 나갈 수 있었습니다.

그 과정에서 좋은 논의 상대가 되어준 회원들과 지원해 주신 스태프들에게 감사합니다. 특히 김희정 부소장과 김나경 국장님을 비롯해서 김수현, 김종준, 박지윤, 이경진, 이수현, 황애숙 선생님이 고맙습니다. 그리고 오늘도 내 곁에서 학문적 조언과 함께 점심과 간식을 준비해 준 아내가 고맙습니다.

마지막으로 모든 인성교육자에게 감사합니다. 비록 교육자라는 이름으로 살아가지 않아도 묵묵히 올바르게 살아가는 많은 분들에게 감사합니다. 그들이 있기에 희망이 있습니다. 고맙습니다.

인성이 실력이다

초판 1쇄 2016년 1월 1일
초판 19쇄 2024년 9월 5일

지은이 | 조벽
펴낸이 | 송영석

주간 | 이혜진
편집장 | 박신애 **기획편집** | 최예은 · 조아혜 · 정엄지
디자인 | 박윤정 · 유보람
마케팅 | 김유종 · 한승민
관리 | 송우석 · 전지연 · 채경민

펴낸곳 | (株)해냄출판사
등록번호 | 제10-229호
등록일자 | 1988년 5월 11일(설립일자 | 1983년 6월 24일)

04042 서울시 마포구 잔다리로 30 해냄빌딩 5 · 6층
대표전화 | 326-1600 **팩스** | 326-1624
홈페이지 | www.hainaim.com

ISBN 978-89-6574-525-9

파본은 본사나 구입하신 서점에서 교환하여 드립니다.